高等职业教育电子商务专业系列教材

电子商务数据分析与应用

叶 子 主编

电子工业出版社
Publishing House of Electronics Industry
北京·BEIJING

内 容 简 介

本书全面介绍了电子商务大数据分析的原理及应用,从而得到科学结论用于运营决策。本书分为4个模块,模块一对电子商务大数据分析背景进行大致介绍,模块二介绍几种常用的数据分析工具,模块三介绍商务分析模型与大数据分析方法,模块四基于Excel深入对电子商务数据进行实用分析。每个知识点都配有相应分析案例,并采用被广大用户所接受且应用最广的软件Excel去操作实现。本书配有课堂活动及课后实训供读者学习和研究。

本书既可作为高等职业院校电子商务专业教材及市场营销专业辅导教材,也可作为电子商务从业者及经管人员的参考书。

未经许可,不得以任何方式复制或抄袭本书之部分或全部内容。
版权所有,侵权必究。

图书在版编目(CIP)数据

电子商务数据分析与应用 / 叶子主编. —北京:电子工业出版社,2019.8
ISBN 978-7-121-36274-3

Ⅰ. ①电… Ⅱ. ①叶… Ⅲ. ①电子商务—数据处理—高等职业教育—教材 Ⅳ. ①F713.36②TP274

中国版本图书馆 CIP 数据核字(2019)第 064662 号

策划编辑:徐建军(xujj@phei.com.cn)
责任编辑:韩玉宏
印　　刷:山东华立印务有限公司
装　　订:山东华立印务有限公司
出版发行:电子工业出版社
　　　　　北京市海淀区万寿路 173 信箱　邮编 100036
开　　本:787×1 092　1/16　印张:15.75　字数:403.2 千字
版　　次:2019 年 8 月第 1 版
印　　次:2021 年 11 月第 6 次印刷
定　　价:46.00 元

凡所购买电子工业出版社图书有缺损问题,请向购买书店调换。若书店售缺,请与本社发行部联系,联系及邮购电话:(010)88254888,88258888。
质量投诉请发邮件至 zlts@phei.com.cn,盗版侵权举报请发邮件至 dbqq@phei.com.cn。
本书咨询联系方式:(010)88254570。

PREFACE 前　言

　　教育部电子商务专业教学指导委员会市场调查研究发现，当前电子商务专业人才的主要能力需求是网络营销与数据分析。由此可见，数据分析课程在电子商务专业发展中占据着非常重要的地位。另外，随着大数据时代的到来，数据分析在产品开发设计、市场规范、产品运营、客户管理等许多业务流程中的作用越发显现，越来越多的企业意识到数据的价值，通过数据驱动业务，实现数据化运营逐渐成为共识。在电子商务应用领域，尤其是网络零售业，数据分析已成为网店运营管理人员的基本工作内容，部分企业专门设置了数据分析岗位，希望通过对重要指标数据的分析，真正了解企业的运营状况，准确获取客户动向，发现更多潜在客户，帮助提升客户体验，从而更好地提升经营业绩。

　　高等职业院校是电子商务行业人才的"蓄水池"，电子商务专业的发展也要适应新的变化，与时俱进，主动对接企业数据分析人才的需要。本书在内容设计上，以培养高职高专高素质技能应用型人才为目标，以电子商务专业的学生为主要对象，通过对电子商务数据分析与应用的长期关注和应用研究，全面介绍大数据分析涉及的原理、常用工具、模型、方法及典型电子商务数据分析场景应用等主要方面。

　　本书分为4个模块，主要内容如下。

　　模块一为电子商务大数据分析基础，主要对电子商务大数据分析的概念、应用、工作流程及职业前景进行大致的介绍，并且讲解获取原始数据的几种重要途径。

　　模块二为电子商务大数据分析工具，主要介绍几种常见的数据分析工具，其中Excel、SPSS作为简单入门工具，可以满足一般的数据分析工作需求，而对于一些定制化的需求，则需要通过R语言来编程实现。

　　模块三为常用分析模型与方法，主要介绍商务分析模型与大数据分析方法。所谓分析模型，就是明确从哪几个方面开展数据分析，各方面都包含什么内容或指标。大数据分析方法主要分为统计分析方法和机器学习方法两大类。其中，统计分析方法包括数据可视化分析、指标分析、相关与回归、时间序列分析；机器学习方法包括决策树、聚类算法、神经网络。

　　模块四为电子商务数据化运营，主要讲解如何利用Excel对电子商务数据进行更加全面、深入的实用分析。案例配有丰富多彩的示例数据供读者借鉴，目的是使读者更好地了解线上经营之道，把握买卖时机和规律，做出正确的经营决策。

　　本书由温州职业技术学院的叶子老师担任主编。感谢泰力实业有限公司提供案例及数据素材。在编写本书过程中，编者参考了大量文献和互联网资料，借鉴和吸取了国内外众多学者的研究成果，在此对他们表示衷心的感谢！

　　由于编写时间较短，加之编者水平有限，书中难免存在不足之处，诚恳希望广大读者在使用本书的过程中，能对书中的不足之处予以批评指正，以便再版时进行修正。

编　者

目录 Contents

模块一 电子商务大数据分析基础 ·· (1)

第1章 电子商务大数据分析概论 ·· (2)
  1.1 初识电子商务行业中的大数据 ·· (2)
    1.1.1 借助大数据分析优化市场定位 ·· (2)
    1.1.2 借助大数据优化市场营销 ·· (3)
    1.1.3 大数据助力电子商务企业的收益管理 ·· (4)
    1.1.4 大数据协助创造客户新的需求 ·· (4)
  1.2 数据与数据的时代观 ·· (5)
    1.2.1 个体、变量和观测值 ·· (5)
    1.2.2 变量的基本分类 ·· (5)
    1.2.3 数据的时代观 ·· (6)
  1.3 数据分析流程 ·· (7)
  1.4 电子商务典型数据分析任务 ·· (8)
    1.4.1 行业分析 ·· (8)
    1.4.2 客户分析 ·· (9)
    1.4.3 产品分析 ·· (10)
    1.4.4 运营分析 ·· (11)
  1.5 数据分析岗位的职业规划 ·· (12)
    1.5.1 职业前景 ·· (12)
    1.5.2 职业素养及成长阶段建议指南 ·· (12)
    1.5.3 技术类数据管理岗位介绍 ·· (13)
  思考与实训 ·· (14)

第2章 数据的获取与介绍 ·· (15)
  2.1 数据的获取 ·· (15)
  2.2 八爪鱼采集器介绍 ·· (17)
  2.3 调查问卷设计 ·· (23)
    2.3.1 搭建框架 ·· (24)
    2.3.2 确定问题形式 ·· (24)

2.3.3 选措辞、排结构 (25)
2.3.4 评估、预测试 (27)
2.4 数据介绍和说明 (29)
2.4.1 用表格介绍数据 (29)
2.4.2 用PPT介绍数据 (30)
2.4.3 常见的问题 (31)
思考与实训 (31)

模块二 电子商务大数据分析工具 (33)

第3章 Excel介绍与操作 (34)
3.1 数据管理——电商数据资料 (34)
3.1.1 顾客资料管理 (34)
3.1.2 供应商资料管理 (37)
3.1.3 商品资料管理 (39)
3.1.4 确保资料的安全 (44)
3.2 数据操作(1)——销售数据资料 (50)
3.2.1 建立销售统计表 (50)
3.2.2 统计市场部销售业绩完成情况 (52)
3.2.3 销售员销售业绩排名 (54)
3.2.4 销售员销售提成统计表 (55)
3.3 数据操作(2)——人事数据资料 (57)
3.3.1 建立员工基本信息 (57)
3.3.2 根据身份证号自动生成生日和性别 (59)
3.3.3 计算员工的年龄 (61)
3.3.4 员工学历分析 (61)
思考与实训 (62)

第4章 SPSS介绍与操作 (64)
4.1 SPSS软件主要功能和界面简介 (64)
4.1.1 SPSS软件主要功能简介 (64)
4.1.2 SPSS软件界面简介 (65)
4.2 SPSS数据操作 (67)
4.2.1 数据导入 (67)
4.2.2 数据整理 (68)
思考与实训 (71)

第5章 R语言介绍与操作 (72)
5.1 R语言零基础入门 (72)
5.1.1 R语言编程环境搭建 (72)
5.1.2 R语言编程界面 (72)
5.1.3 获取帮助 (73)
5.1.4 包 (74)
5.2 R语言数据分析基础 (75)

        5.2.1 数据的准备 ………………………………………………………………………… (75)
        5.2.2 数据预处理 ………………………………………………………………………… (76)
    思考与实训 …………………………………………………………………………………… (77)

模块三 常用分析模型与方法 …………………………………………………………………… (79)

第6章 商务分析模型 …………………………………………………………………………… (80)
  6.1 PEST 模型 ……………………………………………………………………………………… (80)
  6.2 SWOT 模型 …………………………………………………………………………………… (82)
  6.3 5W2H 模型 …………………………………………………………………………………… (84)
        6.3.1 核心要素 ……………………………………………………………………………… (84)
        6.3.2 应用步骤 ……………………………………………………………………………… (84)
  6.4 逻辑树模型 …………………………………………………………………………………… (86)
        6.4.1 基本原则 ……………………………………………………………………………… (87)
        6.4.2 逻辑树的类型 ………………………………………………………………………… (87)
    思考与实训 …………………………………………………………………………………… (88)

第7章 数据可视化分析 ………………………………………………………………………… (89)
  7.1 数据可视化概述 ……………………………………………………………………………… (89)
        7.1.1 认识数据可视化 ……………………………………………………………………… (89)
        7.1.2 数据可视化的关键点和基本思想 …………………………………………………… (89)
  7.2 表格制作 ……………………………………………………………………………………… (90)
        7.2.1 统计表格编制规则 …………………………………………………………………… (90)
        7.2.2 利用数据透视表制作统计表 ………………………………………………………… (91)
  7.3 饼图制作 ……………………………………………………………………………………… (93)
        7.3.1 饼图制作注意点 ……………………………………………………………………… (94)
        7.3.2 利用 Excel 制作饼图 ………………………………………………………………… (96)
  7.4 柱形图制作 …………………………………………………………………………………… (100)
        7.4.1 柱形图制作注意点 …………………………………………………………………… (100)
        7.4.2 利用 Excel 制作柱形图 ……………………………………………………………… (102)
  7.5 雷达图制作 …………………………………………………………………………………… (105)
        7.5.1 雷达图制作注意点 …………………………………………………………………… (105)
        7.5.2 利用 Excel 制作雷达图 ……………………………………………………………… (106)
  7.6 直方图制作 …………………………………………………………………………………… (107)
        7.6.1 直方图制作注意点 …………………………………………………………………… (108)
        7.6.2 利用 Excel 制作直方图 ……………………………………………………………… (109)
  7.7 动态图制作 …………………………………………………………………………………… (112)
        7.7.1 利用函数控件实现品牌月度动态趋势分析 ………………………………………… (112)
        7.7.2 动态区域滚动条图表应用 …………………………………………………………… (117)
    思考与实训 …………………………………………………………………………………… (121)

第8章 指标分析 ………………………………………………………………………………… (122)
  8.1 静态分析指标 ………………………………………………………………………………… (122)
        8.1.1 总量指标 ……………………………………………………………………………… (122)

  8.1.2 相对指标 ··· (123)

  8.1.3 平均指标 ··· (123)

  8.1.4 变异指标 ··· (125)

  8.1.5 箱线图 ·· (126)

 8.2 动态分析指标 ·· (129)

  8.2.1 动态数列的概念和分类 ·· (129)

  8.2.2 编制动态数列的原则 ·· (130)

 8.3 应用 Excel 计算常用指标 ··· (130)

  8.3.1 计算 3M 和四分位数 ·· (130)

  8.3.2 计算离散型指标 ·· (131)

  8.3.3 制作箱线图 ··· (131)

思考与实训 ··· (134)

第 9 章 相关与回归 ·· (135)

 9.1 相关分析 ··· (135)

  9.1.1 相关关系的概念和种类 ·· (135)

  9.1.2 散点图 ·· (136)

  9.1.3 相关系数 ··· (139)

 9.2 回归分析 ··· (140)

  9.2.1 回归分析的概念 ·· (140)

  9.2.2 简单线性回归 ·· (141)

  9.2.3 模型诊断与改进技巧 ·· (143)

 9.3 应用 Excel 进行相关与回归分析 ··· (145)

  9.3.1 计算相关系数 ·· (145)

  9.3.2 进行回归分析 ·· (147)

思考与实训 ··· (150)

第 10 章 时间序列分析与预测 ·· (152)

 10.1 时间序列的特点与分解 ··· (152)

 10.2 折线图 ··· (153)

 10.3 变动分析与测定 ·· (155)

  10.3.1 移动平均法分析与预测 ·· (155)

  10.3.2 季节变动的测定与分析 ·· (156)

  10.3.3 周期波动的测定与分析 ·· (157)

 10.4 应用 Excel 进行时间序列分析与预测 ·· (157)

  10.4.1 制作折线图 ··· (157)

  10.4.2 利用 Excel 创建公式测定 T ··· (158)

  10.4.3 利用移动平均分析工具预测 T ··· (160)

  10.4.4 长期趋势剔除法测定 S ··· (161)

  10.4.5 基于回归模型进行预测 ·· (161)

思考与实训 ··· (162)

第 11 章　机器学习	(163)
11.1　决策树	(163)
11.2　聚类算法	(164)
11.3　神经网络	(164)
思考与实训	(165)

模块四　电子商务数据化运营 (167)

第 12 章　供应链分析 (168)

12.1　采购成本数据分析	(168)
12.1.1　商品采购成本走势分析	(168)
12.1.2　采购平均价指导采购时机分析	(171)
12.1.3　采购金额比例分析	(176)
12.2　根据生命周期控制采购商品	(179)
12.2.1　根据成交量和利润分析商品的生命周期	(179)
12.2.2　用阿里指数分析商品的生命周期	(183)
思考与实训	(184)

第 13 章　仓储分析 (185)

13.1　商品库存统计与分析	(185)
13.1.1　制作动态产品库存统计表	(185)
13.1.2　ABC 库存管理法	(189)
13.1.3　统计分析某月库存数据	(193)
13.1.4　各类商品库存占比情况	(195)
13.2　统计库存商品状态	(196)
13.2.1　根据库存情况标记库存状态	(196)
13.2.2　统计损坏商品	(198)
13.2.3　分析与预测商品库存状态	(199)
思考与实训	(202)

第 14 章　客户分析 (204)

14.1　客户总体购买情况分析	(204)
14.1.1　新老客户人数变化走势分析	(204)
14.1.2　老客户销量和销售额所占比例分析	(207)
14.2　客户的需求情况分析	(210)
14.2.1　访问和成交客户的性别分析	(210)
14.2.2　访问和成交客户的年龄分析	(213)
14.2.3　不同城市/区域访问和成交数据分析	(215)
思考与实训	(216)

第 15 章　商品分析 (218)

15.1　热销商品的统计与分析	(218)
15.1.1　商品热度搜索数据统计	(218)
15.1.2　商品关键词分析	(222)
15.1.3　权重分析宝贝单品好坏	(226)

15.1.4 函数结合透视表对比分析活动 …………………………………………（229）
　15.2 商品定价分析 ……………………………………………………………………（231）
　　　15.2.1 行业和竞争对手商品定价范围的统计与分析 …………………………（231）
　　　15.2.2 电商品类价格带分析 ……………………………………………………（236）
　思考与实训 ………………………………………………………………………………（240）
参考文献 ……………………………………………………………………………………（241）

模块一
电子商务大数据分析基础

早在 20 世纪 80 年代，美国就有人提出了"大数据"的概念，大数据时代的到来也为电子商务带来观念的转变及对数据的新管理模式，使得数据的实际应用能更有效地与企业运营结合。大数据分析可以为企业经营决策提供参考依据，进而为企业创造更多的价值。本模块对电子商务大数据分析的概念、应用、工作流程及职业前景进行大致的介绍，并且讲解获取原始数据的几种重要途径。

第 1 章

电子商务大数据分析概论

1.1 初识电子商务行业中的大数据

随着网络和信息技术的日益普及,大数据逐步改变甚至颠覆着人类的生活方式,随着数据量呈指数级增长及云计算的诞生,我们步入大数据时代。大数据逐步向各行业渗透、辐射,颠覆着很多特别是传统行业的管理和运营思维。大数据更是触动着电子商务行业管理者的神经,搅动着电子商务行业管理者的思维,大数据在电子商务行业释放出的巨大价值吸引着诸多电子商务行业人士的兴趣和关注。

之所以称之为大数据,是因为电子商务时代的数据管理量很大,以至于无法在可承受的时间范围内用常规软件工具对数据进行捕捉、管理和处理。进行电子商务数据分析的意义在于对数据进行专业化处理,得到一个服务于企业管理决策或提升客户体验的结论。当然,大数据在电子商务行业中的应用有着越来越多的创新性发展。

1.1.1 借助大数据分析优化市场定位

电子商务企业要想在互联网市场站稳脚跟,必须架构大数据战略,对外要拓宽电子商务行业调研数据的广度和深度,从大数据中了解电子商务行业市场的构成、细分市场特征、消费者需求和竞争者状况等众多因素;对内企业想进入或开拓某一区域电子商务行业市场,首先要进行项目评估和可行性分析,决定是否开拓某块市场,最大化规避市场定位不精准给投资商和企业自身带来的毁灭性损失。

 迷你案例

Decide.com 是一家预测商品价格并为消费者提供最佳购买时间,哪款产品评价好、值得买建议的创业公司。Decide.com 董事长兼 CEO Mike Fridgen 在一份声明中称:"它很真诚地告诉每一个亲爱的用户,Decide 网站的价格预测不是表面文章,因为所有的价格建议都来自我们专业的数据分析结果。"

不错,Decide.com通过抓取亚马逊、百思买、新蛋网及全球各大网站上数以十亿计的数据进行分析,最终将其整合在一个页面中方便用户对比查看,并且能够预测产品的价格趋势,帮助用户确定产品的最佳购买时机。

为了证明预测的准确性,Decide.com每天都会选择10个交易,如果它预测的价格在两个星期内降价,则Decide.com将会自动通知买方,并支付价格下降的金额(最多200美金)。

注:Decide.com于2011年6月成立,2013年9月被eBay收购,同时对外关闭。

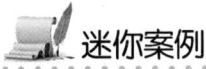迷你案例

Iron Maiden,这个颇有争议的英国重金属乐队从1976年出道火到现在。其通过对客户上网数据的分析,定位于歌迷分布密度最大的区域——圣保罗,并在此举办了一场演唱会,取得了空前的成功。

市场定位对电子商务行业市场开拓非常重要,但是,要想做到这一点,就必须有足够的信息数据来供电子商务行业研究人员分析和判断,数据的收集、整理就成了最关键的一步。在传统分析情况下,分析数据的收集主要来自统计年鉴、行业管理部门数据、相关行业报告、行业专家意见及属地市场调查等,这些数据多存在样品量不足、时间滞后和准确度低等缺陷,研究人员能够获得的有效信息量非常有限,使准确的市场定位存在着数据瓶颈。

互联网时代,借助数据挖掘和信息采集技术,不仅能够给研究人员提供足够的样本量和数据信息,而且能够建立基于大数据的数学模型对企业未来市场进行预测。

1.1.2 借助大数据优化市场营销

今天,从搜索引擎、社交网络的普及到人手一机的智能移动设备,互联网上的信息总量正以极快的速度不断暴涨。每天的Facebook、Twitter、微博、微信、论坛、新闻评论、电子商务平台上分享的各种文本、照片、视频、音频等信息高达几百亿甚至几千亿条,涵盖商家信息、个人信息、行业资讯、产品使用体验、商品浏览记录、商品成交记录、产品价格动态等海量信息。这些数据通过聚类可以形成电子商务行业大数据,其背后隐藏的是电子商务行业的市场需求、竞争情报,闪现着巨大的财富价值。

在电子商务行业市场营销中,无论是产品、渠道、价格还是客户,可以说每一项工作都与大数据的采集和分析息息相关,以下两个方面内容是电子商务行业市场营销工作的重中之重。

- 对外:通过获取数据并加以统计分析来充分了解市场信息,掌握竞争者的商情和动态,知晓产品在竞争群中所处的市场地位,达到"知己知彼,百战不殆"的目的。
- 对内:企业通过积累和挖掘电子商务行业消费者数据,有助于分析消费者的消费行为和价值趋向,便于更好地为消费者服务和发展忠诚客户。

以电子商务行业对消费者的消费行为和趋向分析为例,企业平时善于积累、收集和整理消费者的消费行为方面的信息数据,例如:

- 消费者购买产品的花费。
- 选择的产品渠道。
- 偏好产品的类型。
- 产品使用周期。
- 购买产品的目的。

- 消费者的家庭背景。
- 消费者的工作和生活环境。
- 个人消费观和价值观等。

如果企业收集到了这些数据,并建立了消费者大数据库,则可通过统计和分析来掌握消费者的消费行为、兴趣偏好和产品的市场口碑现状;再根据这些总结出来的行为、兴趣爱好和产品口碑现状制定有针对性的营销方案和营销战略,投消费者所好,其带来的营销效应是可想而知的。

1.1.3 大数据助力电子商务企业的收益管理

收益管理是一种起源于20世纪80年代的谋求收入最大化的新经营管理技术,意在把合适的产品或服务在合适的时间以合适的价格,通过合适的销售渠道出售给合适的顾客,最终实现企业收益最大化目标。要达到收益管理的目标,需求预测、细分市场和敏感度分析是此项工作的3个重要环节,而这3个环节推进的基础就是大数据。

- 需求预测:通过对建构的大数据进行统计与分析,采取科学的预测方法,通过建立数学模型,使企业管理者掌握和了解电子商务行业的潜在市场需求、未来一段时间每个细分市场的产品销售量和产品价格走势等,从而使企业能够通过价格的杠杆来调节市场的供需平衡,针对不同的细分市场来实行动态的前瞻性措施,并在不同的市场波动周期以合适的产品和价格投放市场,获得潜在的收益。
- 细分市场:为企业预测销售量和实行差别定价提供条件,其科学性体现在通过电子商务行业市场需求预测来制定和更新价格,使各个细分市场的收益最大化。
- 敏感度分析:通过需求价格弹性分析技术,对不同细分市场的价格进行优化,最大限度地挖掘市场潜在的收入。

大数据时代的来临,为企业收益管理工作的开展提供了更加广阔的空间。需求预测、细分市场和敏感度分析对数据需求量很大,而传统的数据分析大多是采集企业自身的历史数据来进行预测和分析的,容易忽视整个电子商务行业的信息数据,因此预测结果难免存在偏差。企业在实施收益管理的过程中,在自有数据的基础上,依靠一些自动化信息采集软件来收集更多的电子商务行业数据,了解更多的电子商务行业市场信息,将会对制定准确的收益策略、赢得更高的收益起到推进作用。

1.1.4 大数据协助创造客户新的需求

差异化竞争的本质在于不停留在产品原有属性的优化上,而是创造了产品的新属性。满足客户需求是前提,但创造客户新需求才是行业革命的必要条件。

随着网络社交媒体的技术进步,以及论坛、博客、微博、微信、电子商务平台、点评网等媒介在PC端和移动端的创新和发展,公众分享信息变得更加便捷自由,而公众分享信息的主动性促进了"网络评论"这一新型舆论形式的发展。微博、微信、点评网、评论版上众多的网络评论形成了交互性的大数据,其中蕴藏了巨大的电子商务行业需求开发价值,这些数据已经受到了电子商务企业管理者的高度重视。很多企业已把"评论管理"作为核心任务来抓,既可以通过客户评论及时发现负面信息进行危机公关,更核心的是还可以通过这些数据挖掘客户需求,进而改良企业的产品,提升客户体验。

1.2　数据与数据的时代观

数据（data）是事实或观察的结果，是对客观事物的逻辑归纳，是用于表示客观事物的未经加工的原始素材。将为了特定研究而搜集的所有数据称为研究的数据集（data set）。表 1-1 是一个包含某电子商务平台某日 10 笔订单信息的数据集。

表 1-1　某电子商务平台某日 10 笔订单信息的数据集

订单编号	订购日期	客户 ID	产品	单价/元	数量/个	金额/元
119000001	2011/9/1	119970	产品 A	100	6	600
119000002	2011/9/1	128236	产品 D	300	6	1800
119000003	2011/9/1	130887	产品 B	200	10	2000
119000004	2011/9/1	132368	产品 B	200	7	1400
119000005	2011/9/1	133422	产品 A	100	10	1000
119000006	2011/9/1	137401	产品 D	300	9	2700
119000007	2011/9/1	138462	产品 B	200	8	1600
119000008	2011/9/1	146853	产品 A	100	1	100
119000009	2011/9/1	149841	产品 B	200	9	1800
119000010	2011/9/1	151129	产品 A	100	3	300

1.2.1　个体、变量和观测值

个体（element）是指搜集数据的实体。在表 1-1 所示的数据中，每一笔订单是一个个体，订单编号列为表 1-1 的第 1 列。10 笔订单对应数据集中的 10 个个体。

变量（variable）是一个个体的任意"特征"。表 1-1 所示的数据集中有下列 7 个变量：订单编号、订购日期、客户 ID、产品、单价、数量和金额。通常，我们需要在数据分析报告中对数据变量进行说明。

在一项研究中，对每个个体的每一变量收集测量值，从而得到了数据。对某一特定个体得到的测量值集合称为一个观测值（observation）。如表 1-1 所示，我们看到第一个观测值（119000001）的测量值集合是 2011/9/1、119970、产品 A、100、6 和 600。第二个观测值（119000002）的测量值集合是 2011/9/1、128236、产品 D、300、6 和 1800。10 个个体的数据集有 10 个观测值。

1.2.2　变量的基本分类

类别变量（categorical variable）是取值为事物属性或类别及区间值的变量，也称分类变量（classified variable）或定性变量（qualitative variable）。例如，观测人的性别、公司所属的行业、客户对商品的评价时，得到的结果就不是数字，而是事物的属性，如观测性别的结果是"男"或"女"，公司所属的行业为"制造业""零售业""旅游业"等，客户对商品的评价为"很好""好""一般""差""很差"。人的性别、公司所属的行业、客户对商品的评价等作为变量取的值不是数值，而是事物的属性或事物的类别。此外，学生月生活费支出的档次可能分为 1000

元以下、1000～1500元、1500～2000元、2000元以上4档，作为变量的"学生月生活费支出的档次"这4档取值也不是普通的数值，而是数值区间，因而类别变量也称为区间值类别变量。人的性别、公司所属的行业、客户对商品的评价、学生月生活费支出的档次等都是类别变量。

类别变量根据取值是否有序通常分为两种：名义（nominal）值类别变量和顺序（ordinal）值类别变量。名义值类别变量也称无序类别变量，其取值是不可以排序的。例如，"公司所属的行业"这一变量取值为"制造业""零售业""旅游业"等，这些取值之间不存在顺序关系。再如，"商品的产地"这一变量的取值为甲、乙、丙、丁，这些取值之间也不存在顺序关系。顺序值类别变量也称有序类别变量，其取值可以排序。例如，"客户对商品的评价"这一变量的取值为很好、好、一般、差、很差，这5个值之间是有序的。取区间值的变量当然是有序的类别变量。只取两个值的类别变量称为二值（binary）类别变量，例如，"人的性别"这一变量取值为男和女。二值类别变量可以看成名义值类别变量，也可以看成顺序值类别变量。

类别变量的观测结果称为类别数据（categorical data）。类别数据也称为分类数据或定性数据。与类别变量相对应，类别数据相应分为名义值类别数据和顺序值类别数据两种。其中，只取两个值的类别数据称为二值类别数据。

数值变量（metric variable）是取值为数字的变量，也称为定量变量（quantitative variable）。例如，"企业的销售额""上涨股票的数量""生活费支出""掷一枚骰子出现的点数"等变量的取值可以用数字来表示，都属于数值变量。数值变量的观测结果称为数值数据（metric data）或定量数据。

数值变量根据其取值的不同，可以分为离散变量（discrete variable）和连续变量（continuous variable）。离散变量是只能取有限个数的变量，而且其取值可以一一列举，如"企业数""产品数量"等。连续变量是可以在一个或多个区间中取任何值的变量，它的取值是连续的，不能一一列举，如"温度""零件尺寸的误差"等。当离散变量的取值很多时，也可以将离散变量当作连续变量来处理。

变量（或数据）的基本分类如图1-1所示。

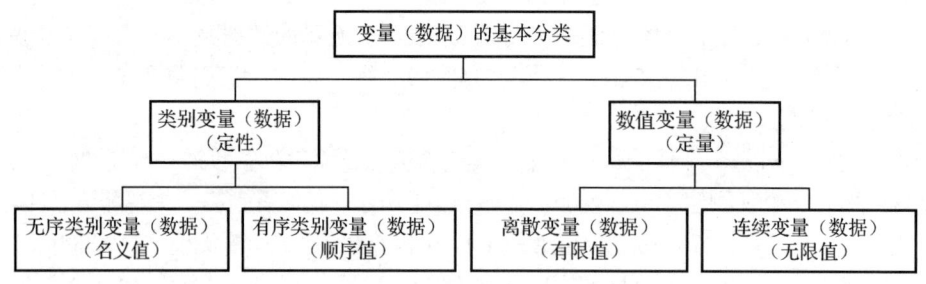

图1-1 变量（或数据）的基本分类

1.2.3 数据的时代观

人们都说今天是数据的时代，到处都在讨论大数据，每个人都说自己在研究大数据，到处都宣称数据可以产生价值，但是，到底什么是数据？此处提出一个新的概念，即数据的时代观。

什么是数据？这个看似简单的问题却不易回答。如尝试向不同的人请教，常见的答案有两个：一是数据就是信息。这个答案完全正确但是定义太抽象了。数据和信息都是非常抽象的概念。两者相互定义，并不令人满意。二是数据就是数字。这种说法有一定的道理，因为数字是一种最典型的传统数据。例如，GDP、股市的指数及人的身高、体重、血压等都是数字，也都是数据。因此，我们可以得出数字就是数据的结论。但是反过来，数据就是数字吗？未必。作者认为凡是可以电子化记录的信息其实都是数据。这里的记录不是靠自然人的大脑，而是通过必要的信息化技术和电子化手段。基于此，数据的范畴就大得多了，远不局限于数字。既然涉及电子化记录，下面简要介绍一下记录数据的技术手段。手机、数码照相机、各种工程设备上的探头等都是记录数据的技术手段。这些手段是有时代特征的，在不同时代，记录数据的技术手段是不一样的。这就是所谓的数据时代观。

问：声音是数据吗？

很久以前，声音并不是数据。因为当时没有任何技术手段能够把它记录下来。既然不能记录下来，更谈不上分析，也就不能称之为数据。但是今天，音频设备可以采集声音，然后将其转化为音频数字信号，进而支撑很多有趣的应用，如 iPhone 的 Siri、搜狗的语音输入法、微信的语音翻译，等等。由此可见，在可以记录声音的时代，声音是一种数据，而且是一种具有强烈时代特征的数据。

问：图像是数据吗？

很久以前，图像也不是数据，因为图像不能记录下来。那时图像只能是人们肉眼中看到的这个大千世界，如此美妙！但遗憾的是，图像没法记录。如今，数码成像技术的成熟让所有的图像都能够记录下来，而且分辨率非常高。在此基础上，人们可以做进一步的分析和建模，进而支撑很多有趣的应用。例如，脸部识别、指纹识别、车牌号识别、美图秀秀，以及医学中大量的医学影像分析。由此可见，在可以记录图像的时代，图像是一种数据，而且是一种具有强烈时代特征的数据。

类似的例子还有很多。例如，生物信息技术的进步产生了 Microarray 数据，社交网络的兴起产生了社交链数据，物联网技术的成熟产生了物联网数据。所有这些都是电子化的记录，都是数据。所有这些数据的产生都依赖于一定的技术手段，都有强烈的时代特征。

1.3 数据分析流程

商务数据分析是基于商业目的，有目的地收集、整理、加工和分析数据，提炼有价信息的过程。图 1-2 展示了数据分析的六大环节，主要包括明确分析目的与框架、数据收集、数据处理、数据分析、数据展现和撰写报告。

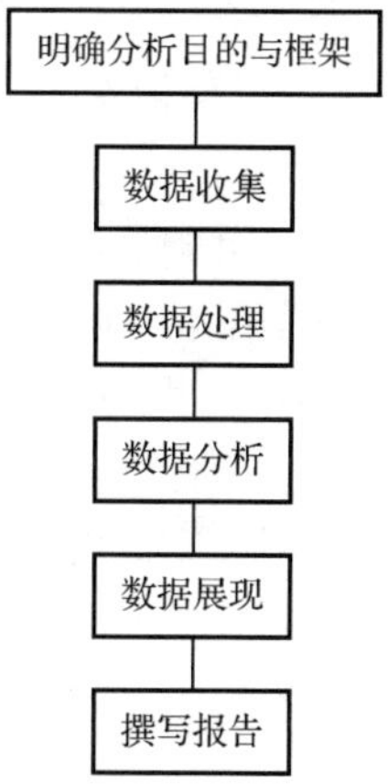

图 1-2 数据分析流程

1. 明确分析目的与框架

针对数据分析项目，首先要明确数据对象是谁、目的是什么、要解决什么业务问题，然后基于商业的理解，整理分析框架和分析思路。常见的分析目的有减少新客户的流失、优化活动效果、提高客户响应率等。不同项目对数据的要求不同，使用的分析手段也不同。

2. 数据收集

数据收集是按照确定的数据分析和框架内容，有目的地收集、整合相关数据的过程，它是数据分析的基础。数据收集渠道包括内部渠道和外部渠道两类。内部渠道包括企业内部数据库、内部人员、客户调查，以及专家与客户访谈；外部渠道包括网络、书籍、统计部门、行业协会、展会、专业调研机构等。常见的数据收集方法包括观察和提问、客户访谈、问卷调查、集体讨论、工具软件等。不同类型的数据在收集方式上区别较大，相关内容详见第2章，这里就不展开介绍了。

3. 数据处理

数据处理是指对所收集到的数据进行加工、整理，以便开展数据分析，它是数据分析前必不可少的环节。这个过程在整个数据分析过程中最占时间，在一定程度上取决于数据仓库的搭建和数据质量的保证。数据处理方法主要包括数据清洗和转化等。数据清洗和转化的主要对象包括残缺数据、错误数据和重复数据。

4. 数据分析

数据分析是指通过分析手段、方法和技巧对准备好的数据进行探索、分析，从中发现因果关系、内部联系和业务规律，为企业提供决策参考。到了这个环节，要能驾驭数据、开展数据分析，就要涉及工具和方法的使用。一是要熟悉常规数据分析方法，最基本的要了解如方差、回归、因子、聚类、分类、时间序列等数据分析方法的原理、使用范围、优缺点和结果的解释；二是熟悉数据分析工具，如Excel、SPSS、Python、R语言等，以便于进行一些专业的统计分析、数据建模等。

5. 数据展现

俗话说"字不如表，表不如图"。一般情况下，数据分析的结果是通过图、表的方式来呈现的。借助数据展现可视化工具，数据分析师能更直观地表达想呈现的信息、观点和建议。常用的图包括饼图、柱形图、条形图、折线图、散点图、雷达图、金字塔图、矩阵图、漏斗图、帕雷托图等。

6. 撰写报告

最后一个环节是撰写数据分析报告，这是对整个数据分析成果的一个呈现。分析报告可以把数据分析的目的、过程、结果及方案完整地呈现出来，以供企业参考。一份好的数据分析报告，首先需要有一个好的分析框架，并且图文并茂、层次明晰，能够让读者一目了然。结构清晰、主次分明，可以使读者正确理解报告内容；图文并茂，可以令数据更加生动活泼，提高视觉冲击力，有助于读者更形象、更直观地看清楚问题和结论，从而产生思考。另外，数据分析报告需要有明确的结论、建议和解决方案，不仅仅要找出问题，解决问题才是最重要的，否则称不上是好的分析，同时也会失去报告的意义，数据分析的初衷就是为了实现一个商业目的，不能舍本逐末。

1.4 电子商务典型数据分析任务

1.4.1 行业分析

行业分析通常由营销、运营岗位完成，该岗位设置在营销部、运营部，与数据开发部、公司战略管理部等均有配合及合作。行业分析流程包括行业数据采集、市场需求调研、产业链分析、细分市场分析、市场生命周期分析、行业竞争分析，最后撰写市场分析报告。

1. 行业数据采集

根据行业特性确定数据指标筛选范围，做出符合业务要求的数据报表模板；整合该行业数据资源，使用合适的方式采集数据并完成数据报表的制作。

2. 市场需求调研

通过客户行为、行业特性及业务目标要求设计出调研问卷；通过网络调研、深度访谈等方法发放与回收调研问卷；通过 Excel 等数据处理工具对回收问卷进行数据清洗，得到可靠的样本数据。

3. 产业链分析

通过对该行业中供应商、制造商、经销商、客户等环节之间交互关系的分析，绘制交互示意图；通过对前期的市场调研及价值交互关系的分析，制作产业链的合理性评估表。

4. 细分市场分析

根据细分市场历史数据确定相应的优势细分市场，编制优势细分市场列表；根据产品特点和消费者需求关联目标细分市场，编制关联列表；通过定性与定量的分析方法进行匹配度分析，编制匹配度对应列表。

5. 市场生命周期分析

根据市场历史数据判定出该细分市场所处的生命周期；通过行业资讯、领域专家意见，以及历史数据确定该细分市场所处生命周期中的机遇与挑战；根据细分市场所处生命周期给出改善建议。

6. 行业竞争分析

通过网络及纸质等渠道进行同类企业市场信息收集；进行同类企业与本企业市场相关性与差异性的分析，编写市场差异性分析报告；通过 SWOT 分析法分析自身企业的机遇与挑战，编制 SWOT 分析图表。

1.4.2 客户分析

客户分析通常由客户运营岗位完成，该岗位设置在运营部，与市场部、品牌部、策划部、客服部、设计部、物流部等均有配合及合作。客户分析流程包括客户数据收集、客户特征分析（客户画像）、客户行为分析、客户价值评估、目标客户精准营销（营销策略制定和资源配置）、销售效果跟踪，最后撰写市场分析报告。

1. 客户数据收集

了解 B 端（企业端）及 C 端（消费者端）的不同客户数据收集；熟悉公司品牌及产品定位、客户定位，熟悉各业务部门的客户数据需求；根据客户的访问、浏览、购买、评价等行为数据对客户数据属性标签进行收集、整理；熟练运用 Excel、CRM、评价分析、舆情监控等客户数据收集分析工具（软件）；利用问卷、调研等数据收集方法收集客户数据，并对数据进行清洗和处理。

2. 客户特征分析（客户画像）

了解 B 端（企业端）及 C 端（消费者端）的客户行为属性区别；根据客户的购买行为、购买地域、购买金额、购买次数等行为对客户进行特征分析；熟悉地域、性别、年龄等客户基础属性，并进行相关归类分析；借助 Excel、CRM 等工具对客户特征进行挖掘分析及梳理。

3. 客户行为分析

对客户的评价行为、购买趋势、购买喜好、营销喜好、产品喜好等行为进行分析；根据客户行为数据分析制定不同渠道的内容模式，挖掘出客户接受度较高的营销方式。

4. 客户价值评估

了解 B 端（企业端）及 C 端（消费者端）的不同，分析客户价值行为；熟悉客户画像、回购率、客单价、地域等客户行为分析的概念和行为价值；了解各业务部门对客户数据的需求，基于需求挖掘客户价值，并进行相关价值评估；有一定的业务分析能力及文案撰写能力，对客户行为特征进行有价值的二次挖掘。

5. 目标客户精准营销（营销策略制定和资源配置）

熟悉 B2B 及 B2C 的平台区别，了解 B 端（企业端）及 C 端（消费者端）不同平台客户精准分析、营销策略及营销规则工具；熟悉 B2C 平台渠道下的（消费者）微博、微信、淘宝、京东等各平台的客户推广营销渠道及推广方法；掌握消费者心理，基于推广渠道，了解短信、电子邮件、自媒体、直播等营销渠道，制订各渠道的精准推广计划；根据制订的计划协调公司相关资源，最终完成营销计划的投放。

6. 销售效果跟踪

熟悉营销回购率、转化率、投资回报率（Return On Investment，ROI）等指标；对各渠道的客户营销数据进行总结、分析、对比，输出各渠道的效果报告，调整不同渠道的客户运营策略；跟踪各渠道的销售效果及 ROI，给各业务部门提出业务建议，并协助各渠道进行客户营销模式的调整。

1.4.3 产品分析

产品分析通常由产品、客服岗位完成，该岗位设置在产品部、运营部、客服部，与设计部、美工部、生产部等均有配合及合作。产品分析流程包括竞争对手分析、客户特征分析、产品需求分析、产品生命周期分析、客户体验分析，最后通过调研报告形成合理化建议，对产品开发及市场走向提出预测。

1. 竞争对手分析

分析目标客户、定价策略、市场占有率等，确定竞争对手；对竞争对手的价格、产品、渠道、促销等方面进行调研，归纳、整理调研数据；通过 SWOT 分析法，得出竞争对手产品及自身产品的优劣势。

2. 客户特征分析

根据研究目的，确定典型客户特征的分析内容；做好客户年龄、地域、消费能力、消费偏好等数据的收集与整理工作；通过 Excel 等工具分析客户数据，赋予不同的人群标签。

3. 产品需求分析

根据典型客户特征分析结果，收集客户对产品需求的偏好；通过整理分析客户需求偏好，提出产品开发的价格区间、功能卖点、产品创新、包装等建议，通过产品的不断升级和迭代，提高客户对产品及品牌持久的黏性。

4. 产品生命周期分析

利用 Excel 等工具汇总产品部、运营部、客服部等产品销售数据；密切监控季节、气温、地域等因素对产品销售周期性数据的变化及波动的影响；协助指导采购、生产等部门合理安排采购及生产计划。

5. 客户体验分析

通过客户访谈或工具软件收集，了解客户体验现状；跟踪和分析客户对产品的反馈，监测产品使用状况并及时提出改进方案；识别客户痛点及产品机会，组织有价值的典型客户参与产品设计，评估产品价值及客户体验。

1.4.4 运营分析

运营分析通常由产品、客服岗位完成，该岗位设置在产品部、运营部、客服部，与设计部、美工部、生产部等均有配合及合作。运营分析流程包括销售数据分析、推广数据分析、客服数据分析。

1. 销售数据分析

通过评估历史销售数据等，进行企业销售目标的定位；通过市场调研，归纳、整理调研数据，设计销售指标；运用 Excel 等数据管理工具或调用平台数据，制定销售业绩、价格体系、区域布局、产品结构、销售业绩异动等指标；通过建立多维报表，明确销售任务；制作销售多维报表，得出整体销售分析指标；通过内部报告系统或数据采集工具，获取销售数据；通过与客服部门沟通，获取销售反馈信息；对数据进行整理和清洗，保证数据的有效性和完整性；对整体销售进行分析，包括销售额分析、销售量分析、季节性分析、产品结构分析、价格体系分析；对销售区域进行分析，包括区域分布分析、重点区域分析、区域销售异动分析；对产品线进行分析，包括产品系列结构分布分析、产品-区域分析；对价格体系进行分析，包括价格体系构成分析、价格-产品分析、价格-区域分析；根据既往数据进行预测，包括总体销售预测、区域销售预测、季节性销售变化预测；对电子商务平台特有的指标，如货品流失率、客单价、存销比等进行分析及预测；对数据可视化方案进行设计，结合业务场景设计出实用的可视化方案；应用可视化方案对已分析出的销售数据结果进行展现。

2. 推广数据分析

通过公司已有商务推广数据及公司现状、商品维度、外部竞争数据等，确定数据分析的目标；根据数据分析目标和公司现有商务推广数据，制定分析原则和分析策略；根据数据分析目标、分析原则和分析策略，确定详细分析步骤及时间规划；根据整体规划划分阶段目标，通过 Excel 及 PPT 等分析汇报工具，进行分析方案规划；根据具体推广业务和推广方式，对数据进行合并或拆分操作，以便对数据进行分析；根据业务和分析工具，对数据进行标准化、归一化操作或对定性数据进行量化操作；根据现有推广数据，分析各种推广方式、推广渠道对不同人群的推广效果；对不同人群适合的推广方式和推广渠道，提出合理的推广建议；根据现有推广数据，分析各种推广方式、推广渠道的整体效果；对分析出的各种推广渠道整体效果进行图表化展现；对分析出的各种推广方式、推广渠道、面向人群互相结合的效果进行图表化展现。

3. 客服数据分析

根据企业目标、运营过程、历史数据、企业环境，进行分析目标设计；通过调研企业领导及各层次人员，收集历史数据及递增幅度，定义成本、人员留存、销售成功率、人均销售收入、数据可用率、销售成功营销率等指标，以达成提升运营质量、降低成本、开展精准营销等企业目标；将具体的问题抽象成指标，以达成特定目标；通过收集基本数据，计算成本、人员留存、销售成功率、人均销售收入、数据可用率、数据的及时率、销售成功率等指标；通过数据分析工具，分析转化率、响应时间、销售额等指标；分析售前、售中、售后指标；将数据结果以图表的方式展现给客户。

1.5 数据分析岗位的职业规划

1.5.1 职业前景

工资高：数据分析企业的高薪企业主要分布在长江三角洲、珠江三角洲和京津地区。据统计，2018 年北京、上海、深圳的就业者月薪在 15000 元以上，实习期薪资是 8000 元起步。

晋升快：1 年晋升主管，2 年晋升经理，3 年晋升核心管理团队。

前景好：中国最火的 TMT 行业，数据将成为企业的核心竞争力，是 21 世纪最有发展前景的工作。

缺口大：每年新增市场缺口 300 万人（传统企业"触电"的需要），75%的高校新增数据类专业。

1.5.2 职业素养及成长阶段建议指南

数据分析岗位大体分为 3 个级别，具体内容如下。

1. 初级分析师

企业需求：初级分析师是数据架构的基础，承担了大多数最基础的工作。通常初级分析师的人员比例不应超过 20%。

职能定位：初级分析师的定位是从事数据整理、数据统计和基本数据输出工作，服务的对象包括中、高级分析师和业务方等。

职业要求：

- 数据工具方面，具有基本的 Excel 操作能力和 SQL 取数能力；具有基本数据输出能力，包括 PowerPoint、电子邮件、Word 等软件的使用能力。
- 数据知识方面，理解日常数据体系涉及的维度、指标、模型。
- 业务知识方面，理解日常业务知识，能把业务场景和业务需求用数据转换和表达出来。

2. 中级分析师

企业需求：中级分析师是数据人员架构中的主干，承担着公司中的专项数据分析工作，通常人员比例为 40%～60%。

职能定位：中级分析师的定位是从事数据价值挖掘、提炼和数据沟通落地，服务的对象主要是业务方，除此之外，还可能参与高级分析师的大型项目并独立承担其中的某个环节。

职业要求：

- 数据工具方面，熟练使用数据挖掘工具、网站分析工具。
- 数据知识方面，了解不同算法和模型的差异及最佳实践场景，能根据工作需求应用最佳实践方案。
- 业务知识方面，对业务知识深度理解，有较强的数据解读和应用推动能力。

3. 高级分析师

企业需求：高级分析师及以上职位通常是数据人力架构中的"火车头"，承担着企业数据方向的领导职能，人员比例为 20%～40%。

职能定位：高级分析师的定位是进行企业数据工作方向规则体系建设、流程建设、制度建设等，服务对象通常是企业领导层。

职业要求：

- 能搭建起企业数据体系，并根据企业发展阶段提出适合当前需求的数据职能和技术架构方案。
- 规划出所负责领域内数据工作方向、内容、排期、投入、产出等，并做投入、产出分析和数据风险管理。
- 实时跟进项目进度和落地，并通过会议、汇报、总结、阶段性目标、KPI等形式做好过程控制和结果控制。

1.5.3　技术类数据管理岗位介绍

技术类数据管理岗位如下。

1．数据工程师

定位：数据仓库开发、数据库实施，为分析应用及分析系统开发等提供技术支持。

应用技术：

- Oracle、DB2、MySQL、SQL、Linux。
- Java、Python、R、XML、JSON。
- Hadoop、Redis、HBase、ZooKeeper。

岗位要求：

- 掌握数据存储技术的基本概念、原理、方法和技术。
- 了解数据应用系统的生命周期及其设计、开发过程。
- 理解数据分析的基本业务知识、业务场景，并开发、实施具体项目。

2．算法工程师

定位：针对特定的数据分析业务需求，提供最合适的算法进行数据计算。

应用技术：

- SPSS、Clementine/SAS、EM。
- 回归模型、决策树、协同过滤、聚类算法。
- Mahout、机器学习、自然语言处理。

岗位要求：

- 根据自己对行业及企业业务的了解，独自承担复杂的分析任务，并形成分析报告。
- 相关分析方向包括客户行为分析、广告点击分析、业务逻辑相关分析及竞争环境相关分析。
- 根据业务逻辑变化，设计相应分析模型并支持业务分析工作开展。

3．架构师

定位：将数据需求转换为规范的开发计划及文本，并制定项目的总体架构，指导整个开发团队实现需求。

应用技术：

- 大型数据库、分布式数据库、内存数据库。
- 各种开发语言（了解其优劣、算法及其用处）。
- EJB设计模式、J2EE架构、UDDI、软件设计模式。

- PowerPoint、Power Designer、Mind Manager、Visio。

岗位要求：
- 提供技术支持，在关键时刻攻克最艰巨的技术壁垒。
- 了解业务需求，提出架构方案并搭建技术体系。
- 转化业务需求为技术需求，并确定最终技术架构方案。
- 主导系统全局分析和实施，负责软件架构和关键技术，并协助进行核心技术开发。

思考与实训

亚马逊的数据化经营之路

悉数全球哪家公司从大数据中发掘出了最大价值，一定非亚马逊公司莫属。作为一家"信息公司"，亚马逊公司不仅从每个客户的购买行为中获得信息，而且将每个客户在其网站上的所有行为都记录下来，包括页面停留时间、客户是否查看过评论、每个搜索的关键词、浏览的商品等。这种对数据价值的高度敏感和重视，以及较强的数据分析能力，使得亚马逊公司早已远远超出了同行业采用传统运营方式的公司。

- 亚马逊推荐：亚马逊公司的各个业务环节都离不开"数据驱动"的身影。在亚马逊网站上买过产品的客户可能对它的推荐功能很熟悉，"买过 X 产品的人，也同时买过 Y 产品"的推荐功能虽看上去很简单，却非常有效。需要说明的是，这些精准推荐结果的得出过程非常复杂。
- 亚马逊预测：客户需求预测是通过历史数据来预测客户未来的需求。对于书籍、手机、家电这些亚马逊公司内部称为硬需求的产品，预测是比较准的，甚至可以预测出相关产品属性的需求。但是对于服装类等软需求的产品，预测相对复杂和困难。
- 亚马逊测试：亚马逊网站上的某段页面文字只是碰巧出现的吗？其实，亚马逊公司会在网站上持续不断地测试新的设计方案，从而找出转化率最高的那一个。整个网站的布局、字体大小、颜色、按钮，以及其他所有的设计，其实都是在多次审慎测试后得出的最优结果。
- 亚马逊记录：亚马逊公司的移动应用在让客户有一个流畅的、无处不在的体验的同时，也通过收集手机上的数据深入地了解每个客户的喜好信息；更值得一提的是，KindleFire 内嵌的 Silk 浏览器可以将客户的行为数据一一记录下来。

亚马逊公司的数据分析不仅限于以上领域。对亚马逊公司来说，数据是商业决策的指挥棒，数据可显示出什么是有效的、什么是无效的，新的商业投资项目必须要有数据的支撑。

活动组织：

1）教师要求学生认真阅读案例素材。

2）借鉴以上案例，学生形成学习小组，每组确定一家企业，通过搜索工具查找相关资料，结合案例素材，分析讨论此企业在采集数据时所使用的方法及分析数据时所使用的工具；讨论此企业是如何将数据分析结果运用在供应链管理、销售管理等经营活动中的；结合此企业的实例，描述数据分析在传统零售型企业商务活动中的实际意义。

3）邀请一组学生在投影仪上展示自己的分析报告，全体同学互相交流。

第2章 数据的获取与介绍

2.1 数据的获取

在做数据分析之前,首先需要收集和获取数据,尽量获得完整、真实、准确的数据,做好数据的预处理工作,以便于量化分析工作的开展。一般商务数据的获取有以下几个常见途径:从公开数据源获取、利用网络爬虫抓取数据集及设计调查问卷收集数据。另外,针对电子商务卖家,我们可以通过网站后台获取运营数据。

1. 公开数据源

比较权威的公开数据源包括国际货币基金组织、世界银行、世界卫生组织、经济合作和发展组织、UCI 数据库。

2. 网络爬虫

网络爬虫,即编写计算机程序访问互联网中的网页。网络爬虫最初用于搜索引擎,爬虫获得网页网址及对应的内容,用来匹配用户搜索结果。这种爬虫相对专业,对非搜索引擎用处不大。由于网络爬虫可以自动访问网页并记录网页对应的内容,因此后来被用作数据获取工具。这里主要介绍用作数据获取工具的网络爬虫。

爬虫只是一类批量自动访问网页的工具,核心功能是访问网页。网页中的素材存在于网站所在的服务器上,当这个服务器收到一个访问请求时,它会把对应的素材发送到请求发出的地方,这就是人们通过浏览器可以看到别人服务器上的内容的原因。换句话说,浏览器是一种访问网页的工具,大部分编程语言中都有访问网页的工具包,如 Python 的 urllib、R 的 curl 及众多的独立框架。这些工具实现了一个主要的功能,即向目标服务器发送请求,并等待接收目标服务器的反馈。例如,浏览器访问淘宝主页,可以看到服务器返回了 HTML 文件、图片素材等内容,这些内容被浏览器重新组织渲染,形成了我们看到的网页的样子。编程语言中的网页访问工具也能获得同样的内容,也可以对其进行分析与记录。

为了获取数据，只有访问页面的功能还不够方便，需要批量自动地完成。使用编程语言，可以方便地定义访问顺序、数据储存方式及处理异常的机制。"批量自动"功能很容易实现，相当于批量用程序做其他工作。爬虫的困难之处在于解析从服务器收到的内容，并将它变成我们感兴趣的数据，这里可能需要对字符串进行处理，也可以借助第三方的网页源代码处理工具包，如 Beautiful Soup 等。

此外，由于批量爬虫需要等待服务器响应，效率相对较低，因此可以通过多进程多线程的设计来充分利用资源。利用网络爬虫抓取数据有技术难度，需要熟练掌握 R 或 Python 等语言。市面上也有不少成熟的爬虫软件，如八爪鱼。八爪鱼网页数据采集器是一个使用简单且功能强大的网络爬虫制作工具，完全可视化操作，无须编写代码，只需参考模板就可以快速获取网站公开数据。图 2-1 展示了八爪鱼爬虫软件界面，关于八爪鱼爬虫软件的介绍和应用详见 2.2 节。

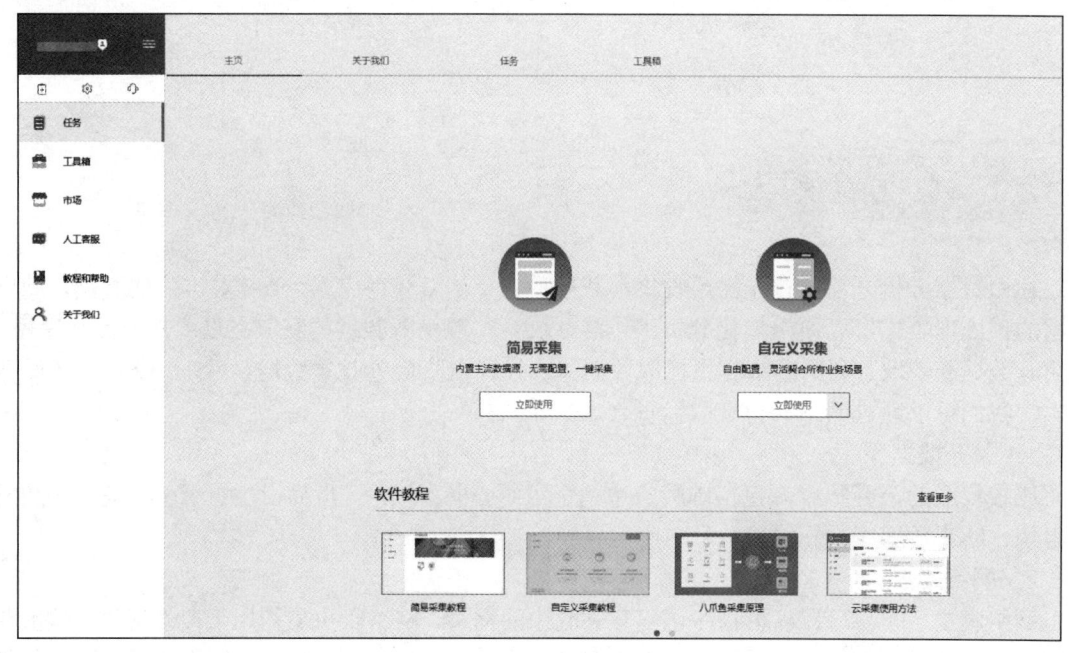

图 2-1 八爪鱼爬虫软件界面

3. 问卷调查

调查是获取一手数据的重要方式之一。通常而言，调查是指为了了解总体的某些属性特征，而对其中的所有或部分个体开展信息搜集的系统方法。之所以称其为"系统方法"，是因为在成本和数据质量的约束下，方案设计、数据收集、加工和分析等环节需要遵循一系列的基本原则。调查方法多种多样，可以从不同的角度来讨论分类，这里主要关注问卷调查，问卷调查包含以下环节。

1）明确调查目的。这通常是由研究问题确定的，也就是想通过此项调查获得哪些数据来支撑研究。

2）规划调查方案。一个好的调查方案有助于明确调查的具体细节，为顺利开展调查夯实基础。调查方案应包含但不限于如下内容：调查背景和目的、调查对象和内容、抽样调查、调查流程、数据收集方法、分工、进度安排和预算。

3）设计调查问卷。问卷内容决定会采集到什么样的数据。

4）发放问卷，执行调查。结合第二个环节所确定的抽样方法和样本量，具体执行本次调查。发放问卷之前，注意对访员进行适当培训，以控制数据质量。

5）分析数据。这一步实际包含对数据的编码、核查、预处理和分析，前三者是重要基础。

6）撰写调查报告。在普通的数据分析报告基础上，调查报告应补充介绍调查方法、描述样本特征（包括样本量、样本的人口学特征等）。

问卷调查的主要工作流程如图 2-2 所示。

4. 电商数据采集

电子商务从业者，特别是广大卖家，可以从网站后台获取以下运营数据。

- 网站用户数据（注册时间、用户性别、所属地域、来访次数、停留时间等）。
- 订单数据（下单时间、订单数量、商品品类、订单金额、订购频次等），图 2-3 展示了全球速卖通后台批量导出订单信息的界面。

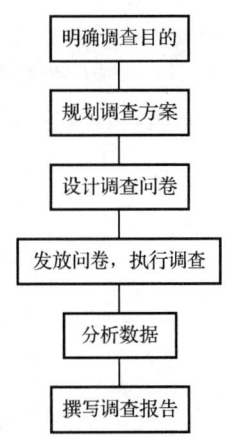

图 2-2　问卷调查工作流程

图 2-3　全球速卖通后台批量导出订单信息

- 反馈数据（客户评价、退货换货、客户投诉等）。

2.2　八爪鱼采集器介绍

八爪鱼采集器是深圳视界信息技术有限公司研发的一款业界领先的网页采集软件，具有使用简单、功能强大等诸多优点。八爪鱼采集器可简单快速地将网页数据转化为结构化数据，存储于 Excel 或数据库等，并且提供基于云计算的大数据云采集解决方案，实现精准、高效、大规模的数据采集。其智能模式可实现输入网址全自动化导出数据，是国内首个大数据一键采集平台。八爪鱼采集器的规则配置流程模拟人的思维模式，贴合用户的操作习惯，并且提供 4 种操作模式（见图 2-4），以满足不同的个性化应用需求。这里重点介绍一下简易模式，简易模式内置上百种主流网站数据源，如京东、天猫、大众点评等热门采集网站，只需参照模板简单设置参数，就可以快速获取网站公开数据，节省了制定规则的时间及精力。

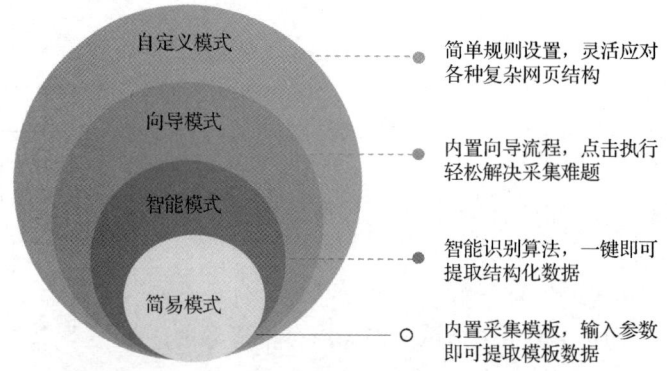

图 2-4　4 种数据采集操作模式

对于大部分卖家，直接自定义规则可能有难度，在这种情况下，可以使用简易模式。简易模式下存放了国内一些主流网站爬虫采集规则，在需要采集相关网站时可以直接调用，节省了制定规则的时间及精力。

天猫商品数据采集下来有很多作用，如可以分析天猫商品价格变化趋势，了解评价数量、竞品销量和价格，分析竞争店铺等，快速掌握市场行情，帮助企业决策。下面重点介绍八爪鱼简易模式下"天猫商品列表采集"的使用教程及注意要点。

1. 下载八爪鱼软件并登录

1）打开八爪鱼软件官方下载界面，单击下载按钮，如图 2-5 所示。

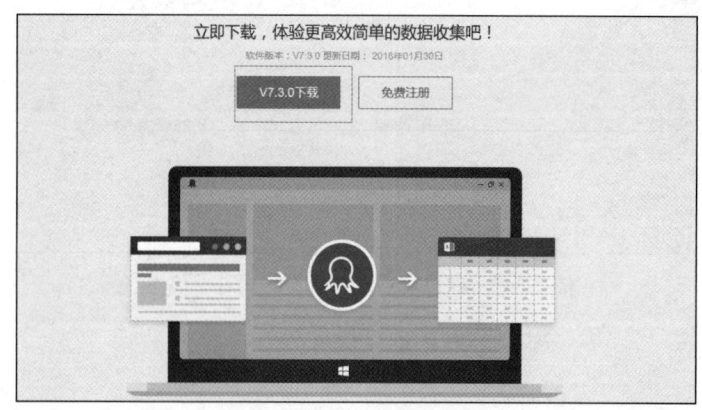

图 2-5　官方网站下载界面

2）软件下载好后，双击安装，安装完毕之后打开软件，首先进行账户注册，输入用户名和密码，然后单击"登录"按钮，如图 2-6 所示。

图 2-6　登录界面

2. 设置天猫商品列表抓取规则

1）进入登录界面即可看到主页上的网站"简易采集",单击"立即使用"按钮即可,如图 2-7 所示。

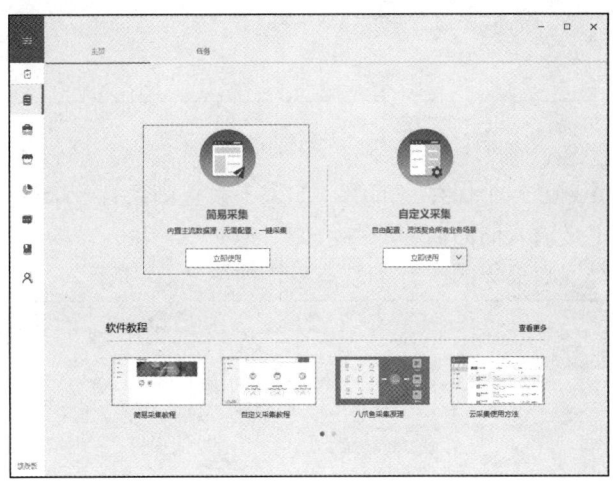

图 2-7　选择"简易采集"

2）进入"简易采集"界面便可以看到目前网页简易模式内置的所有主流网站,这里需要采集天猫内容,选择"天猫"网站即可,如图 2-8 所示。

3）天猫爬虫内置了两条规则,分别是"天猫-商品列表采集""天猫-详情页采集",这里仅以"天猫-商品列表采集"这条爬虫规则举例说明,单击"立即使用"按钮即可使用,如图 2-9 所示。

天猫-商品列表简易采集模式任务界面介绍如下。

● 查看详情:单击此链接可以看到示例网址。

● 任务名:自定义任务名,默认为"天猫-商品列表采集"。

图 2-8 选择"天猫"网站

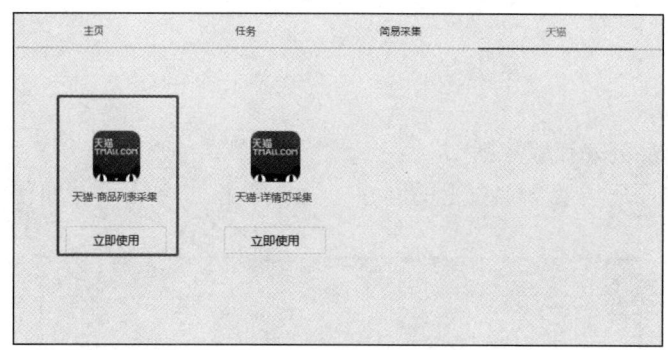

图 2-9 选择"天猫-商品列表采集"

- 任务组:给任务划分一个保存它的组,如果不设置则会有一个默认组。
- 商品名称:自定义输入商品名称即可,如"拖布"。
- 示例数据:这个规则采集的所有字段信息,如图 2-10 所示。

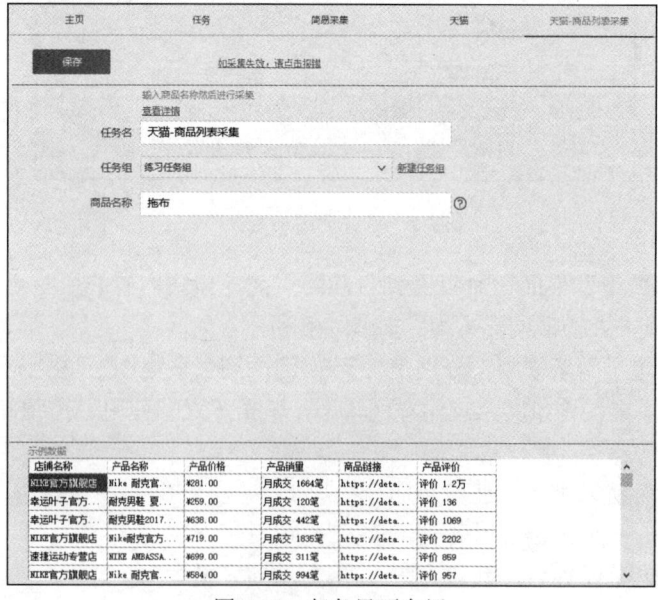

图 2-10 任务界面介绍

3. 保存并运行天猫商品列表采集规则

1）设置好爬虫规则之后单击"保存"按钮，如图 2-11 所示。

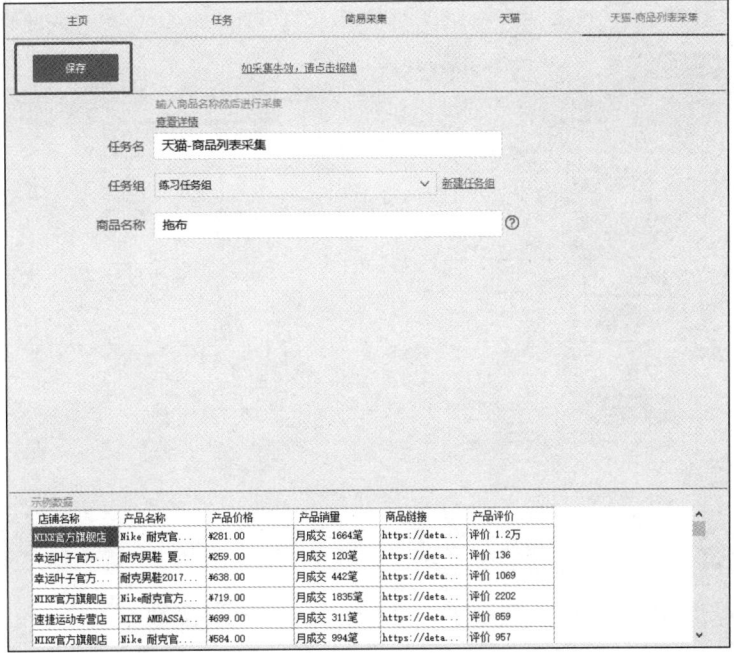

图 2-11　保存设置

2）保存之后，单击"开始采集"按钮，如图 2-12 所示。

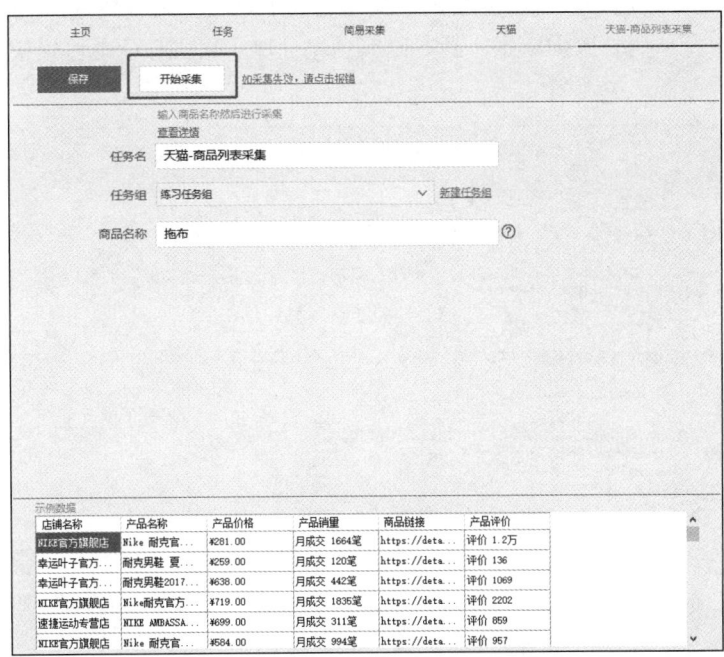

图 2-12　单击"开始采集"按钮

3）开始采集之后系统将会弹出"运行任务"界面，可以单击"启动本地采集"按钮（本地执行采集流程)或者"启动云采集"按钮(由云服务器执行采集流程),这里以启动本地采集为例,单击"启动本地采集"按钮,如图2-13所示。

图 2-13 启动本地采集

4)启动本地采集之后,系统将会在本地执行这个采集流程采集数据。图2-14所示为本地采集效果(示例中商品列表数据较多,为方便展示先行停止采集,读者可以根据需求决定是否采集完)。

图 2-14 本地采集效果

5）采集完毕之后单击“导出数据”按钮，弹出“导出本地数据”界面，这里以导出 Excel 2007 文件为例，选中“Excel 2007（xlsx）”单选按钮，单击“确定”按钮，如图 2-15 所示。

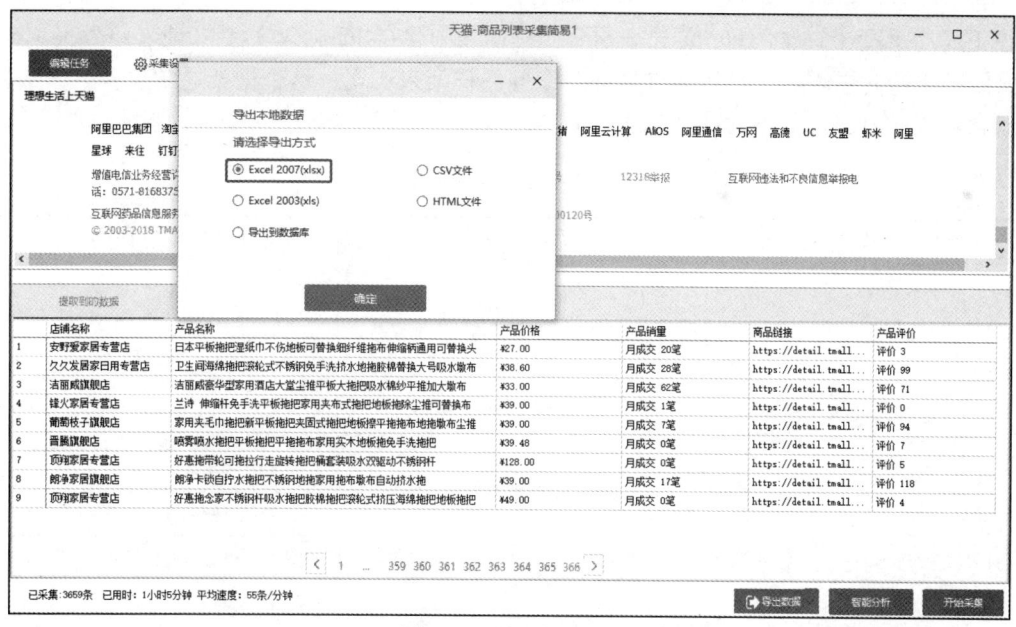

图 2-15　导出至 Excel

6）选择文件存放的路径，并保存，这样天猫商品列表数据就被完整地采集并导出到自己的计算机上，如图 2-16 所示。

店铺名称	产品名称	产品价格	产品销量	商品链接	产品评价
佳帮手居家日用专营店	宝家洁免手洗平板拖把家用拖地神器旋转木地板瓷砖地懒人拖布墩布	¥89.90	月成交 5.9万笔	https://detail.tmall.com/	评价 54万
拓朴旗舰店	大卫拖把桶旋转拖把双驱动免手洗家用自动拖布桶墩布拖地甩干拓扑	¥139.00	月成交 1.3万笔	https://detail.tmall.com/	评价 8.1万
天猫超市	妙洁 吸水胶棉拖把免手洗家用卡槽加强型碳钢杆 送海绵替换头	¥39.90	月成交 2.2万笔	https://detail.tmall.com/	评价 13万
天猫超市	妙洁拖把免手洗对折式挤水家用吸水胶棉拖把地拖 送海绵拖把头	¥35.80	月成交 8068笔	https://detail.tmall.com/	评价 4.1万
汇风集雅家居专营店	洁仕宝拖把双驱动旋转拖把桶家用自动好神拖墩布桶地拖地桶拖布桶	¥109.00	月成交 2.0万笔	https://detail.tmall.com/	评价 11万
宝家洁官方旗舰店	宝家洁喷雾喷水平板拖把家用瓷砖地拖布木地板懒人免手洗拖地神器	¥125.00	月成交 1.7万笔	https://detail.tmall.com/	评价 13万
宝家洁官方旗舰店	宝家洁免手洗懒人大号平板拖把家用瓷砖地拖布木地板拖地神器旋转	¥109.00	月成交 7961笔	https://detail.tmall.com/	评价 3.9万
拓朴帝凯专卖店	正品大卫拖把桶免手洗旋转拖把自动拖布桶拓扑好神拖地拖家用墩布	¥129.00	月成交 1.1万笔	https://detail.tmall.com/	评价 17万
佳帮手居家日用专营店	刮刮乐免手洗拖把旋转自动家用好神拖墩布懒人托把神器拖地拖布桶	¥159.90	月成交 6.6万笔	https://detail.tmall.com/	评价 11万
拓朴旗舰店	大卫拖把桶旋转四驱动免手洗拖布桶拖地自动甩干墩布拓扑家用托把	¥228.00	月成交 5274笔	https://detail.tmall.com/	评价 7.1万
帮主妇旗舰店	帮主妇免手洗拖把旋转自动家用手压甩干墩布好神拖懒人挤水拖布桶	¥149.00	月成交 3.9万笔	https://detail.tmall.com/	评价 3.4万
妙捷居家日用专营店	妙洁拖把 海绵吸水胶棉拖把 地板 伸缩 滚轮挤水地拖 替换拖头	¥39.90	月成交 2.0万笔	https://detail.tmall.com/	评价 10万
帮主妇亿爵专卖店	帮主妇免手洗平板拖把家用拖地神器旋转拖木地板地拖托把懒人拖布	¥79.00	月成交 10万笔	https://detail.tmall.com/	评价 10万
好媳妇家居旗舰店	好媳妇海绵拖把33cm大号吸水拖把头家用滚轮式挤水免手洗胶棉拖把	¥59.90	月成交 5278笔	https://detail.tmall.com/	评价 3.1万
大卫家居旗舰店	大卫免手洗平板拖把旋转家用木地板瓷砖拖地拖布免洗墩布懒人托把	¥189.00	月成交 1.5万笔	https://detail.tmall.com/	评价 2362
美丽雅旗舰店	美丽雅免手洗平板拖把刮刮乐懒人瓷砖地托把家用自动干湿两用地拖	¥199.00	月成交 3901笔	https://detail.tmall.com/	评价 1199
百家好世旗舰店	百家好世拖把桶旋转免手洗家用拖布桶不锈钢自动甩干墩布杆地拖布	¥69.99	月成交 3.6万笔	https://detail.tmall.com/	评价 23万
益伟家居旗舰店	益伟吸水海绵拖把可伸缩对折式挤水家用胶棉拖把头地拖拖布免手洗	¥19.90	月成交 14万笔	https://detail.tmall.com/	评价 98万
好媳妇家居旗舰店	好媳妇拖把38cm大号不锈钢杆双滚轮挤水胶棉拖把吸水海绵拖把杆	¥89.00	月成交 1756笔	https://detail.tmall.com/	评价 6660
世家家居旗舰店	世家合金王子平板拖把 平拖送拖布 尘推夹毛巾木地板拖把墩布包邮	¥59.90	月成交 3907笔	https://detail.tmall.com/	评价 2.7万
米索家居专营店	好神拖拖把桶旋转拖把免手洗地拖双驱动甩干拖布自动拖地家用墩布	¥59.90	月成交 3.8万笔	https://detail.tmall.com/	评价 14万
佳帮手旗舰店	佳帮手平板拖把懒人免手洗家用瓷砖地拖布木地板旋转墩布托把神器	¥39.90	月成交 3.0万笔	https://detail.tmall.com/	评价 38万
鑫宝骉旗舰店	鑫宝骉自拧水旋转拖把家用懒人免手洗拖把头挤水布条拖布地拖墩布	¥29.90	月成交 1.7万笔	https://detail.tmall.com/	评价 15万
帮主妇旗舰店	帮主妇拖把桶旋转拖把双驱动好神拖手压免手洗拖把桶自动拖布墩布	¥89.00	月成交 5652笔	https://detail.tmall.com/	评价 26万
妙洁官方旗舰店	妙洁官方滚轮吸水胶棉拖把 手压挤水海绵拖把免手洗吸水 耐用	¥45.00	月成交 4631笔	https://detail.tmall.com/	评价 2.2万
美丽雅旗舰店	美丽雅平板拖把亲亲经典飞梭型万向木地板地拖平拖把家用大号拖把	¥79.00	月成交 3025笔	https://detail.tmall.com/	评价 1.2万
军诚力拓家居专营店	大卫拖把拓扑正品拖布桶拖把桶旋转好神奇拖墩布拖地桶拓朴免手洗	¥159.00	月成交 711笔	https://detail.tmall.com/	评价 1.1万

图 2-16　最终 Excel 展示结果

2.3　调查问卷设计

正所谓“有方法才有提升”，下面对问卷设计的必要流程、具体要求和设计技巧开展详细介绍。

2.3.1 搭建框架

在正式动手设计问卷之前,首先一定要明确问卷中将会出现哪些内容,或者将要采集哪些数据来服务于研究主题。这可以通过搭建一个问卷框架来实现,这个框架通常包含三大部分:中心概念、核心内容、具体问项(见表2-1)。

表 2-1 问卷框架示例

中心概念(一级指标)	核心内容(二级指标)	具体问项(三级指标)
1 使用情况	1.1 使用广度	1.1.1 微信用户占比
		1.1.2 使用时间
		1.1.3 获知渠道
	1.2 使用深度	1.2.1 依赖程度
		1.2.2 持续使用情况
		1.2.3 功能了解程度
		1.2.4 替代性
2 需求满足情况	2.1 主观满意度	2.1.1 功能多样
		2.1.2 获取信息
		2.1.3 情感交流
		2.1.4 人性化设计

1)中心概念。中心概念可理解为一级指标,一般由研究主题直接获得,例如,有关"微信"的调研问卷的中心概念就由"使用情况"和"需求满足情况"两个方面构成。中心概念的作用在于进一步明确问卷调查的主题,确保不会遗漏重要内容。

2)核心内容。核心内容是对中心概念的阐述,也可以理解为一级指标下面包含了哪些二级指标。核心内容并不会体现在具体的问题设计当中,但是有助于把整个问卷模块化、逻辑化。

3)具体问项。具体问项是每一项核心内容的具体细化条目,是会直接出现在问卷中的问题内容,直接决定了我们最终能获得哪些数据。

值得注意的是,核心内容和具体问项一般不能直接获取,而是要在深入理解研究主题的基础上来归纳形成的。具体做法就是"事先调研",即结合研究主题开展。

1)文献调研:获得以往类似研究的相关内容和问项。

2)焦点小组访谈、深度访谈:获得具有一定深度的一手资料,增强研究内容的时效性。

3)开放式问卷调查:获得具有一定广度的一手资料。

4)对以上调研获得的条目进行汇总,经过合并、去重等步骤后,一般就可以得到既全面又有时效性的问项内容了。

2.3.2 确定问题形式

问卷中常见的问题形式包括封闭式问题和开放式问题(见表2-2),单选题、多选题、排序题、量表题都是常见的封闭式问题的表现形式。这里不再对各种问题形式的概念一一展开介绍,示例参见表 2-2。

表 2-2 问卷中的常见问题形式及示例

问题形式		示例
开放式问题		您希望微信可以做哪些改进？（请留下您的宝贵意见） _____
封闭式问题	单选题	您觉得微信的使用对手机移动通信（电话、短信）的使用有何影响？ A. 基本代替手机移动通信的使用　　B. 减少了手机移动通信的使用 C. 对手机移动通信的使用没有影响　　D. 不好说
	多选题	您觉得微信的哪些功能好？（多选，至多三项） A. 聊天　　　　B. 添加好友　　　　C. 实时对讲机功能 D. 朋友圈　　　E. QQ 邮箱提醒　　　F. 游戏 G. 微信扫一扫　H. 通信录安全助手　I. 其他（请注明内容：_____）
	排序题	您觉得微信的哪些功能好？请选出三项功能并排序，序号写在选项后面的横线上。 A. 聊天____　　　B. 添加好友____　　　C. 实时对讲机功能____ D. 朋友圈____　　E. QQ 邮箱提醒____　　F. 游戏____ G. 微信扫一扫___ H. 通信录安全助手___ I. 其他（请注明内容：_____）
	量表	有关微信的一些陈述，请在符合您实际想法的选项上打钩。 微信是一种获取信息的有效渠道 A. 非常不同意　　B. 比较不同意　　C. 一般 D. 比较同意　　　E. 非常同意

如果说搭建问卷框架有助于梳理问项内容，那么确定问题形式就是在决定所采集的数据类型，这点也是特别需要强调的。

结合表 2-2 来看，如果采用开放式问题，那么得到的数据通常是半结构化或者非结构化的文本数据，后期需要经过烦琐的人工编码、加工处理才能整理成结构化的、易于分析的数据。而如果采用封闭式问题，那么得到的数据显然是结构化的数据，省去了大量的加工成本。但是，这并不意味着开放式问题完全不可用。对于意见、建议征集等问题或其他无预设标准答案的题目而言，开放式问题仍然是最佳选择。

值得注意的是，虽然表 2-2 所示的 4 种封闭式问题得到的都是结构化数据，但是由于答项的设计不同，最后得到的数据类型也有所差别。例如，单选题、多选题得到的通常是定性数据（定类数据或定序数据），主要通过柱形图、饼图、频数频率表、列联表等手段来开展统计分析，大多停留在描述分析的层面；通过量表题（五级/七级、评分式）可以得到定量数据，满足后续更为复杂的数据分析要求，如回归分析、多元分析（因子分析、聚类分析等）。当然，不能绝对地说哪种问题形式好、哪种数据类型优，只是希望大家在设计问卷时，提前把后续的数据分析也纳入思考范畴。带着分析需求来设计问题，会让问卷更有针对性。

2.3.3　选措辞、排结构

经过了前面两个步骤，问卷已经基本成型，接下来需要把它落实到纸面上，需要决定每一个问题的措辞表达和位置摆放。

问题的措辞表达应与受访者的认知能力相适应，基本要求是准确、优雅。前者指的是受访者清楚理解问题所指，而后者指的是让受访者以一种轻松舒适的心情配合调查。这两个要求共同保障了"所答即所需"。表 2-3 列出了问项措辞、答项设置的若干基本原则，以及对应的反例和修改方案，供大家参考。其中，前 3 个原则是为了满足"准确"的要求，后两个原则保证了问卷的"优雅"。

表 2-3　问项措辞原则、错误示例及修改建议

避免复合内容	错误示例	您认为某航班安全、准时吗？
	点评和建议	安全和准时是两个概念，不应在一个问项中同时测量，考虑两个概念是否都必须测量，若是，则设为两个单独的问题。
	修改方案	您认为某航班安全吗？ 您认为某航班准时吗？
避免指代不明	错误示例	这儿附近有超市吗？
	点评和建议	"这儿""附近"指代不明，应指明具体范围。
	修改方案	您家 1 公里以内有超市吗？
避免答项缺失	错误示例	您一般用什么方式或交通工具上班？①步行；②公共汽车；③自行车；④私人汽车
	点评和建议	遗漏了一种重要方式"地铁"，同时考虑到难以保证涵盖全部方式，应补充其他选项让受访者自行补充。
	修改方案	您一般用什么方式或交通工具上班？①步行；②公共汽车；③自行车；④私人汽车；⑤地铁；⑥其他____
避免感情色彩	错误示例	您至今未买计算机的原因是什么？①买不起；②没有用；③不懂；④软件少
	点评和建议	"买不起""不懂"都是带有贬义的表达，应改为中性的表达。
	修改方案	您至今未买计算机的原因是什么？①价格高；②用途少；③不了解性能；④软件少；⑤其他____
避免造成折磨	错误示例	最近三年，您与父母吵架的次数是多少？
	点评和建议	时间太长、难以回忆，建议重新思考需要测量的概念，如可能请缩减时间段。
	修改方案	最近一个月，您与父母吵架的次数是多少？

问题的位置摆放涉及整个问卷的布局问题。一般而言，一份问卷包含四大部分：开头（标题、开场白、填表说明、问卷编号）、正文（核心问项、背景信息）、结束语（感谢、联系方式）、作业记载（访员信息、调查时间等）。日常使用的问卷通常可以更简单一些，只包含前三个部分。

在开头部分中，标题和开场白都应简明扼要，后者应至少包含"我们是谁""因何目的需要开展调查""需要您做什么""数据是否商用/保密""感谢"等信息。

在正文部分中，核心问项指的是前面就已经设计好的具体问题，应按照从易到难的原则来排序，即先封闭问题、后开放问题，先客观性的核查问题、后主观性的态度问题。同时，建议核心问项最好按类编排，也就是按照问卷框架中的"核心内容"来使问卷模块化。背景信息一般包含与受访者个人有关的特征，如年龄、性别、婚姻状况、工作单位属性、收入情况等，因为涉及个人隐私，建议将这部分内容放在核心问项之后：一方面，可以节省受访者精力，保证核心问项的回答质量；另一方面，避免因为敏感性让受访者感到不安、拒填问卷。

2.3.4 评估、预测试

问卷正式发放之前，必不可少的两个步骤是评估和预测试。

问卷评估是指请专业人士对问卷进行"挑刺儿"，包括：问项是否有必要？是否问非所需？提问形式是否恰当？答项是否完备？措辞用字是否得当？提问逻辑是否合理？字词句是否有错误？是否有难以回答的问题？排版是否合理、美观？标题和开场白是否有误导人之处？……从内容到表达、再到排版，全方位地对问卷进行评价和审议，以保障数据质量。这里需要强调的是，评估专家应为熟悉研究主题的学者、专业人士等，或至少是熟悉问卷设计的专家。

问卷预测试，就是请潜在的受访者进行试填。人数没有具体要求，一般 10~15 人比较适宜。注意，参加预测试的人一定来自目标总体。请他们填写问卷后，通过访谈的形式来了解：指导是否足够清楚？所有问项是否能被充分理解？回答时间是否符合预期？问卷的外观、内容等是否激励受访者合作？……此外，还可以运用在预测试中采集到的 10~15 条观测数据，做初步的描述分析，检查分析结果与预期是否有矛盾之处。

至此，问卷已经设计完毕，可以正式发放。总之，"有方法才有提升"，按照科学的方式来设计问卷、执行调查、把控数据质量、严谨开展研究，才能最大限度地发挥调研问卷的作用。

案例：

问卷编号：　　　　调查员：　　　　访问地点：　　　　时间：　　月　　日

大学生微信使用和需求满足情况调查问卷

亲爱的同学：

您好！我们是电子商务专业的学生，正在进行关于大学生微信使用和需求满足情况的问卷调查，需要了解您的微信使用情况，以及微信对您的生活、学习等方面的影响。您的帮助将有利于研究微信的普及度及其在大学校园中的渗透程度。您的回答无关对错，调查结果仅用于研究，绝不泄露。耽误您几分钟时间，希望得到您的理解和帮助，感谢您的支持！

填写说明：①若未特别说明，即为单选；②请在您认为合适的选项上打"√"。

Q0. 您是否使用过微信？

A. 使用过　　　　　　　　B. 未使用过[选 B 结束访问]

一、微信使用情况

Q1. 您是从何时开始使用微信的？

A. 2011 年　　　　　　　B. 2012 年　　　　　　　C. 2013 年及以后

Q2. 您最初是从哪种渠道知道微信的？

A. 他人推荐

B. 自己通过网络媒介获知

C. 自己通过传统媒体（如报纸、广播、电视等）获知

D. 其他_____

Q3. 您登录微信的频率：

A. 每天都登录　　　　　　B. 每周都会登录但并非每天登录

C. 半个月登录一次　　　　D. 一个月以上登录一次

Q4. 您最近一个月使用过微信吗？

A. 使用过（请跳至 Q6）　　B. 未使用

Q5. 您最近一个月没有使用微信的原因是什么？（多选，至多三项）
A. 不如其他聊天工具使用方便　B. 没有需要的功能
C. 觉得浪费时间　　　　　　　D. 网络限制（如手机流量限额等）
E. 其他_____

Q6. 您使用过微信的哪些功能？（可多选）
A. 聊天　　　　　　　B. 添加好友　　　　　C. 实时对讲机功能
D. 朋友圈　　　　　　E. QQ邮箱提醒　　　　F. 游戏
G. 微信扫一扫　　　　H. 通信录安全助手　　 I. 其他_____

Q7. 您觉得微信的哪些功能比较好？（多选，至多三项）
A. 聊天　　　　　　　B. 添加好友　　　　　C. 实时对讲机功能
D. 朋友圈　　　　　　E. QQ邮箱提醒　　　　F. 游戏
G. 微信扫一扫　　　　H. 通信录安全助手　　 I. 其他_____

Q8. 您关注哪些公众账号？（可多选）
A. 不关注　　　　　　B. 财经新闻类　　　　C. 潮流时尚类
D. 旅游摄影类　　　　E. 星座心理类　　　　F. 人生智慧类
G. 创意搞笑　　　　　H. 影视音乐类　　　　I. 名人名家类
J. 知识类　　　　　　K. 其他_____

Q9. 您觉得微信的使用对手机移动通信（电话、短信）的使用有何影响？
A. 基本代替手机移动通信的使用
B. 减少了手机移动通信的使用
C. 对手机移动通信的使用没有影响
D. 不好说

二、用户使用微信的需求满足情况

下表是有关微信的一些陈述，请在符合您实际想法的位置打"√"。

问题项	非常不同意	比较不同意	一般	比较同意	非常同意
Q10. 微信是一种获取信息的有效渠道					
Q11. 通过微信可以将自己所拥有的信息与他人分享					
Q12. 微信具有低流量、低成本的特点					
Q13. 微信有效地结合了短信与语音功能					
Q14. 微信是一种有效的娱乐消遣方式					
Q15. 微信的界面简单、易操作					
Q16. 微信可以使您和朋友的联系更加频繁和密切					
Q17. 微信提供了媒介情境，不单纯面对面交流					
Q18. 通过发微信可以有效地排解寂寞，宣泄不快					
Q19. 微信能随时记录自己的心情和近况					

Q20. 您希望微信可以做哪些改进？（请留下您的宝贵意见）
_____

三、微信用户的基本特征

Q21. 您的性别：

A. 男　　　　　　　　　B. 女

Q22. 您的学历：

A. 专科生　　　　　　　B. 本科生　　　　　　C. 研究生（硕士生、博士生）

再次感谢您的配合！祝您愉快！

2.4 数据介绍和说明

"数据介绍与说明"是数据分析报告中必要且重要的环节。通过数据介绍与说明，可以了解数据的来源、数据包含的变量及变量的基本情况等。在介绍数据变量时，非常忌讳简单的罗列。例如，下面就是一个错误示范。

案例：

本数据包含了以下变量。

年龄：嗯，没啥好说的。

性别：也就是男和女。

收入：都不怎么高。

出生地：包括20个城市，贵阳、庆阳、沈阳……

……

这种罗列变量的方法混乱无逻辑且冗杂无重点。那应该如何对数据进行科学准确的介绍与说明呢？根据不同的场景与目的，我们这里介绍表格和PPT两种方法。

2.4.1 用表格介绍数据

由于现在的数据集都比较大，变量很多，因此，在做数据分析报告的时候，有必要形成一个数据变量说明表，让读者能够一目了然地了解数据情况。一个规范的数据变量说明表（见表2-4）应该包含以下内容。

1）表格标题。表格标题一般在表的上方，报告中的表格要有标号。

2）表头。变量说明表的表头不宜过多，一般包括变量类型、变量名称、取值范围、单位、详细信息等。表头可以灵活调整，并且不需要太详细，给出总结即可。

3）变量的归纳分组。中文报告尽量以中文命名。如果有因变量和自变量，则需要标明。自变量的展示要根据内容进行归纳分组。如表2-4所示，自变量分为驾驶员因素和汽车因素。

4）备注说明。数据变量说明表可以发挥描述分析的作用，为后面的统计分析分担一部分工作。例如，驾驶员性别这个变量有两个取值。在后续的描述分析环节，没有必要采用饼图来展示性别的分布，可以在数据说明表的备注项说明男性（或女性）的占比。

表2-4 数据变量说明表

变量类型	变量名称	详细说明	取值范围	备注
因变量	是否出险	二值变量（2水平）	1代表出险； 0代表未出险	出险占比28.46%

续表

变量类型		变量名	详细说明	取值范围	备注
自变量	驾驶员因素	驾驶员年龄	单位：岁	21~66	只取整数
		驾驶员驾龄	单位：年	0~22	只取整数
		驾驶员性别	二值变量（2水平）	男/女	男性占比 89.18%
		驾驶员婚姻状况	二值变量（2水平）	已婚/未婚	已婚占比 95.15%
	汽车因素	汽车车龄	单位：年	1~10	只取整数，建模时离散化
		发动机大小	单位：L	1~3	建模时离散化
自变量	汽车因素	是否进口	二值变量（2水平）	是/否	国产车占比 70.16%
		所有者性质	无序类别变量（3水平）	公司/政府/私人	私人车占比 71.50%
		固定车位	二值变量（2水平）	有/无固定车位	有车位占比 83.77%
		防盗装置	二值变量（2水平）	有/无防盗装置	无防盗装置占比 77.60%

2.4.2 用 PPT 介绍数据

在制作 PPT 进行数据介绍的时候，形式可以更加灵活（但是篇幅不宜过多，尽量不超过 3 页）。下面是一个关于车联网的分析报告中的变量介绍（见图 2-17 和图 2-18）。14 个变量被归纳成了 5 个维度进行介绍，除了变量名称，PPT 也对一些变量的计算方法和含义做了简单的展示说明。

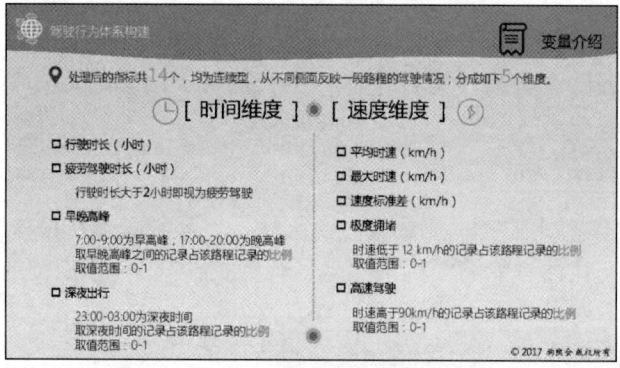

图 2-17　用 PPT 展示变量（一）

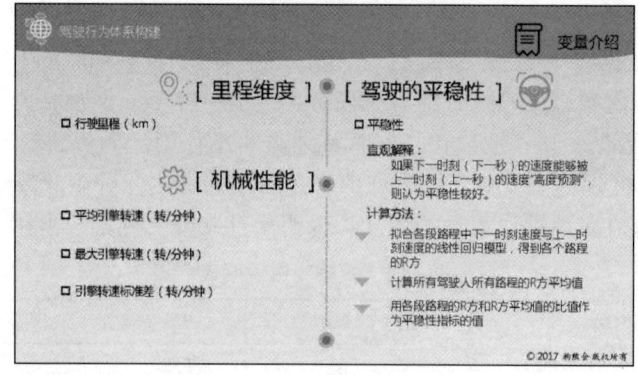

图 2-18　用 PPT 展示变量（二）

2.4.3 常见的问题

数据介绍与说明虽然是一个相对简单的任务，但是在执行过程中，仍然有许多事项需要注意。

1）在进行数据介绍与说明的时候，对于报告，需要辅以一到两段简短的文字说明。文字说明的作用是告诉读者数据的来源（如数据爬取自某网站）、样本量、每一条样本观测代表什么、变量归纳分组的依据等。时刻换位思考，把自己当成读者，增强报告的可读性。

2）尽量根据变量的含义对其进行归纳分组。分组的数量保持在3~5组为宜。根据变量类型（离散型还是连续型）对其进行归纳分组的方法的逻辑性相对较差，不建议读者这样去做。

3）在制作表格的过程中，排版要美观。尽量不要出现一个字占用一行的情况，并且字体要统一。排版的美观性能够让读者从一开始就以轻松愉悦的心情去阅读报告。

4）在介绍数据的时候，有的变量取值范围很大，如上限达到亿级别。这个时候，在数据说明表中直接书写类似于"350084511"的形式，非常不利于读者的阅读。稍微贴心的做法是将其写成逗号切分的样式："350,084,511"，或者写成"3.5亿"的近似表达。

思考与实训

1．每个学习小组确定一个选题，根据此选题尝试收集数据。你可以到各种公开数据源处获取数据，或者设计一个调查问卷收集数据，或者应用爬虫软件抓取数据。注意，你可能要根据你能够获得的数据，调整你的选题，以及背景介绍的文字。有时候一个心仪的选题可能缺少数据支持，所以往往需要根据可获取的数据适当调整选题。

2．假设每个学习小组已经收集了数据。尝试制作数据变量说明表对数据进行介绍，注意将变量有逻辑地分组汇报，并且配以一两个段落的简要文字说明。提交 PDF 格式文档，呈现最终结果。

模块二
电子商务大数据分析工具

当我们面对越来越庞大的数据，已不能依靠计算器对其进行分析时，我们必须借助于强大的数据分析工具。数据分析工具能帮助我们熟悉数据分析方法理论，完成数据分析工作。本模块主要介绍几种常见的数据分析工具，其中 Excel、SPSS 作为简单入门工具，可以满足一般的数据分析工作需求，而对于一些定制化的需求，则需要通过 R 语言来编程实现。

第3章 Excel 介绍与操作

Microsoft Excel 是 Microsoft 公司的办公软件 Microsoft Office 的组件之一，是一款由 Microsoft 公司为 Windows 操作系统和 Apple Macintosh 操作系统的计算机而编写的试算表软件。Excel 是 Microsoft 办公套装软件的一个重要组成部分，它可以进行各种数据的处理、统计分析和辅助决策操作，广泛地应用于管理、统计、金融等众多领域。Excel 有多个版本，常见的有 Excel 2007、Excel 2010、Excel 2013 和 Excel 2016 版本，每一次版本的更新都会增添许多功能，使 Excel 功能更为强大。下面将以 Excel 2010 版本为例介绍 Excel 的基本数据操作。

3.1 数据管理——电商数据资料

对求生存和谋发展的电子商务卖家来说，店铺资料是相当重要的数据，卖家不仅要对这些数据进行习惯性收集，而且要对其进行有效的管理，只有这样才能在经营中找到更好的"出路"，在竞争中"存活"下来。

3.1.1 顾客资料管理

对于一些新客户或者临时客户，我们可能会将他们的信息随手记录在记事本文本中，等到有时间再将这些信息导入 Excel 中进行整理和分析，从而更好地为商品销售服务。

下面以在"轻松管理电商数据资料"工作簿中导入记录在记事本文本中的顾客资料数据为例，其具体操作如下。

1）打开"轻松管理电商数据资料"工作簿，选择"顾客资料"工作表，选择 C7 单元格，单击"数据"选项卡，单击"自文本"按钮，打开"导入文本文件"对话框，选择文本保存位置，选择"顾客信息随手记.txt"文件，单击"打开"按钮，如图 3-1 所示。

2）打开"文本导入向导-第 1 步，共 3 步"对话框，选中"分隔符号"单选按钮，设置"导入起始行"为"1"，单击"下一步"按钮，如图 3-2 所示。打开"文本导入向导-第 2 步，共 3 步"对话框，选中"Tab 键"复选框，单击"下一步"按钮，如图 3-3 所示。

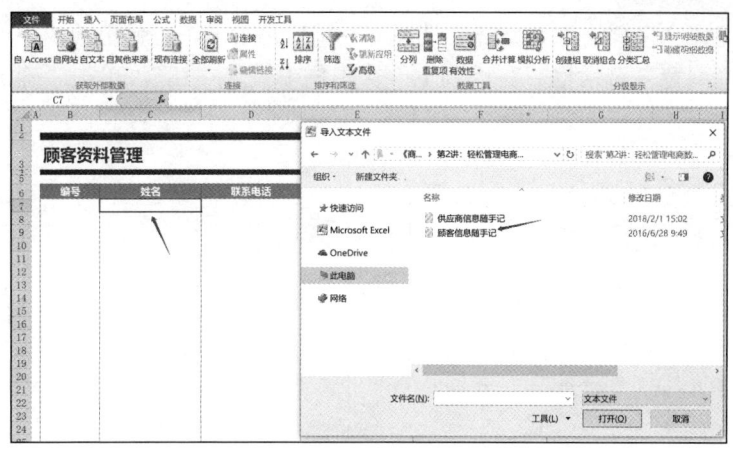

图 3-1　导入文本文件

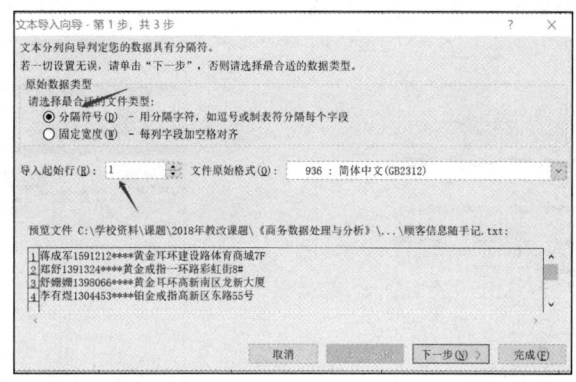

图 3-2　"文本导入向导-第 1 步，共 3 步"对话框

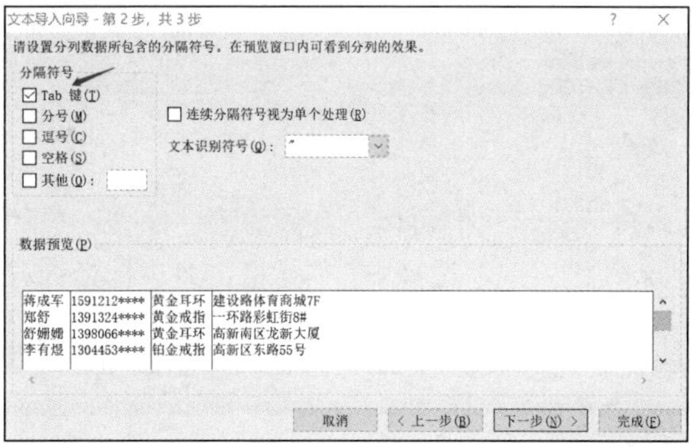

图 3-3　"文本导入向导-第 2 步，共 3 步"对话框

3）打开"文本导入向导-第 3 步，共 3 步"对话框，选中"常规"单选按钮，单击"完成"按钮，如图 3-4 所示。系统自动打开"导入数据"对话框，保持默认设置不变，直接单击"确定"按钮，如图 3-5 所示。

4）系统自动将数据导入表格中，导入效果如图 3-6 所示。导入外部的记事本文本数据后，系统自动适应内容宽度，导致原先的列变窄，使"顾客资料"表格整体样式变得"小气"，这时我们可通过调整列宽来解决这个问题。选择C～E列并右击,在弹出的快捷菜单中选择"列宽"命令,打开"列宽"对话框,在"列宽"文本框中输入"18",单击"确定"按钮确认设置,如图3-7所示。

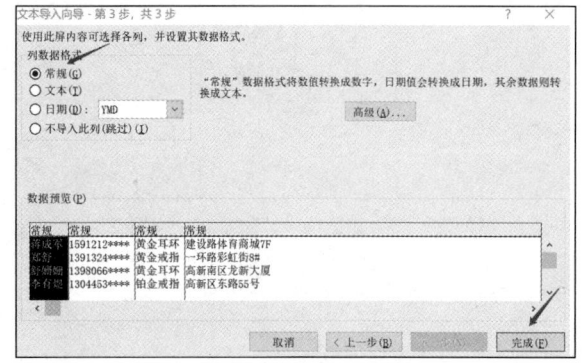

图3-4 "文本导入向导-第3步,共3步"对话框

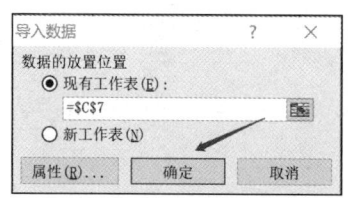

图3-5 "导入数据"对话框

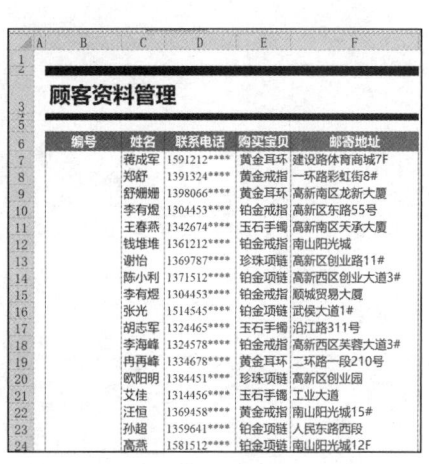

图3-6 导入效果

图3-7 "列宽"对话框

5)对于越来越多的客户资料,我们可以为其添加顺序序号,这种编号不需要我们手动逐一输入,可借助于填充柄来轻松实现。选择B7单元格,将鼠标指针移动到单元格的右下角,当其形状变成"+"形状(见图3-8)时双击,系统自动将编号以序列数据填充到数据末行。

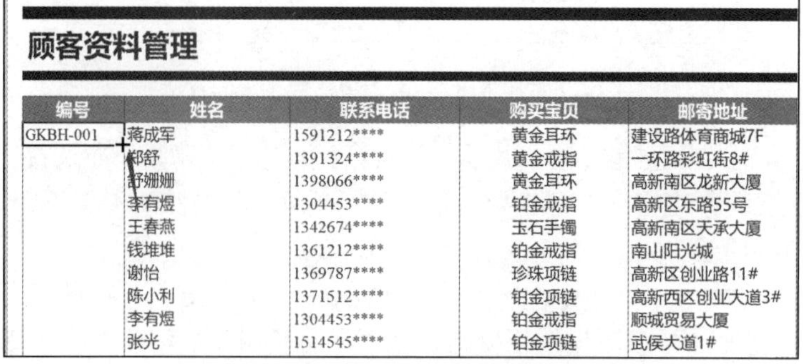

图3-8 移动鼠标指针至单元格右下角

6）单击"填充选项"下拉按钮，选中"不带格式填充"单选按钮，只填充序列数据，如图 3-9 所示。

7）在表格的"编号"列查看通过填充柄快速输入的顾客编号数据，效果如图 3-10 所示。

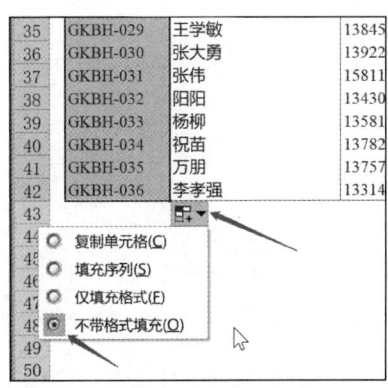

图 3-9　选中"不带格式填充"单选按钮

图 3-10　效果

3.1.2　供应商资料管理

要在已有数据的末行位置继续添加资料，较为直接和准确的方法是通过记录单来添加，当然"记录单"按钮需要我们手动添加。下面以在"轻松管理电商数据资料"工作簿中使用记录单添加供应商资料数据为例来讲解相关操作，其具体操作如下。

1）打开"手动录入供应商资料"工作表，单击快速访问工具栏中的下拉按钮，选择"其他命令"选项，如图 3-11 所示。

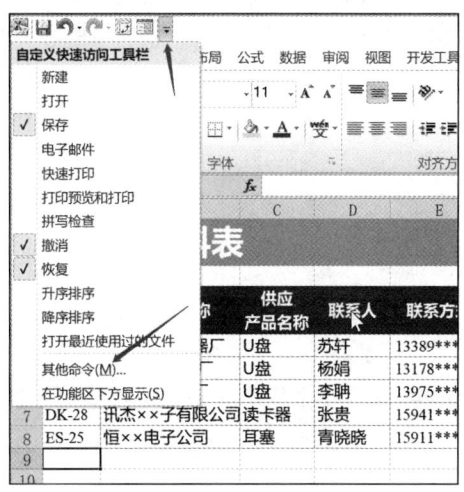

图 3-11　选择"其他命令"选项

2)在打开的"Excel 选项"对话框中单击"从下列位置选择命令"下拉按钮,选择"不在功能区中的命令"选项,选择"记录单"选项,单击"添加"按钮将其添加到右侧的"自定义快速访问工具栏"列表框中,单击"确定"按钮,如图 3-12 所示。

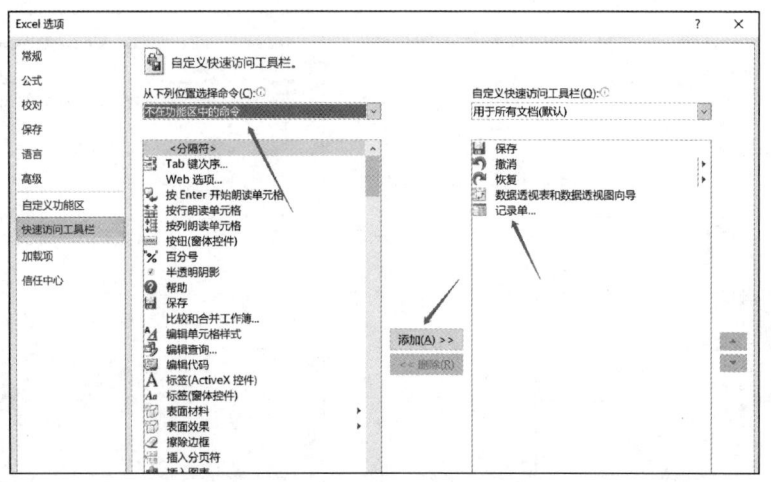

图 3-12 "Excel 选项"对话框

3)返回工作表中,选择任意单元格,在快速访问工具栏中单击添加的"记录单"按钮,打开记录单对话框,单击"新建"按钮,在对应文本框中输入相应的供应商资料数据,输入完成后再次单击"新建"按钮便可继续添加下一条供应商信息,如图 3-13 所示。添加完成后返回工作表中,即可查看所添加的供应商资料信息。

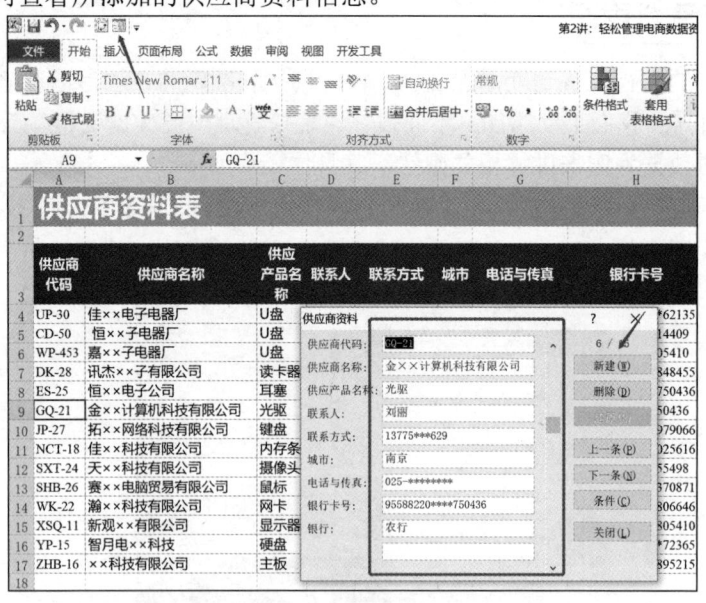

图 3-13 添加供应商信息

4)随着供应商资料的不断增多,表格中的数据行也会逐渐增多,当我们在查看靠后的供应商数据信息时,由于屏幕的滚动,标题行会被隐藏,这样不方便数据的查阅。此时我们可以将标题冻结,使标题行不会因为屏幕的滚动而被隐藏。打开"手动录入供应商资料"工作表,选择 A4 单元格,单击"视图"选项卡,单击"冻结窗格"下拉按钮,选择"冻结拆分窗格"

选项，如图 3-14 所示。滚动鼠标滑轮或向下拖动表格右侧滑块，系统仍然将标题行和表头区域固定显示。

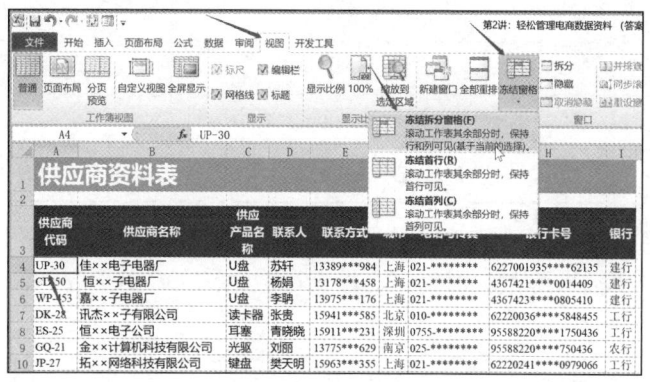

图 3-14　冻结窗格

5）如果想让冻结表格恢复到正常状态，则可再次单击"冻结窗格"下拉按钮，选择"取消冻结窗格"选项，如图 3-15 所示。

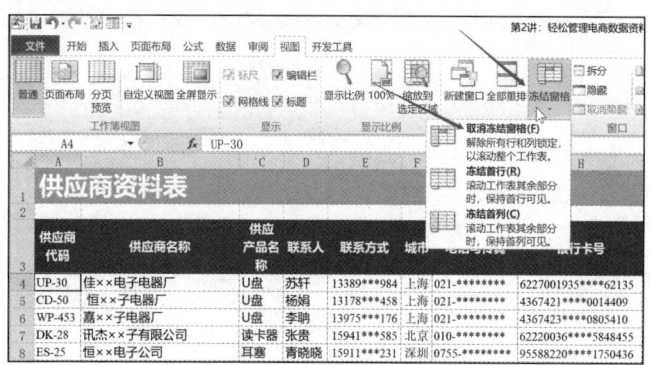

图 3-15　取消冻结窗格

3.1.3　商品资料管理

1. 根据商品类型自动填充默认供应商

批发、采购的商品都有其来源地或相应的供应商，为了方便查看和查找对应商品的供货商信息，可以在每项产品后添加"供应商"列数据，不过，这列数据无须我们手动逐一添加，可通过自动查找和引用进行自动设置和填充。下面以在"轻松管理电商数据资料"工作簿中通过使用 VLOOKUP()函数自动查找和引用商品供应商为例，其具体操作如下。

> **知识点**：VLOOKUP()函数的语法规则
>
> VLOOKUP()函数的语法规则如下。
>
> 　　VLOOKUP(Lookup_value,Table_array,Col_index_num,Range_lookup)
>
> VLOOKUP()函数参数及说明如表 3-1 所示。

表 3-1 VLOOKUP()函数参数及说明

参数	简单说明	输入数据类型
Lookup_value	要查找的值	数值、引用或文本字符串
Table_array	要查找的区域	数据表区域
Col_index_num	返回数据在查找区域的第几列数	正整数
Range_lookup	模糊匹配/精确匹配	TRUE/FALSE

1）打开"电子商品整理资料表"工作表，选择 J3 单元格，单击"公式"选项卡中的"插入函数"按钮，打开"插入函数"对话框，搜索函数"VLOOKUP"，单击"确定"按钮，如图 3-16 所示。

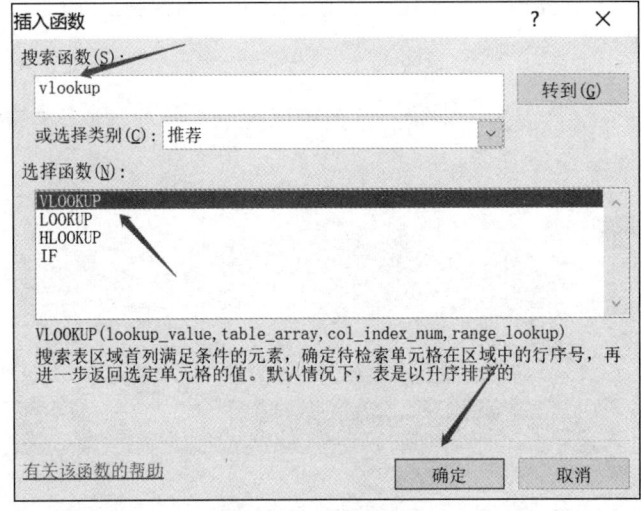

图 3-16 "插入函数"对话框

2）在 Lookup_value 文本框中输入"C3"，单击 Table_array 文本框后的按钮，选择 M2:N4 单元格区域，在 Table_array 文本框中选择整个参数，按 F4 键将其转换为绝对引用，在 Col_index_num 文本框中输入"2"，在 Range_lookup 文本框中输入"0"，单击"确定"按钮，如图 3-17 所示。

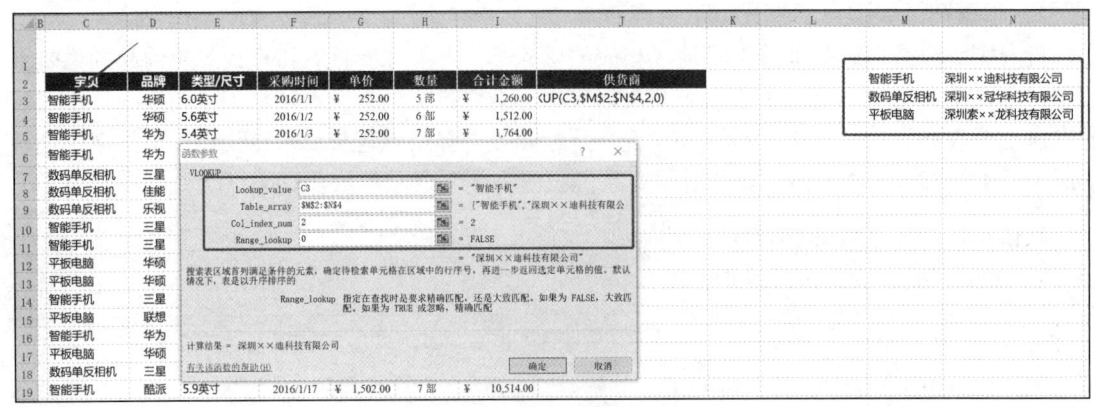

图 3-17 设置 VLOOKUP()函数参数

3）系统会查找出第一个供应商数据，将鼠标指针移至 J3 单元格右下角，双击填充函数，如图 3-18 所示。系统自动根据 C 列中的产品名称来对应查找供应商的数据，查找效果如图 3-19 所示。

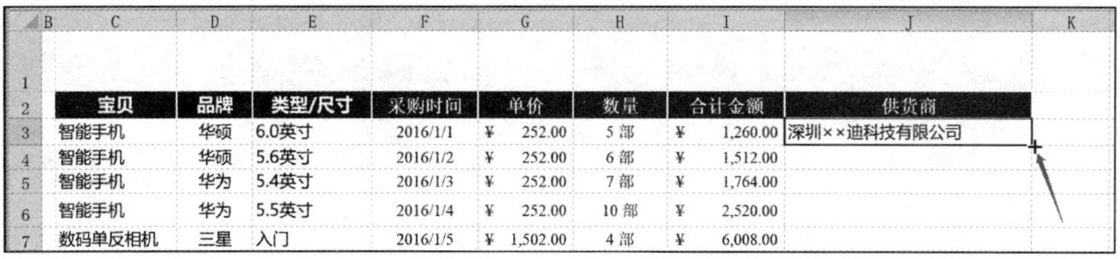

图 3-18　填充函数

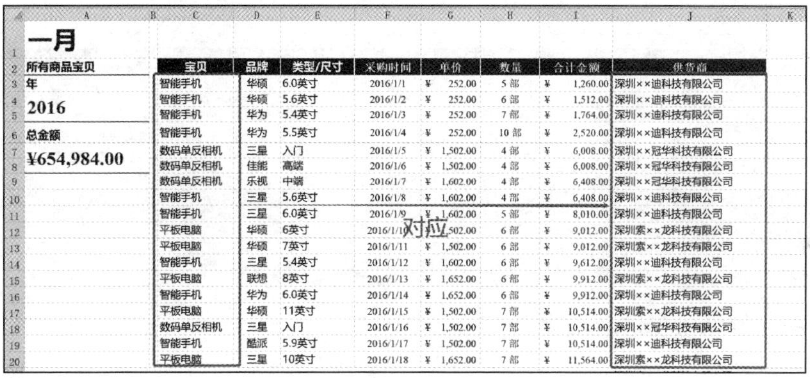

图 3-19　查找效果

2．筛选制定商品数据

网店中的商品数据较多，靠逐行手动查找一些具体范围数据会浪费很多时间，此时，可以通过高级筛选功能来轻松实现。下面以在"轻松管理电商数据资料"工作簿中快速筛选出 2016/1/15 以后采购的三星品牌且合计金额大于 10514 元的商品数据为例，其具体操作如下。

1）打开"电子商品整理资料表"工作表，在 E44:G45 单元格区域中输入精确筛选条件，如图 3-20 所示。选择数据表中的任意单元格，单击"数据"选项卡中的"高级"按钮，打开"高级筛选"对话框。

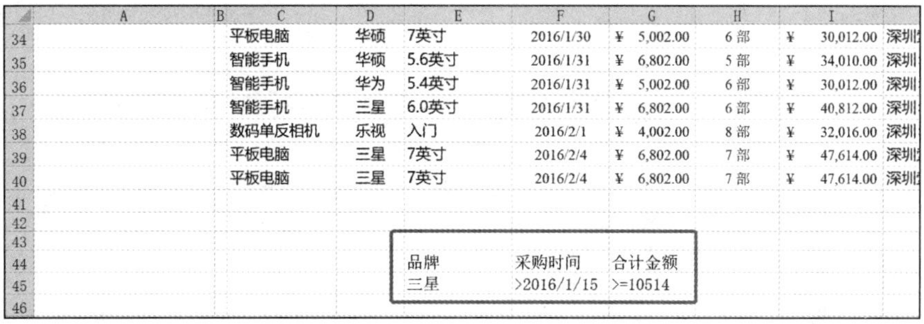

图 3-20　输入精确筛选条件

2）系统自动获取列表区域参数，单击"条件区域"文本框后的折叠按钮，折叠对话框，在表格中选择 E44:G45 单元格区域，单击展开按钮，展开对话框。选中"将筛选结果复制到其他位置"单选按钮，将文本插入点定位到"复制到"文本框，在表格中选择

C47:J47 单元格,单击"确定"按钮确认设置,如图 3-21 所示。

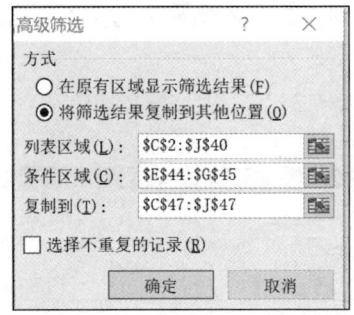

图 3-21 "高级筛选"对话框

3)系统自动将符合条件的数据筛选出来并放置在指定位置,如图 3-22 所示。

宝贝	品牌	类型/尺寸	采购时间	单价	数量	合计金额	供货商
数码单反相机	三星	入门	2016/1/16	¥ 1,502.00	7 部	¥ 10,514.00	深圳××冠华科技有限公司
平板电脑	三星	10英寸	2016/1/18	¥ 1,652.00	7 部	¥ 11,564.00	深圳索××龙科技有限公司
数码单反相机	三星	中端	2016/1/25	¥ 5,002.00	4 部	¥ 20,008.00	深圳××冠华科技有限公司
平板电脑	三星	10英寸	2016/1/27	¥ 4,002.00	7 部	¥ 28,014.00	深圳索××龙科技有限公司
平板电脑	三星	10英寸	2016/1/27	¥ 4,002.00	7 部	¥ 28,014.00	深圳索××龙科技有限公司
智能手机	三星	6.0英寸	2016/1/31	¥ 6,802.00	6 部	¥ 40,812.00	深圳××迪科技有限公司
平板电脑	三星	7英寸	2016/2/4	¥ 6,802.00	7 部	¥ 47,614.00	深圳索××龙科技有限公司
平板电脑	三星	7英寸	2016/2/4	¥ 6,802.00	7 部	¥ 47,614.00	深圳索××龙科技有限公司

图 3-22 筛选结果

3. 按商品属性将供货信息归类

在整理商品资料时,可对相同属性的商品(包括品牌)进行统计归类,从而方便同类型产品的管理和分析,如了解商品是否需要补货、是否处于积货状态等。在 Excel 中,我们可以通过分类汇总来轻松实现供货信息的归类。

1)打开"电子商品整理资料表"工作表,在工作表中选择 C3 单元格,单击"数据"选项卡中的"排序"按钮,打开"排序"对话框。单击"主要关键字"下拉按钮,选择"宝贝"选项,单击"添加条件"按钮。单击"次要关键字"下拉按钮,选择"类型/尺寸"选项,单击"添加条件"按钮。单击"次要关键字"下拉按钮,选择"品牌"选项,然后单击"确定"按钮,如图 3-23 所示。

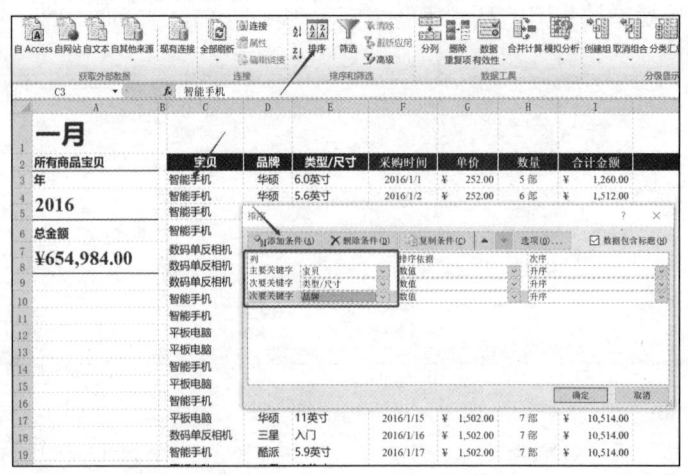

图 3-23 设置排序关键字

2）选择 D3 单元格，单击"数据"选项卡中的"分类汇总"按钮，打开"分类汇总"对话框。在"选定汇总项"列表框中选中"数量"复选框，单击"确定"按钮，如图 3-24 所示。

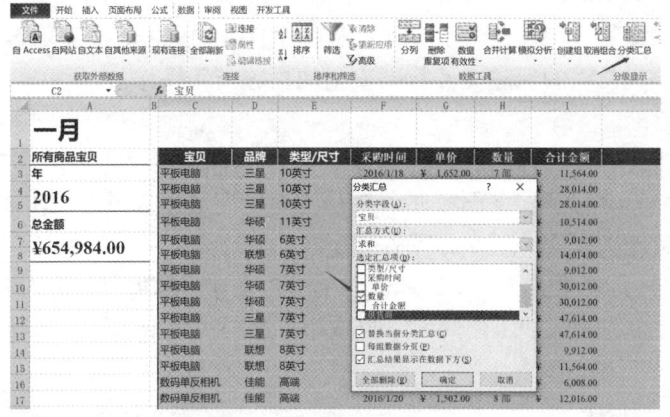

图 3-24　设置分类汇总（一）

3）保持 D3 单元格选择状态，再次单击"数据"选项卡中的"分类汇总"按钮，打开"分类汇总"对话框。单击"分类字段"下拉按钮，选择"类型/尺寸"选项。单击"汇总方式"下拉按钮，选择"计数"选项。取消选中"数量"复选框，选中"品牌"复选框，取消选中"替换当前分类汇总"复选框，单击"确定"按钮，如图 3-25 所示。

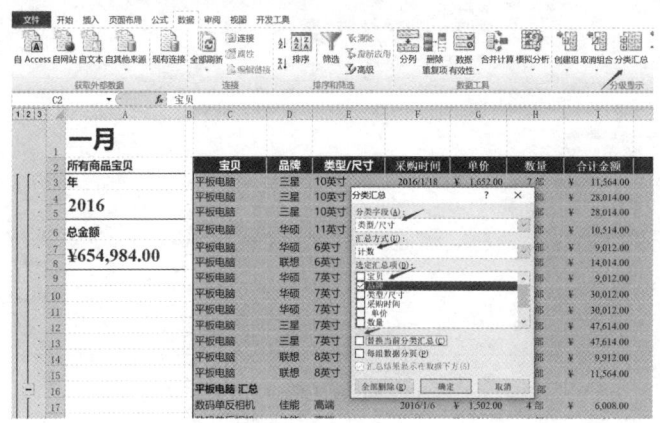

图 3-25　设置分类汇总（二）

4）返回工作表中即可查看按照商品属性进行归类的综合效果，如图 3-26 所示。

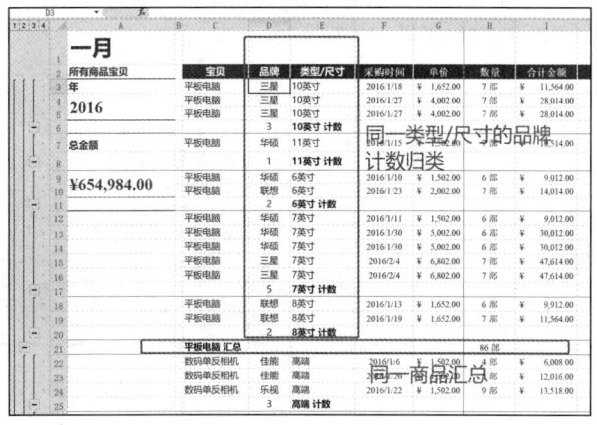

图 3-26　综合效果

3.1.4 确保资料的安全

对于一些重要的文件,特别是涉及商业信息的文件,如成本、利润数据文件等,需要保证其安全。下面介绍一些常用的保障文件数据安全的措施及其操作。

1. 添加打开权限

要保证整个文件不被他人随意打开、查看,最直接的方式就是为其添加一把"锁",只有知道密码的人员才能将其打开。下面以在"轻松管理电商数据资料"工作簿中添加"654321"打开密码为例来讲解相关操作,其具体操作如下。

1)打开"电子商品整理资料表"工作表,单击"文件"选项卡,进入 Backstage 界面,单击"信息"选项卡,单击"保护工作簿"下拉按钮,选择"用密码进行加密"选项,如图 3-27 所示。

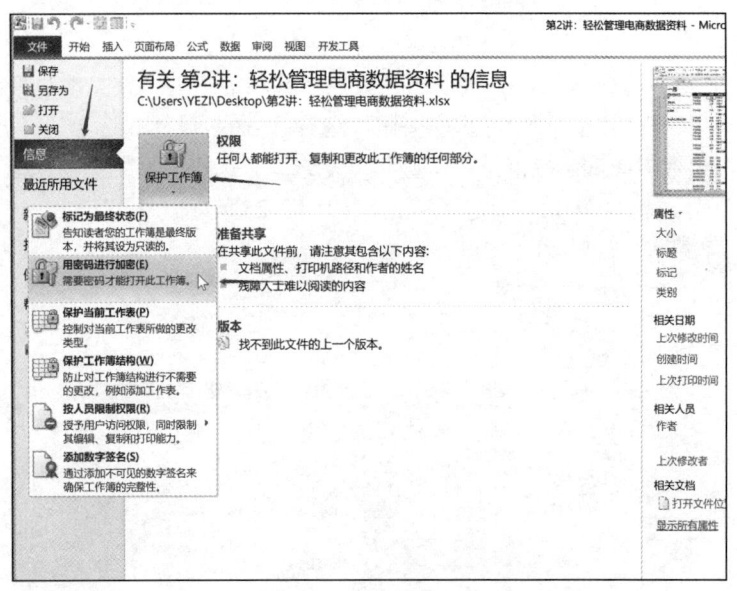

图 3-27 选择"用密码进行加密"选项

2)打开"加密文档"对话框,在"密码"文本框中输入密码"654321",单击"确定"按钮,打开"确认密码"对话框,在"重新输入密码"文本框中再次输入完全相同的密码,单击"确定"按钮,如图 3-28 和图 3-29 所示。

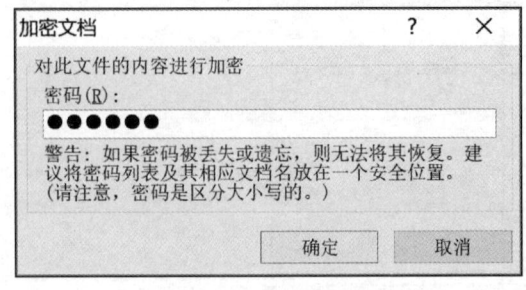
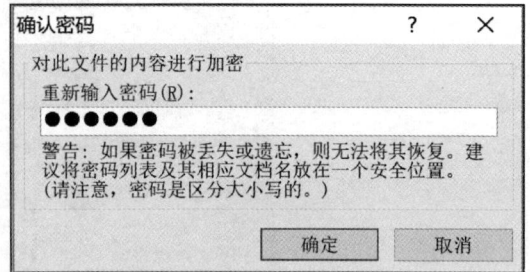

图 3-28 "加密文档"对话框　　　　　　　图 3-29 "确认密码"对话框

3）再次打开"轻松管理电商数据资料"工作簿时，系统会自动打开"密码"对话框，要求用户输入正确的密码，才能正常打开工作簿，如图 3-30 所示（若直接单击"确定"按钮，不输入密码或输入的密码错误，则会打开密码保护提示对话框，如图3-31所示）。

图 3-30 "密码"对话框

图 3-31 密码保护提示对话框

4）若要取消工作簿的打开密码，则只需在打开工作簿后（输入正确密码打开），将设置的密码清空，其方法如下：单击"保护工作簿"下拉按钮，选择"用密码进行加密"选项，在打开的"加密文档"对话框中将"密码"文本框中的密码清空，单击"确定"按钮，如图 3-32 所示。

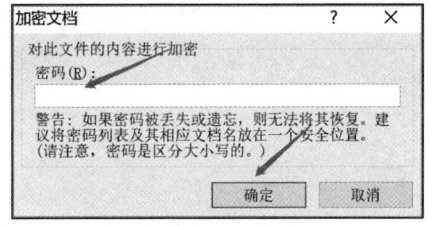

图 3-32 清空密码

2. 将整个文件设置为只读模式

对于一些工作簿，如成本和利润分析文件、顾客资料和商品资料，可以让其他人打开和查看，但不允许对已有的数据进行修改，如要保存修改，则只能将工作簿另存，此时可通过设置修改权限来轻松实现。

下面以在"轻松管理电商数据资料"工作簿中添加"123"修改权限密码，从而将工作簿设置为只读模式为例来讲解相关操作，其具体操作如下。

1）打开"轻松管理电商数据资料"工作簿，单击"文件"选项卡，进入 Backstage 界面，单击"另存为"选项卡，打开"另存为"对话框，单击"工具"下拉按钮，选择"常规选项"选项，如图 3-33 所示。

2）打开"常规选项"对话框，在"修改权限密码"文本框中输入"123"，单击"确定"按钮，如图 3-34 所示。

3）打开"确认密码"对话框，在"重新输入修改权限密码"文本框中再次输入"123"，单击"确定"按钮，如图 3-35 所示。返回"另存为"对话框中，选择文件的保存位置，单击"保存"按钮，关闭工作簿。

4）打开"轻松管理电商数据资料"工作簿，在打开的"密码"对话框中不输入修改权限密码，直接单击"只读"按钮，如图 3-36 所示。

5）在工作簿中进行数据修改，单击"保存"按钮，系统自动打开提示对话框，提示该工作簿为只读模式，不能进行数据保存，如图 3-37 所示。

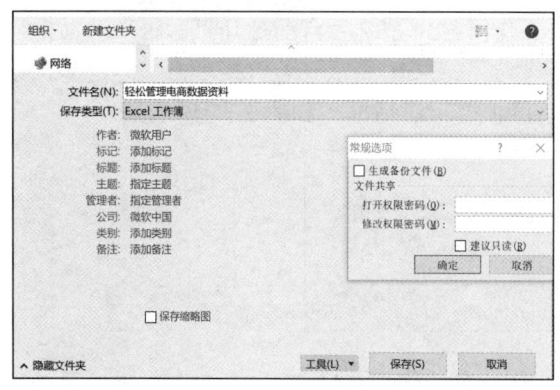

图 3-33 "另存为"对话框

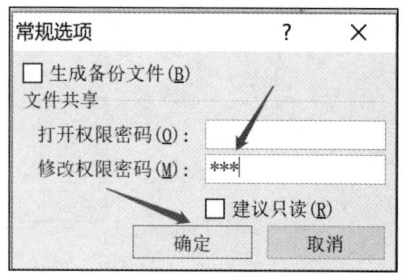

图 3-34 "常规选项"对话框

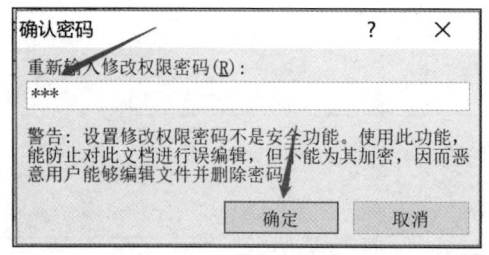

图 3-35 "确认密码"对话框

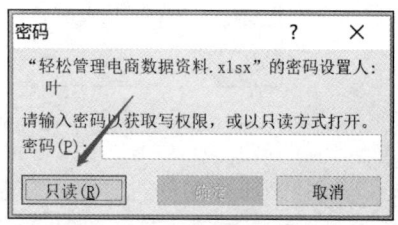

图 3-36 "密码"对话框

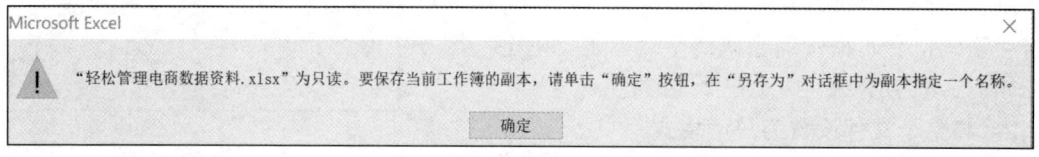

图 3-37 提示对话框

3. 对整个文件进行最终标记

对于数据和结构都已确认的工作簿，我们可以将其标记为最终状态，让自己或他人知道这是最终确认的文件，不用对其进行修改或设置，以起到提示的作用。

下面以在"轻松管理电商数据资料"工作簿中添加最终标记为例来讲解相关操作，其具体操作如下。

1）打开"轻松管理电商数据资料"工作簿，单击"文件"选项卡，进入 Backstage 界面，单击"信息"选项卡，单击"保护工作簿"下拉按钮，选择"标记为最终状态"选项（见图 3-38），在打开的提示对话框中单击"确定"按钮。

2）系统自动切换到工作区界面，即可查看工作簿标记为最终状态的提示效果，如图 3-39 所示。

4. 保证指定表格数据为被保护状态

对于一些工作表的数据，我们不希望它们被修改，同时也不允许在其中任何单元格中添加数据，特别是一些带有公式、函数或作为数据源的工作表，因为其中相关数据被修改或添加后，计算或分析效果将会发生变化，导致整个计算或分析错误，从而得出不正确的结果，带来各种不希望看到的损失。

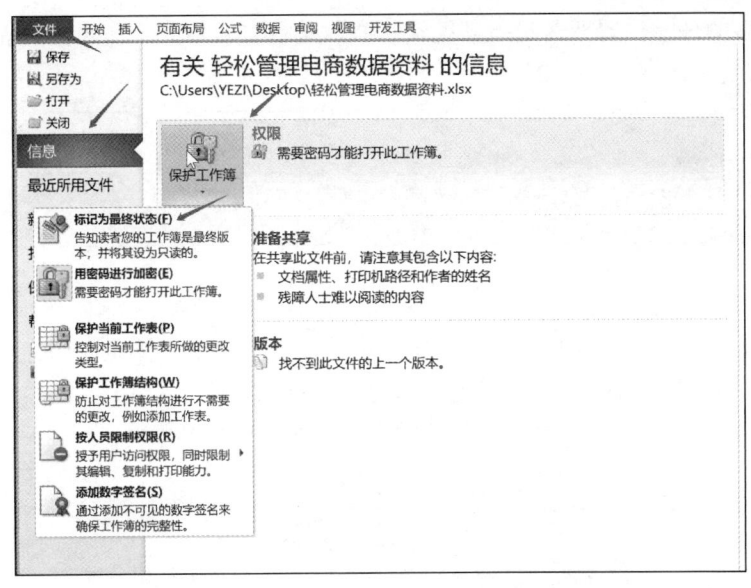

图 3-38 选择"标记为最终状态"选项

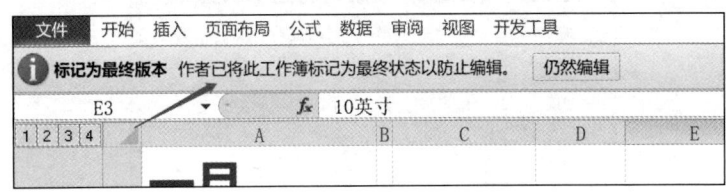

图 3-39 提示效果

下面以在"轻松管理电商数据资料"工作簿中添加密码"123",保护"电子商品整理资料表"工作表为例来讲解相关操作,其具体操作如下。

1)打开"轻松管理电商数据资料"工作簿,单击"电子商品整理资料表"工作表,单击"审阅"选项卡,单击"保护工作表"按钮。打开"保护工作表"对话框,在"取消工作表保护时使用的密码"文本框中输入"123",单击"确定"按钮。打开"确认密码"对话框,在"重新输入密码"文本框中再次输入"123",单击"确定"按钮,如图3-40所示。

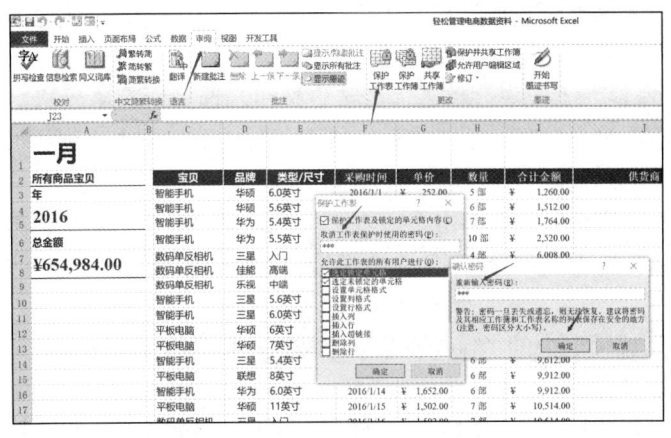

图 3-40 "确认密码"对话框

2)在工作表的任意位置双击进入其编辑状态，系统立即打开工作表受到保护的提示对话框，如图 3-41 所示。

图 3-41　提示对话框

3）要取消工作表的密码保护，只需单击"撤销保护工作表"按钮，在打开的"撤销工作表保护"对话框中输入设置的密码，单击"确定"按钮，如图 3-42 所示。

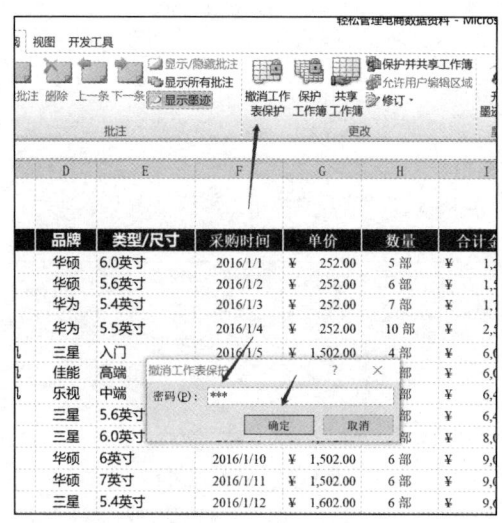

图 3-42　"撤销工作表保护"对话框

5. 保证指定区域数据的编辑权限

在工作中，我们还可以将一些指定的单元格或单元格区域设置为可编辑区域，将其他区域设置为不可编辑区域，以限制其他用户对表格数据的修改或添加等操作，从而获得需要的数据，同时保护其他数据不被改动。

下面以在"轻松管理电商数据资料"工作簿中的"顾客资料"工作表中设置 B3:C11 单元格区域的编辑权限为例来讲解相关操作，其具体操作如下。

1）打开"顾客资料"工作表。单击"全选"按钮，选择所有单元格，单击"字体"功能组中的对话框启动器按钮，打开"设置单元格格式"对话框，单击"保护"选项卡，选中"锁定"复选框，然后单击"确定"按钮，如图 3-43 所示。

2）选择 B3:C11 单元格区域，单击"字体"功能组中的对话框启动器按钮，打开"设置单元格格式"对话框，单击"保护"选项卡，取消选中"锁定"复选框，然后单击"确定"按钮，如图 3-44 所示。

3）单击"审阅"选项卡中的"保护工作表"按钮，打开"保护工作表"对话框，单击"确定"按钮，如图 3-45 所示。

4）在 B3:C11 单元格区域中可输入顾客资料，如图 3-46 所示。若在其他单元格区域中进行操作，则系统自动打开工作表保护提示对话框，如图 3-47 所示。

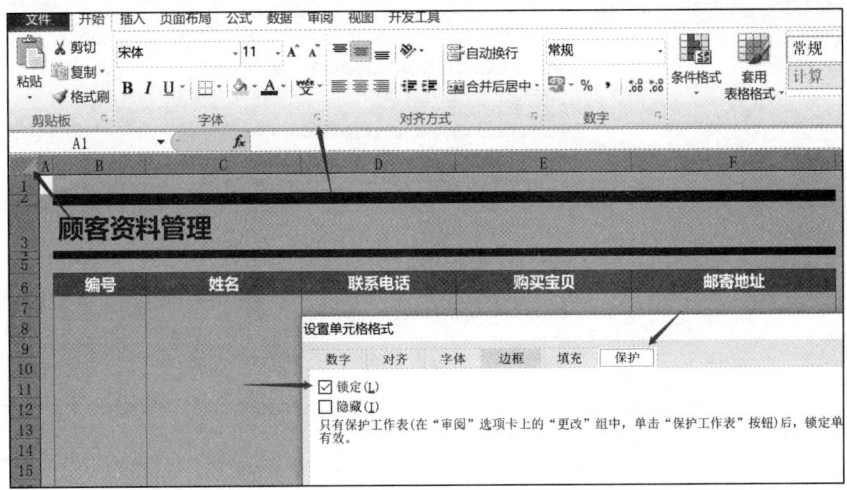

图 3-43 "设置单元格格式"对话框(一)

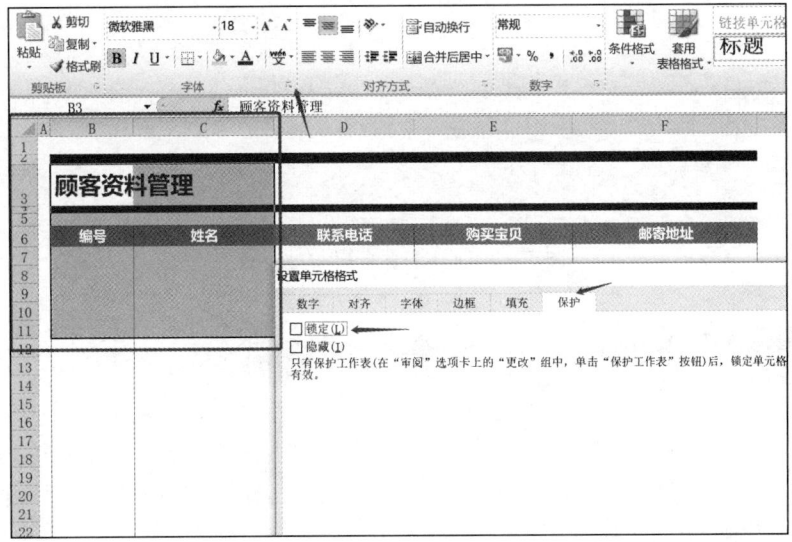

图 3-44 "设置单元格格式"对话框(二)

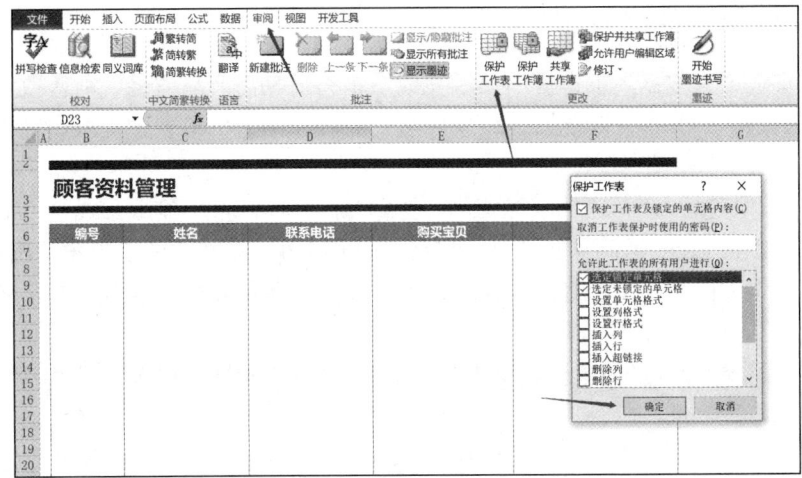

图 3-45 "保护工作表"对话框

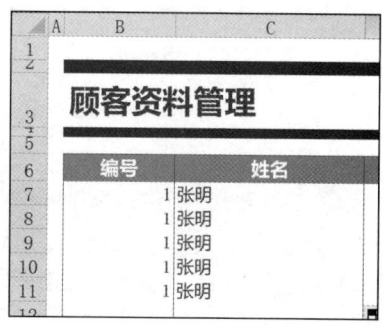

图 3-46 输入顾客资料

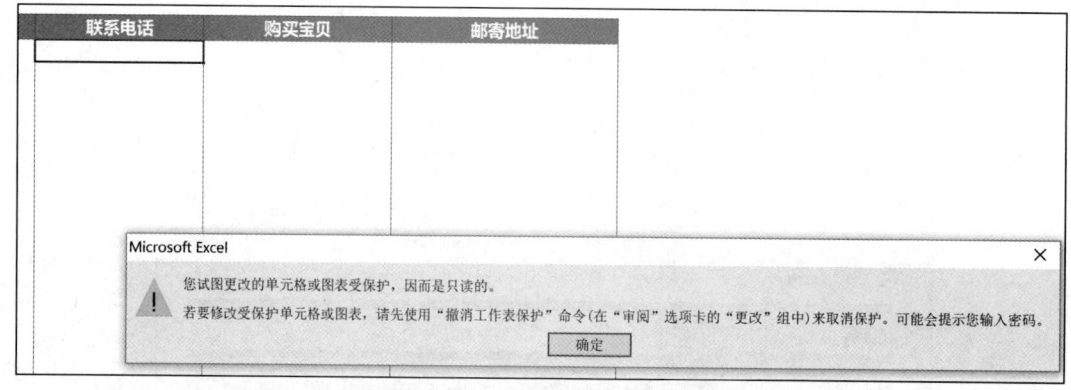

图 3-47 工作表保护提示对话框

3.2 数据操作（1）——销售数据资料

公司市场部需要完成日常销售的统计工作，公司每个月都要对市场各部门的销售情况及各位销售员的销售业绩进行汇总计算，主要包括以下 4 个方面内容，下面将以"轻松管理销售数据"工作簿为例讲解相关操作。

3.2.1 建立销售统计表

在"轻松管理销售数据"工作簿中已经完成了销售日期、产品型号、销售数量、销售员和所属部门信息的录入。下面可以根据产品型号从企业产品销售价格表中提取所需的数据，然后计算销售额，其具体操作如下。

1）根据产品型号导入产品名称。单击单元格 G3，在单元格中输入公式"=VLOOKUP(F3, $A$3:$B$8,2,0)"，按 Enter 键确认。然后将鼠标指针移至单元格 G3 的右下角，出现"+"形状时按住鼠标左键不放向下拖曳，将公式复制到需要计算的各单元格，这样各单元格就会计算并显示复制公式的结果，如图 3-48 所示。

2）根据产品型号导入产品单价，单击单元格 H3，在单元格中输入公式"=VLOOKUP(F3, $A$3:$C$8,3,0)"，按 Enter 键确认。然后将鼠标指针移至单元格 H3 的右下角，出现"+"形状时按住鼠标左键不放向下拖曳，将公式复制到需要计算的各单元格，这样各单元格就会计算并显示复制公式的结果，如图 3-49 所示。

第3章 Excel介绍与操作

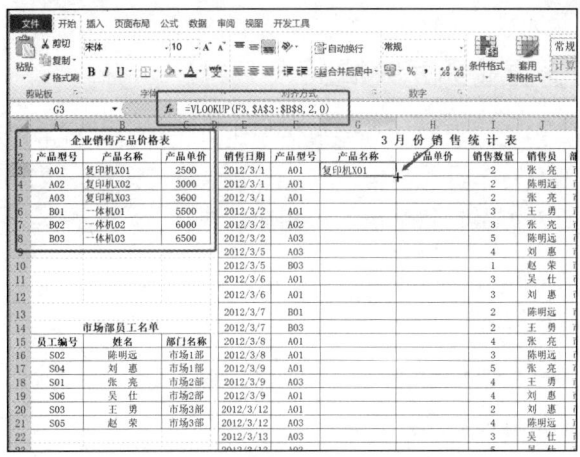

图 3-48 计算结果（一）

图 3-49 计算结果（二）

3）选择 L3:L44 单元格区域，输入公式"=H3:H44*I3:I44"，按 Ctrl+Shift+Enter 组合键，"销售金额"栏的金额就计算好了，如图 3-50 所示。

销售日期	产品型号	产品名称	产品单价	销售数量	销售员	部门名称	销售金额
		3 月 份 销 售 统 计 表					
2012/3/1	A01	复印机LX01	2500	2	张 亮	市场2部	5000
2012/3/1	A01	复印机LX01	2500	2	陈明远	市场1部	5000
2012/3/1	A01	复印机LX01	2500	2	张 亮	市场2部	5000
2012/3/2	A01	复印机LX01	2500	3	王 勇	市场3部	7500
2012/3/2	A02	复印机LX02	3000	3	张 亮	市场2部	9000
2012/3/2	A03	复印机LX03	3600	5	陈明远	市场1部	18000
2012/3/5	A03	复印机LX03	3600	4	刘 惠	市场1部	14400
2012/3/5	B03	一体机03	6500	1	赵 荣	市场3部	6500
2012/3/6	A01	复印机LX01	2500	3	吴 仕	市场2部	7500
2012/3/6	A01	复印机LX01	2500	3	刘 惠	市场1部	7500
2012/3/7	B01	一体机01	5500	2	陈明远	市场1部	11000
2012/3/7	B03	一体机03	6500	2	王 勇	市场3部	13000
2012/3/8	A01	复印机LX01	2500	4	张 亮	市场2部	10000
2012/3/8	A01	复印机LX01	2500	3	陈明远	市场1部	7500
2012/3/9	A01	复印机LX01	2500	5	张 亮	市场2部	12500
2012/3/9	A03	复印机LX03	3600	4	王 勇	市场3部	14400
2012/3/9	A01	复印机LX01	2500	4	刘 惠	市场1部	10000
2012/3/12	A01	复印机LX01	2500	2	刘 惠	市场1部	5000
2012/3/12	A03	复印机LX03	3600	4	陈明远	市场1部	14400
2012/3/13	A03	复印机LX03	3600	3	吴 仕	市场2部	10800
2012/3/13	A03	复印机LX03	3600	5	吴 仕	市场1部	18000
2012/3/14	A02	复印机LX02	3000	4	刘 惠	市场1部	12000
2012/3/15	A02	复印机LX02	3000	1	陈明远	市场1部	3000
2012/3/15	A02	复印机LX02	3000	3	吴 仕	市场2部	9000
2012/3/16	A01	复印机LX01	2500	3	张 亮	市场2部	7500

图 3-50 计算结果（三）

51

3.2.2 统计市场部销售业绩完成情况

在企业经营过程中，经常需要对计划完成情况进行统计、分析。在这里，市场部及市场1部、市场2部和市场3部都有本月的销售计划，因此要对其计划完成情况进行统计。根据计划完成情况的统计，可以针对产品销售情况做出相应的决策。

> **知识点**：SUMIF()函数的语法规则
>
> SUMIF()函数的语法规则如下。
>
> SUMIF(range,criteria,sum_range)
>
> SUMIF()函数参数及说明如表3-2所示。
>
> 表3-2 SUMIF()函数参数及说明
>
> | 参数 | 简单说明 |
> | --- | --- |
> | range | 用于条件判断的单元格区域 |
> | criteria | 确定哪些单元格将被相加求和的条件，其形式可以为数字、文本、表达式或单元格内容 |
> | sum_range | 需要求和的实际单元格 |

1）计算市场各部的销售额。在单元格 O3 中输入公式"=SUMIF($K$3:$K$44,N3,$L$3:$L$44)"，按 Enter 键确认；然后将鼠标指针移至单元格 O3 的右下角，出现"+"形状时按住鼠标左键不放向下拖曳，将公式复制到需要计算的各单元格，如图 3-51 所示。

图 3-51 计算市场各部的销售额

2）计算市场部的总销售额。在单元格 O6 中输入公式"=SUM(O3:O5)"，按 Enter 键确认，所得结果如图 3-52 所示。

图 3-52 计算市场部的总销售额

3）计算销售业绩完成情况。在单元格 Q3 中输入公式"=O3/P3"，按 Enter 键确认。然后将鼠标指针移至单元格 O3 的右下角，出现"+"形状时按住鼠标左键不放向下拖曳，将公式复制到需要计算的单元格 Q4、单元格 Q5 和单元格 Q6。选中 Q3:Q6 单元格区域，右击，在弹出的快捷菜单中选择"设置单元格格式"命令，打开"设置单元格格式"对话框，在"分类"列表框中选择"百分比"选项，"小数位数"默认为"2"，如图 3-53 所示。

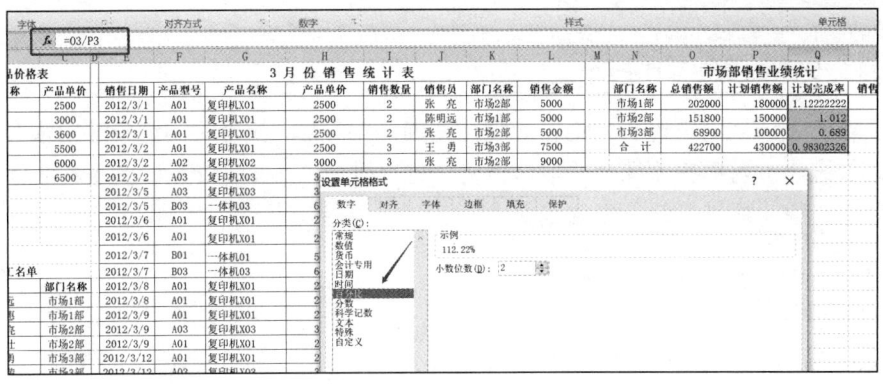

图 3-53　设置单元格格式（一）

4）未完成计划的突出颜色显示。选中 Q3:Q6 单元格区域，单击"开始"选项卡中的"条件格式"下拉按钮，选择"突出显示单元格规则"→"其他规则"选项，如图 3-54 所示。

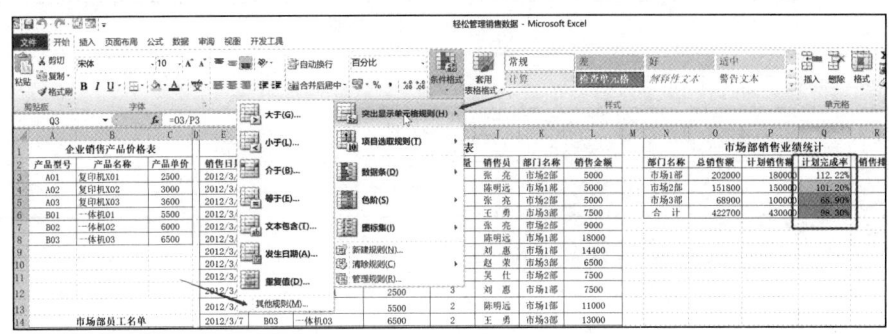

图 3-54　选择"突出显示单元格规则"→"其他规则"选项

5）打开"新建格式规则"对话框，在"编辑规则说明"选项组中选择"单元格值"选项，"小于"设置为"1"，如图 3-55 所示。接着单击"格式"按钮，打开"设置单元格格式"对话框，单击"填充"选项卡，在"背景色"框中选择图 3-55 所示的底纹颜色，单击"确定"按钮。

6）返回"新建格式规则"对话框，单击"确定"按钮，计划完成率小于 100% 的数据就会以设置的颜色突出显示，如图 3-56 所示。

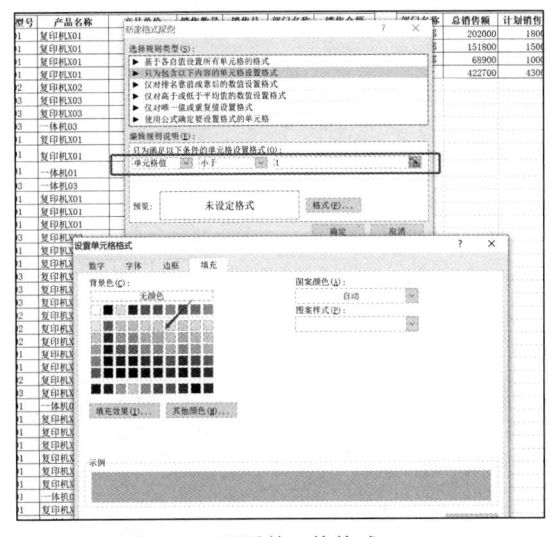

图 3-55　设置单元格格式（二）

图 3-56　突出显示效果

3.2.3 销售员销售业绩排名

市场销售的业绩是同销售员的销售业绩挂钩的，因此大多数企业的销售部门都会按销售员的销售业绩来统计市场销售业绩，并根据销售额进行排名。下面用 Excel 的条件统计功能和排名函数来完成销售业绩排名统计表的制作。

> **知识点**：RANK()函数的语法规则
>
> RANK()函数的语法规则如下。
>
> RANK(number,ref,[order])

RANK()函数参数及说明如表 3-3 所示。

表 3-3 RANK()函数参数及说明

参数	简单说明
number	参与排名的数值
ref	排名的数值区域
[order]	有 1 和 0 两种：0—从大到小排名，1—从小到大排名

1）计算各位销售员的销售额。首先在单元格 V3 中输入公式"=SUMIF($J$3:$J$43, T3,$L$3:$L$44)"，按 Enter 键确认。然后将鼠标指针移至单元格 V3 的右下角，出现"+"形状时按住鼠标左键不放向下拖曳，将公式复制到需要计算的各单元格，如图 3-57 所示。

图 3-57 计算各位销售员的销售额

2）对销售员的销售业绩进行排名。首先在单元格 W3 中输入公式"=RANK(V3,$V$3: $V$8,0)"，按 Enter 键确认。然后将鼠标指针移至单元格 W3 的右下角，出现"+"形状时按住鼠标左键不放向下拖曳，将公式复制到需要计算的各单元格，如图 3-58 所示。

图 3-58 对销售员销售业绩进行排名

销售员的销售业绩排名最终效果图如图 3-59 所示。

3.2.4 销售员销售提成统计表

销售人员的薪金一般分为两个部分，即底薪和销售提成，而销售提成是通过销售业绩来计算的。下面将通过数据透视表来完成销售业绩和提成统计表的计算。

姓名	部门名称	销售金额	销售排名
陈明远	市场1部	96100	2
刘 惠	市场1部	105900	1
张 亮	市场2部	61000	4
吴 仕	市场2部	80800	3
王 勇	市场3部	34900	5
赵 荣	市场3部	34000	6

图 3-59　最终效果图

知识点：IF()函数的语法规则

IF()函数的语法规则如下。

IF(logical_test,value_if_true,value_if_false)

IF()函数参数及说明如表 3-4 所示。

表 3-4　IF()函数参数及说明

参数	简单说明
logical_test	表示计算结果为 TRUE 或 FALSE 的任意值或表达式
value_if_true	为 TRUE 时返回的值
value_if_false	为 FALSE 时返回的值

1）单击"插入"选项卡中的"数据透视表"按钮，打开"创建数据透视表"对话框，设置"表/区域"为"销售统计表！$E$2:$L$44"，设置"位置"为"销售提成表!$A$1"，然后单击"确定"按钮，如图 3-60 所示。

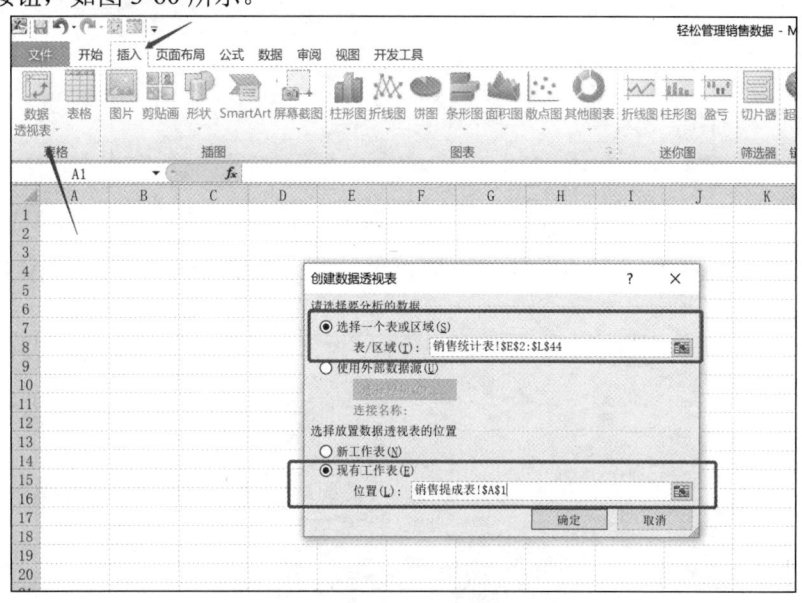

图 3-60　"创建数据透视表"对话框

2）在右侧弹出的"数据透视表字段列表"对话框中，单击"部门名称"并按住鼠标左键将其拖曳到"行标签"处，同样将"销售员"拖曳到"行标签"处，再将"销售数量""销售金额"两个字段分别拖曳到"数据"处,如图3-61所示。

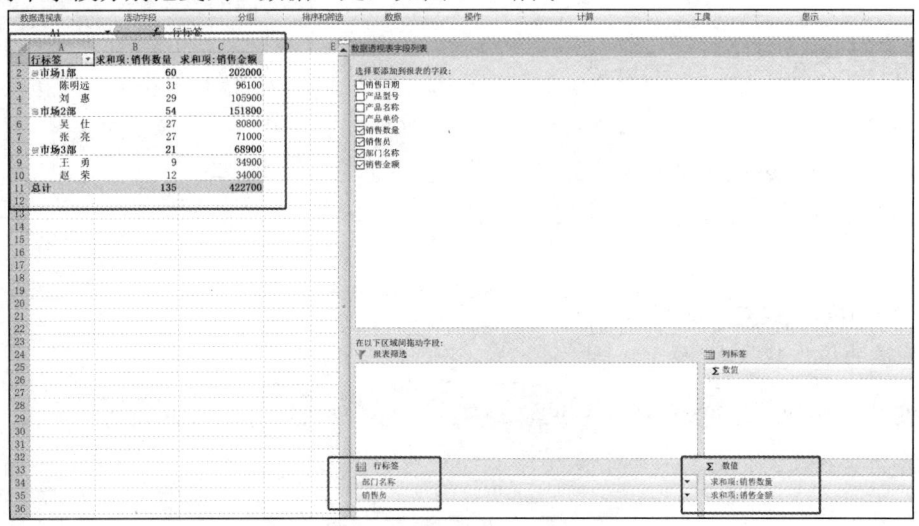

图 3-61 "数据透视表字段列表"对话框

3)单击"设计"选项卡中的"报表布局"下拉按钮,选择"以大纲形式显示"选项,如图3-62所示。

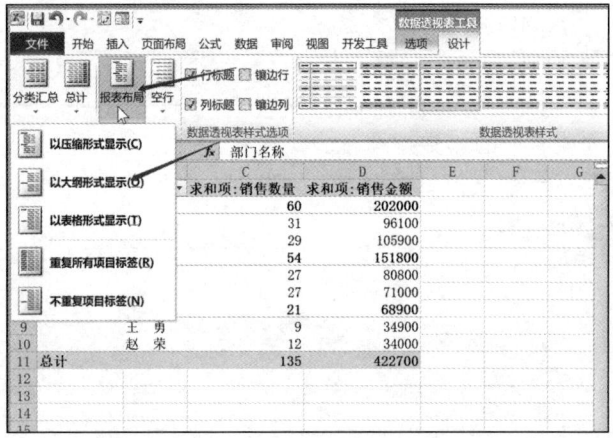

图 3-62 选择"以大纲形式显示"选项

4)单击"选项"选项卡中的"域、项目和集"下拉按钮,选择"计算字段"选项,如图3-63所示。

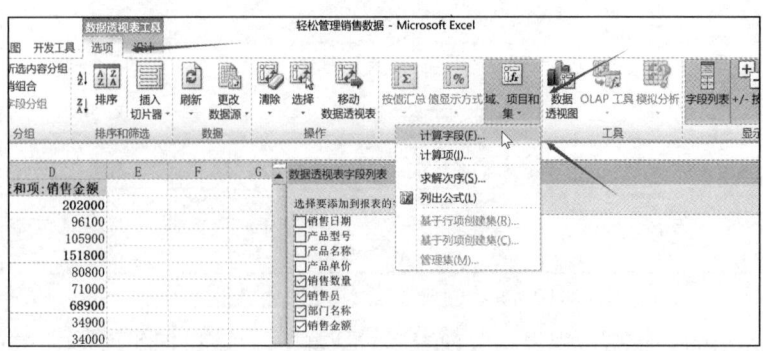

图 3-63 选择"计算字段选项"

5）打开“插入计算字段”对话框，在“名称”文本框中输入名称“销售提成比例”，在“公式”文本框中输入计算销售提成比例的公式“=IF(销售金额<5000,3%,IF(销售金额<100000,5%,6%))”。输入完成后单击“添加”按钮，如图 3-64 所示，计算字段“销售提成比例”添加完成。

6）继续添加计算字段，在“名称”文本框中输入“销售提成金额”，在“公式”文本框中，采用插入字段和输入结合方式输入公式“=销售金额*销售提成比例”，如图 3-65 所示。

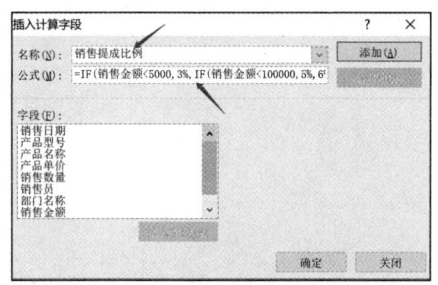

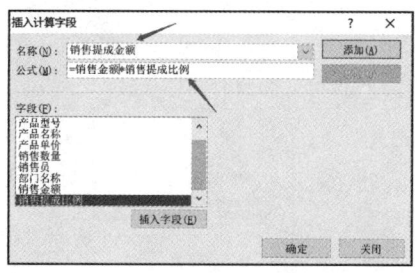

图 3-64 “插入计算字段”对话框（一）

图 3-65 “插入计算字段”对话框（二）

7）单击“添加”按钮完成计算字段的添加，最后单击“确定”按钮。最终完成的统计报表如图 3-66 所示，增加了“销售提成比例”和“销售提成金额”两列字段。

	A	B	C	D	E	F	G
1	部门名称	销售员	求和项:销售数量	求和项:销售金额	求和项:销售提成比例	求和项:销售提成金额	
2	⊟市场1部		60	202000	0.06	12120	
3		陈明远	31	96100	0.05	4805	
4		刘　惠	29	105900	0.06	6354	
5	⊟市场2部		54	151800	0.06	9108	
6		吴　仕	27	80800	0.05	4040	
7		张　亮	27	71000	0.05	3550	
8	⊟市场3部		21	68900	0.05	3445	
9		王　勇	9	34900	0.05	1745	
10		赵　荣	12	34000	0.05	1700	
11	总计		135	422700	0.06	25362	
12							

图 3-66 最终完成的统计报表

3.3 数据操作（2）——人事数据资料

人力资源部门的员工负责日常人事信息的维护和分析工作。由于员工的招聘、离职等因素，员工流动比较频繁，人力资源部门必须做好员工的更新工作，进行员工信息的整理和汇总分析。下面将以“轻松管理企业人事数据”工作簿为例讲解相关操作。

3.3.1 建立员工基本信息

员工基本信息表包括姓名、性别、身份证号、出生年月、学历、部门、职务等有效信息，而其中有些信息可以通过 Excel 的功能进行简化录入。例如，在输入学历、部门和职务等时，可以采用序列方式和数据有效性的方式，既不容易出错，又可以节省时间和精力。

1）单击工作表“部门序列”，输入各部门，如图 3-67 所示。

	A	B	C
1	部门序列		
2	生产部		
3	技术部		
4	行政部		
5	销售部		
6	质量部		
7			
8			

图 3-67 输入各部门

2）单击"公式"选项卡中的"定义名称"按钮,打开"编辑名称"对话框,在"名称"文本框中输入"部门序列",设置"引用位置"为"=部门序列!$A$2:$A$6",然后单击"确定"按钮,如图 3-68 所示。

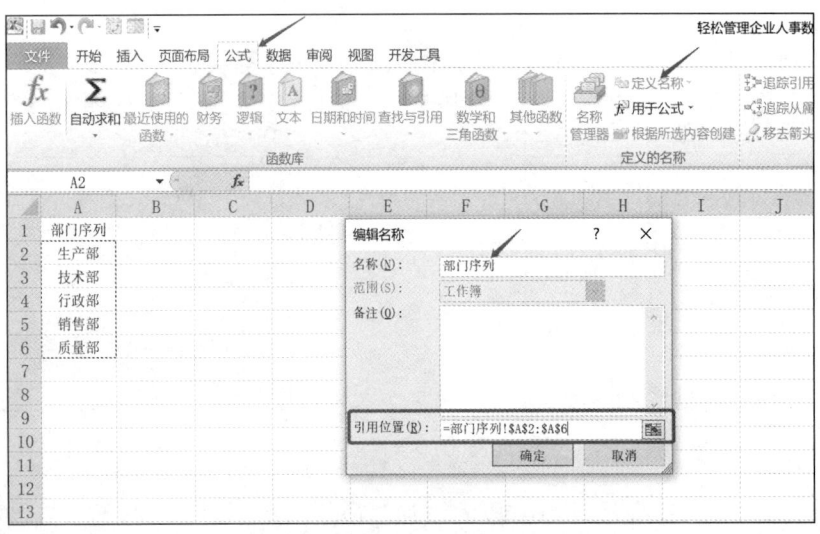

图 3-68 "编辑名称"对话框

3）在"人事统计表"工作表中,选择要输入部门名称的单元格区域,单击"数据"选项卡中的"数据有效性"下拉按钮,选择"数据有效性"选项,如图 3-69 所示。

图 3-69 选择"数据有效性"选项

4）打开"数据有效性"对话框,在"有效性条件"选项组的"允许"下拉列表中选择"序列"选项,在"来源"文本框中输入公式"=部门序列",然后单击"确定"按钮,如图 3-70 所示。

5）单击要输入部门名称的单元格区域,其右边会出现下拉按钮,从下拉列表中选择所需要的部门名称,即可完成输入,如图 3-71 所示。

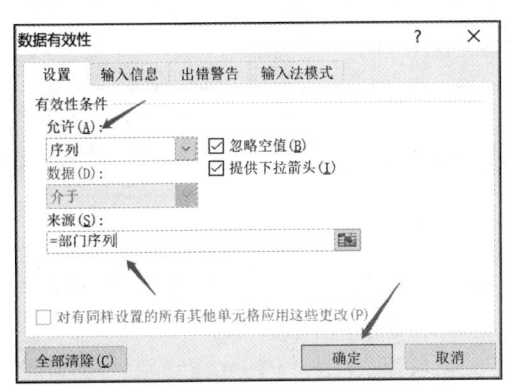

图 3-70 "数据有效性"对话框　　　图 3-71 选择部门名称

3.3.2 根据身份证号自动生成生日和性别

入身份证号含有出生年月、性别码等信息，详见表 3-5，可以通过 Excel 的函数来自动完成这些信息的提取。

表 3-5　身份证号含义

数值	含义
前 6 位	2 位省/2 位市/2 位县区的代码
第 2 个 6 位	出生年月日
15 位、16 位	办理身份证的派出所
17 位	男为单数，女为双数
18 位	为校验码，取 0~9、X

知识点：LEFT()/ RIGHT()函数的语法规则

LEFT()/RIGHT()函数的语法规则如下。

LEFT(string, n)
RIGHT(string, n)

LEFT()/RIGHT()函数参数及说明如表 3-6 所示。

表 3-6　LEFT()/RIGHT()函数参数及说明

参数	简单说明
string	字符串表达式，从最左/右边开始的 n 个字符将被返回
n	指出想返回多少个字符

知识点：MOD()函数的语法规则

MOD()函数的语法规则如下。

MOD(number,divisor)

MOD()函数参数及说明如表 3-7 所示。

表 3-7　MOD()函数参数及说明

参数	简单说明
number	被除数
divisor	除数

1）在"人事统计表"中，在性别字段的 E2 单元格中输入公式"=IF(MOD(LEFT(RIGHT(B2,2),1),2)=1,"男","女")"，然后按 Enter 键，此时 E2 单元格出现"男"。

2）用拖曳的方式将公式复制到需要输入性别的单元格区域，Excel 便会自动根据身份证信息完成性别的输入。

知识点：MID()函数的语法规则

MID()函数的语法规则如下。

MID(text, start_num, num_chars)

MID()函数参数及说明如表 3-8 所示。

表 3-8　MID()函数参数及说明

参数	简单说明
text	变体（字符串）表达式，要被截取的字符
start_num	从左起第几位开始截取
num_chars	从 start_num 参数指定的位置开始，要向右截取的长度

知识点：TEXT()函数的语法规则

TEXT()函数的语法规则如下。

TEXT(value,format_text)

TEXT()函数参数及说明如表 3-9 所示。

表 3-9　TEXT()函数参数及说明

参数	简单说明
value	计算结果为数字值的公式
format_text	"单元格格式"对话框中"数字"选项卡上"分类"列表框中的文本形式的数字格式

3）在 F2 单元格中输入"=TEXT(MID(B2,7,8),"0000-00-00")"，然后按 Enter 键确认，此时 F2 单元格中出现员工生日。

4）用拖曳的方法将公式复制到需要输入生日的单元格区域，Excel 便会自动根据"身份证信息"完成"员工生日"的输入，结果如图 3-72 所示。

	A	B	C	D	E	F
1	姓名	身份证号码	部门	职务	性别	出生年月
2	茹海亮	440923198504014038	生产部	职员	男	1985-04-01
3	蒲海娟	360723198809072027	技术部	职员	女	1988-09-07
4	宋沛徽	320481198504256212	行政部	职员	男	1985-04-25
5	赵利平	320223197901203561	销售部	职员	女	1979-01-20
6	杨斐	320106197910190465	生产部	经理助理	女	1979-10-19
7	王继芹	321323198506030024	行政部	部门经理	女	1985-06-03
8	杨远锋	321302198502058810	行政部	职员	男	1985-02-05
9	王旭东	321324198601180107	销售部	职员	女	1986-01-18
10	王兴华	321323198809105003	行政部	职员	女	1988-09-10
11	冯丽	420117198608090022	行政部	部门经理	女	1986-08-09
12	旦艳丽	321324198401130041	技术部	职员	女	1984-01-13
13	苏晓强	320402198502073732	生产部	职员	男	1985-02-07
14	王辉	320402198304303429	生产部	职员	女	1983-04-30
15	李鲜艳	320401198607152529	技术部	职员	女	1986-07-15
16	吴金	320723198204021422	质量部	经理助理	女	1982-04-02

图 3-72　结果（一）

3.3.3　计算员工的年龄

Excel 中的 DATEDIF()函数可以实现以下功能：由员工的生日或身份证号来计算员工的年龄，同样，如果有员工的工作开始时间，则也可以计算该员工的工龄。下面以计算年龄为例讲解具体操作方法。

> **知识点**：DATEDIF()函数的语法规则
>
> DATEDIF()函数的语法规则如下。
>
> DATEDIF(start_date,end_date,unit)
>
> DATEDIF()函数参数及说明如表 3-10 所示。
>
> 表 3-10　DATEDIF()函数参数及说明
>
> | 参数 | 简单说明 |
> |---|---|
> | start_date | 时间段内的起始日期 |
> | end_date | 时间段内的结束日期，TODAY()代表系统当前日期 |
> | unit | 所需信息的返回类型 |

1）在"人事统计表"中，单击单元格 G2，输入公式 "=DATEDIF(F2,TODAY(),"Y")"，然后按 Enter 键确认，此时 G2 单元格中出现 "33"。

2）用拖曳的方式将公式复制到需要输入年龄的单元格区域，Excel 便会自动根据"出生年月"完成"年龄"的输入，结果如图 3-73 所示。

3.3.4　员工学历分析

在员工数量较多的公司，学历分析是人事统计分析的一项重要任务。利用数据图表进行分析，效果直观。在此

F	G	H	I
出生年月	年龄	籍贯	学历
1985-04-01	33	湖北	硕士
1988-09-07	30	河北	专科
1985-04-25	33	安徽	专科
1979-01-20	39	广东	本科
1979-10-19	39	湖北	博士
1985-06-03	33	河南	硕士
1985-02-05	33	河南	专科
1986-01-18	32	河北	本科
1988-09-10	30	辽宁	本科
1986-08-09	32	辽西	硕士
1984-01-13	34	广东	硕士
1985-02-07	33	安徽	专科

图 3-73　结果（二）

以分析员工的学历水平为例,用 Excel 来说明统计的方法。

1)单击"插入"选项卡中的"数据透视图"按钮,打开"创建数据透视表"对话框,设置"表/区域"为"人事统计表!$A$1:$K$26",设置"位置"为"人事统计表!$M$1",然后单击"确定"按钮,如图 3-74 所示。

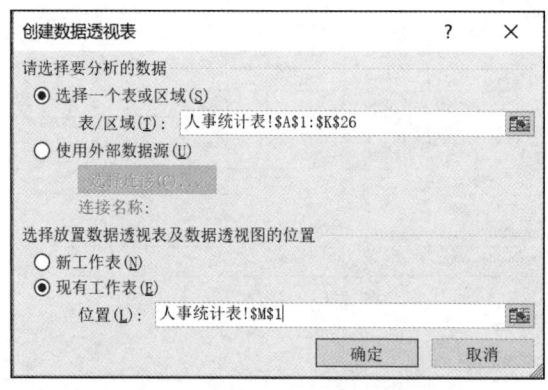

图 3-74 "创建数据透视表"对话框

2)在右侧弹出的"数据透视表字段列表"对话框中,单击"部门"并按住鼠标左键将其拖曳到"轴字段"处,同样将"部门"拖曳到"数值"处,再将"学历"字段拖曳到"图例字段"处,如图 3-75 所示。

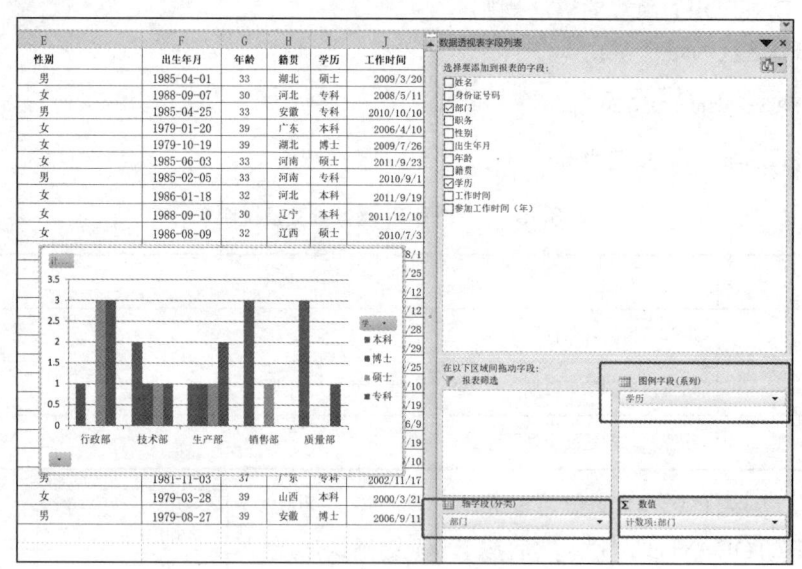

图 3-75 "数据透视表字段列表"对话框

3)同样,还可以完成员工的年龄分析、性别分析等人们想要的统计分析。

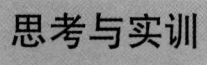

薪酬数据统计分析

财务部员工负责辅助薪酬数据的统计、整理等日常工作,每月财务部都需要按以下步骤完成任务。

1）根据"人事统计表"工作表确定基本工资和年功工资。
- 基本工资是部门经理为 8000 元，经理助理为 6000 元，其他员工为 4000 元。
- 年功工资为工龄（年）的 50 倍。

2）根据基本工资计算保险扣款。

保险扣款为基本工资的 11%。

3）计算员工的个人所得税代扣数值。

所得税是按照个人收入所得的档次来划分的，假设划分档次如下。
- 不超过 1500 元为 3%。
- 超过 1500 元至 4000 元为 5%。
- 超过 4000 元至 6000 元为 8%。
- 超过 6000 元至 8000 元为 10%。

4）计算员工实发工资。

根据以上信息在"轻松管理企业人事数据"工作簿中完成"员工薪酬统计表"。

第4章 SPSS 介绍与操作

SPSS（Statistical Product and Service Solutions）是一种面向专业统计分析人员的专业数据统计软件，从 1968 年开始开发至今，已经经历了很多版本（截至 2017 年 8 月的最新版本是 25）。SPSS 与 SAS、SYSTAT 一起被公认为世界三大数据分析软件。迄今为止，SPSS 软件在全球拥有大量的用户，遍布于通信、医疗、银行、科研、教育等领域，是世界上应用较广泛的专业统计软件之一。SPSS 提供了多种实用的数据统计和分析方法，涵盖了从基础的统计到高级的参数检验、生存分析等功能，同时具备强大的报表和图形可视化功能。SPSS 的大部分操作是在图形化、窗口化界面完成的，因此比较容易学习和入门。SPSS 兼容和支持很多的数据文件格式，可以将任何形式的数据导入 SPSS 进行分析和处理。

4.1 SPSS 软件主要功能和界面简介

4.1.1 SPSS 软件主要功能简介

SPSS 软件的功能十分强大，具体功能如下。
1）支持各种不同类型数据的导入和存储。
2）数据的预处理：包括数据合并、数据拆分、数据排序、数据分类汇总等。
3）数据的统计描述分析：包括频数相关分析、描述性统计分析和探索性分析等。
4）统计报表的制作：包括在线分析处理报告、个案摘要报告等。
5）统计检验分析：包括 T 检验、方差分析、定性统计推断等。
6）数据可视化：可制作条形图、线图、面积图、箱图、金字塔图和时间序列图等。
7）高级分析功能：包括数据缺失值分析、数据回归分析、数据相关性分析、时间序列分析、主成分分析等。

可见，SPSS 软件的功能非常强大。在基础的数据处理功能之上，SPSS 涵盖了很多高级的数据统计，甚至机器学习的功能。要使用这些高级功能，需要首先对统计学、概率论及机器学习的相关知识和概念有所了解。这些内容已经超出了本书的内容范畴，感兴趣的读者可以参阅相关的资料进行自学。

4.1.2 SPSS 软件界面简介

SPSS 的主要窗口包括数据编辑窗口、变量编辑窗口、结果输出窗口和图表编辑窗口等。接下来将分别对这些功能窗口进行介绍。

1. 数据编辑窗口

数据编辑窗口是进入 SPSS 之后默认显示的第一个窗口，主要用于对数据进行输入、查看、编辑和统计分析。数据编辑窗口如图 4-1 所示。

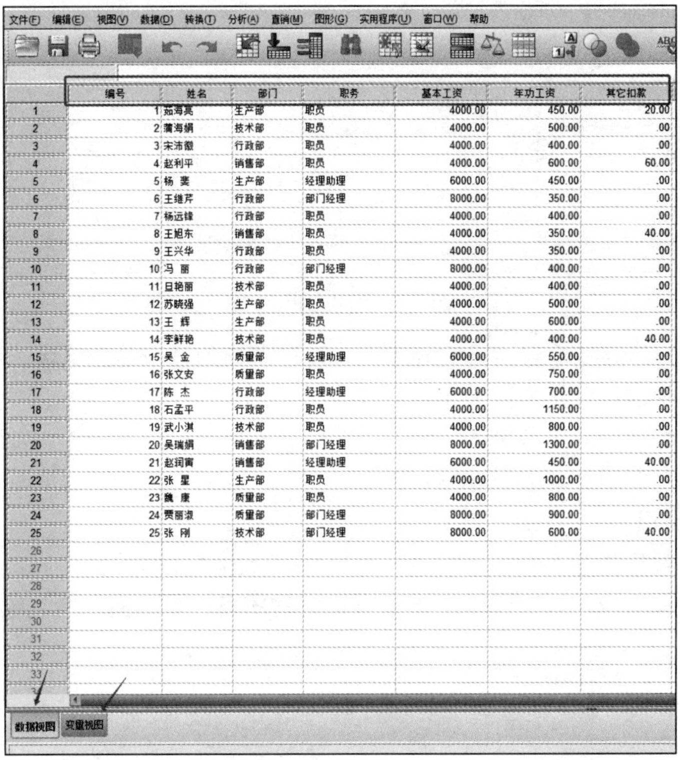

图 4-1 数据编辑窗口

SPSS 的数据编辑窗口上部框定的部分是导入数据中的变量，对应原始数据中的列名（或列标题）。窗口中间区域就是原始数据本身的显示区域。窗口左下部有"数据视图"选项卡和"变量视图"选项卡，可以在数据编辑窗口和变量编辑窗口之间切换。

从图 4-1 可以看到，SPSS 会识别和提取出原始数据中的"变量"，显示为数据中每一列标题。如果希望去查看和编辑这些变量的定义，则需要切换到变量编辑窗口。

2. 变量编辑窗口

变量编辑窗口用于查看和修改变量的名称、类型及其他属性。变量编辑窗口如图 4-2 所示。

3. 结果输出窗口

当使用 SPSS 的统计分析功能对数据进行分析时，分析的结果会显示在结果输出窗口。结果输出窗口是一个独立的窗口，如图 4-3 所示。

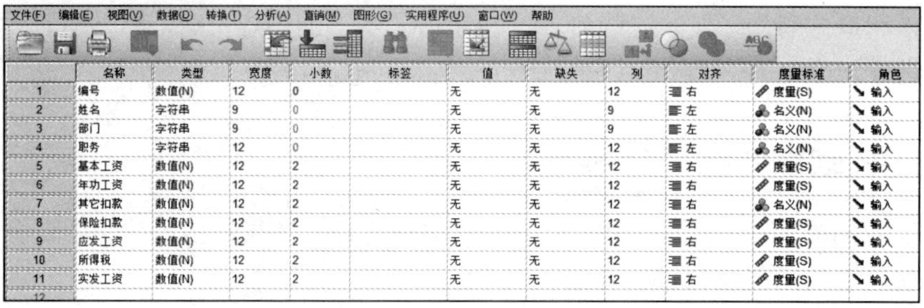

图 4-2 变量编辑窗口

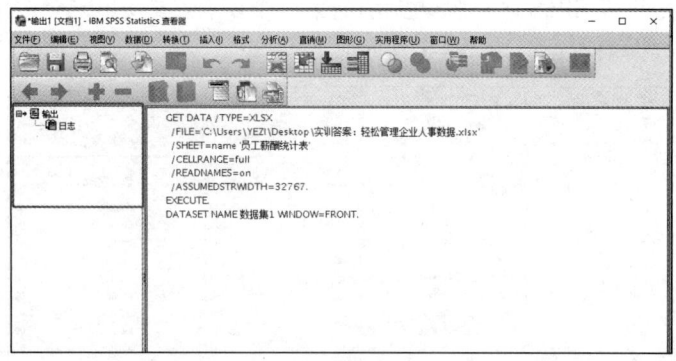

图 4-3 结果输出窗口

图 4-3 中框定的部分是输出结果的导航区,窗口右侧的区域是正文区。导航区以树形结构显示输出结果的组织结构,正文区显示数据统计分析的结果。单击导航区中树形结构的结点,就可以跳转到正文区相应的内容处。如果希望在统计分析报告的基础上,以图形化的方式来进行数据可视化,则需要用到图表编辑窗口。

4. 图表编辑窗口

如果根据已有数据构建了图表,则相应的图表就会出现在结果输出窗口。如果希望能对已有的图表进行调整和编辑,则双击结果输出窗口中的图表,就会弹出图表编辑窗口,如图 4-4 所示。

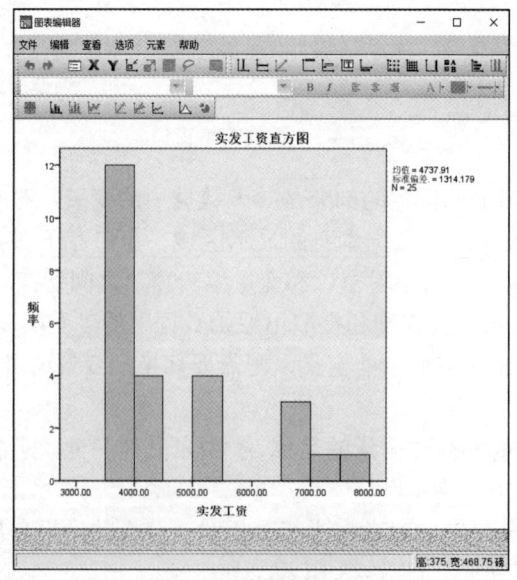

图 4-4 图表编辑窗口

我们可以在图表编辑窗口中对图表内容进行深度编辑。

4.2　SPSS 数据操作

4.2.1　数据导入

SPSS 支持导入各种类型的数据。下面通过 SPSS 的数据导入功能导入素材包中的"SPSS 实训"文件。在 SPSS 中选择"文件"→"打开数据"选项，在弹出的"打开数据"对话框中将"文件类型"设置为"所有文件（*.*）"，再选择本地相应目录的"SPSS 实训.csv"文件，单击"打开"按钮，如图 4-5 所示。

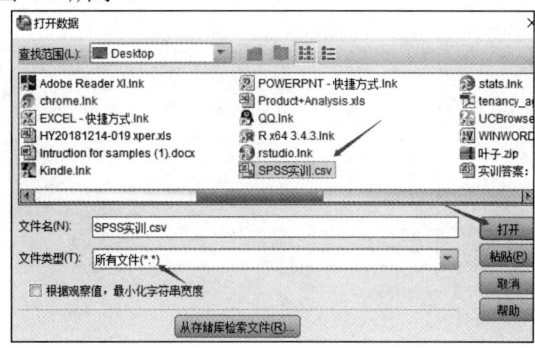

图 4-5　导入数据（一）

进入包含 6 步的"文本导入向导"界面。在这个界面中，需要根据数据本身的格式进行设置。针对这个案例，需要特别注意的是第 2 步和第 4 步，如图 4-6～图 4-7 所示。

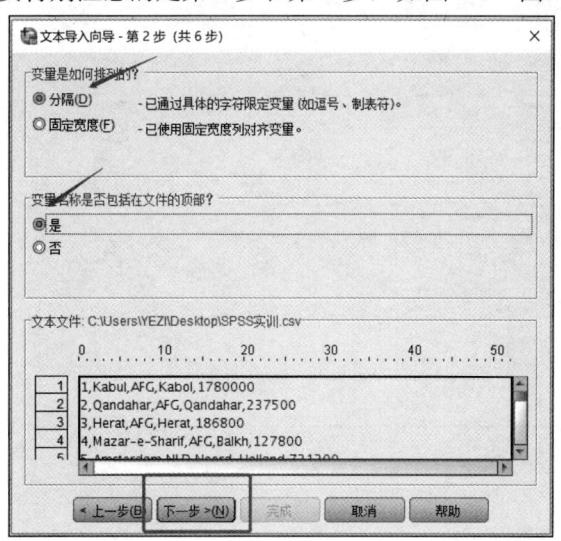

图 4-6　导入数据（二）

对于图 4-6 中的"变量名称是否包括在文件的顶部"选项，选中"是"单选按钮。因为在数据文件中，第一行是列的标题，也就是 SPSS 中的变量。如果选中"否"单选按钮，则 SPSS

会把第一行也当成数据。

在第 4 步中，在"变量之间有哪些分割符？"选项组中，需要取消默认选中的"空格"复选框，只保留"逗号"。因为在数据中，列标题和字段的内容可能包含空格。如果将空格也作为分割符，则 SPSS 会误将 Water 和 Year 分成两列，使导入的数据产生错误，如图 4-7 所示。

图 4-7 导入数据（三）

完成导入后，数据会显示在数据编辑窗口中，数据中的变量会显示在变量编辑窗口中，如图 4-8 所示。

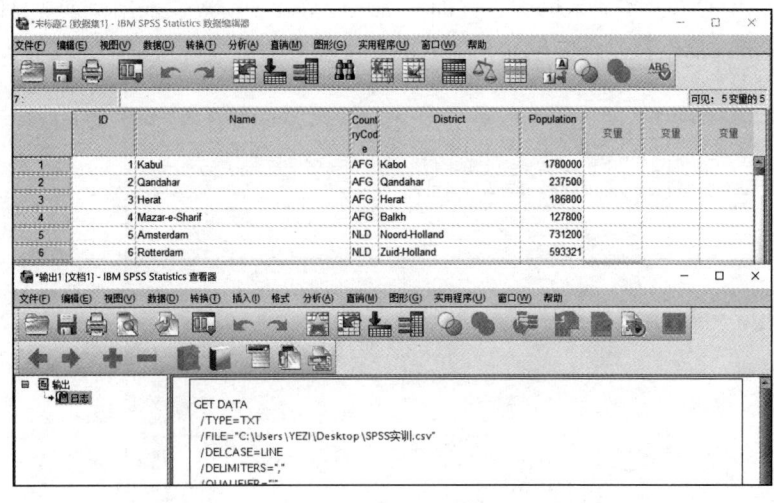

图 4-8 导入数据（四）

4.2.2 数据整理

导入原始数据之后，往往还需要对其进行整理、加工才能将其用于分析；或者在实际的数据分析开始之后，可能会发现原始数据的格式、形式或组织方式需要进行某种调整或变换才能够更加方便地用于分析。本书将这类工作称为数据整理（或数据预处理）。SPSS 提供了很多用于数据整理的功能，下面以常用的数据分类汇总和数据排序为例来介绍 SPSS 数据整理的操作步骤。

1. 数据分类汇总

数据分类汇总是实际工作中经常会遇到的一种数据处理需求：根据某种变量的值对数据进行分组，并统计每个分组的各类统计特征。

针对上面数据中的例子，希望对每个国家的平均人口进行分组统计。操作如下：在菜单中选择"数据"→"分类汇总"选项，打开"汇总数据"对话框，设置"分组变量"为 CountryCode，"汇总变量"为 Population，汇总的方式是求平均值（汇总函数），如图 4-9 所示。

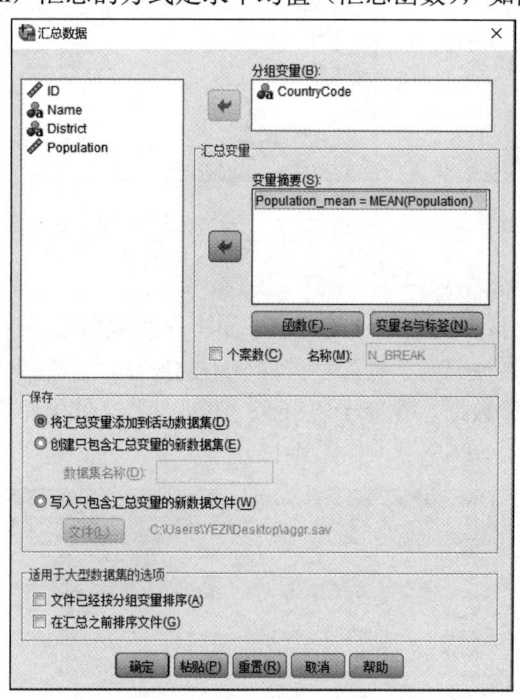

图 4-9 "汇总数据"对话框

确认之后，汇总结果如图 4-10 所示。通过图 4-10 可以看到，汇总的结果作为新的一列插入原始数据中，这一条是每个国家各个城市的平均人口数量。

	ID	Name	CountryCode	District	Population	Population_mean
1	1	Kabul	AFG	Kabol	1780000	583025.00
2	2	Qandahar	AFG	Qandahar	237500	583025.00
3	3	Herat	AFG	Herat	186800	583025.00
4	4	Mazar-e-Sharif	AFG	Balkh	127800	583025.00
5	5	Amsterdam	NLD	Noord-Holland	731200	185001.75
6	6	Rotterdam	NLD	Zuid-Holland	593321	185001.75
7	7	Haag	NLD	Zuid-Holland	440900	185001.75
8	8	Utrecht	NLD	Utrecht	234323	185001.75
9	9	Eindhoven	NLD	Noord-Brabant	201843	185001.75
10	10	Tilburg	NLD	Noord-Brabant	193238	185001.75
11	11	Groningen	NLD	Groningen	172701	185001.75
12	12	Breda	NLD	Noord-Brabant	160398	185001.75
13	13	Apeldoorn	NLD	Gelderland	153491	185001.75
14	14	Nijmegen	NLD	Gelderland	152463	185001.75
15	15	Enschede	NLD	Overijssel	149544	185001.75
16	16	Haarlem	NLD	Noord-Holland	148772	185001.75
17	17	Almere	NLD	Flevoland	142465	185001.75
18	18	Arnhem	NLD	Gelderland	138020	185001.75

图 4-10 汇总结果

2. 数据排序

排序是数据分析的基础操作。在 SPSS 中进行排序非常简单。例如，上述数据按国家编码的字母顺序排列，同一个国家的城市则按人口数量降序排列。操作如下：在菜单中选择"数据"→"排序个案"选项，打开"排序个案"对话框，如图 4-11 所示。

确认之后即可得到排序结果，如图 4-12 所示。可以看到，每个记录的城市首先按国家编码排序，同一个国家的城市按人口数量降序排列。

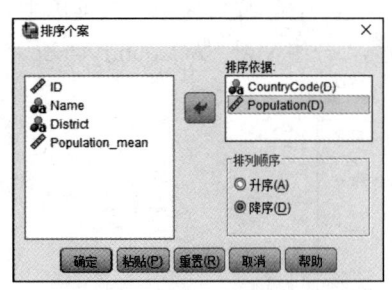

图 4-11 "排序个案"对话框

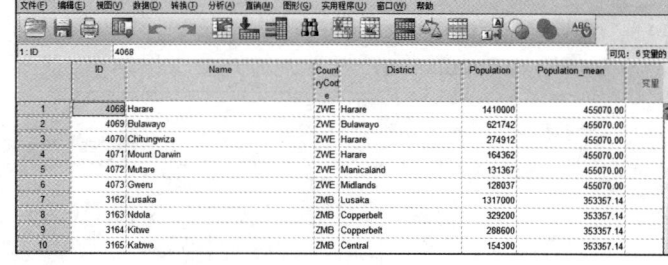

图 4-12 数据排序结果

3. 数据分析

SPSS 的一大特点是支持专业的统计功能。下面将介绍数据相关性分析，即如何通过 SPSS 来分析两个变量之间的相关性。为了进行相关性分析的操作，首先引入另外一份数据。该数据是英国近些年的降雨量统计数据，存储于"SPSS 实训 2"文件中，根据前面所讲述的内容，可以方便地将这份数据导入 SPSS 中，如图 4-13 所示。

	WaterYear	RainmmOctSep	Outflowm3sOctSep	RainmmDecFeb	Outflowm3sDecFeb	RainmmJunAug	Outflowm3sJunAug
1	1980/81	1182	5408	292	7248	174	2212
2	1981/82	1098	5112	257	7316	242	1936
3	1982/83	1156	5701	330	8567	124	1802
4	1983/84	993	4265	391	8905	141	1078
5	1984/85	1182	5364	217	5813	343	4313
6	1985/86	1027	4991	304	7951	229	2595
7	1986/87	1151	5196	295	7593	267	2826
8	1987/88	1210	5572	343	8456	294	3154
9	1988/89	976	4330	309	6465	200	1440
10	1989/90	1130	4973	470	10520	209	1740
11	1990/91	1022	4418	305	7120	216	1923
12	1991/92	1151	4506	246	5493	280	2118
13	1992/93	1130	5246	308	8751	219	2551
14	1993/94	1162	5583	422	10109	193	1638
15	1994/95	1110	5370	484	11486	103	1231
16	1995/96	856	3479	245	5515	172	1439
17	1996/97	1047	4019	258	5770	256	2102
18	1997/98	1169	4953	341	7747	285	3206
19	1998/99	1268	5824	360	8771	225	2240

图 4-13 导入数据

假设第二列数据和第三列数据（每年九、十月的降雨量和外流量）呈现线性相关，首先通过可视化图形进行初步判断。操作如下：在菜单中选择"图形"→"简单散点图"选项，在打开的"简单散点图"对话框中配置相应的散点图，如图 4-14 所示。生成的散点图如图 4-15 所示。

通过图 4-15 所示图形初步推断，X 轴和 Y 轴的两个数值之间大致呈线性关系。因此，可通过 SPSS 来分析、验证这一推断。操作如下：在菜单中选择"分析"→"相关"→"双变量相关性"选项，打开"双变量相关"对话框，如图 4-16 所示。

确定之后，可以在结果输出窗口看到相关性检验报告（见图 4-17）。从上述结果可以看出，这两个变量存在着非常明显的相关性，说明推断是准确的。以上介绍了 SPSS 软件的功能、界面，以及数据整理的基础操作，并以相关性分析为例介绍了 SPSS 的高级统计分析功能。作为功能强大的专业数据分析软件，SPSS 更多的功能可参考 SPSS 官方教程及互联网上的相关资料。

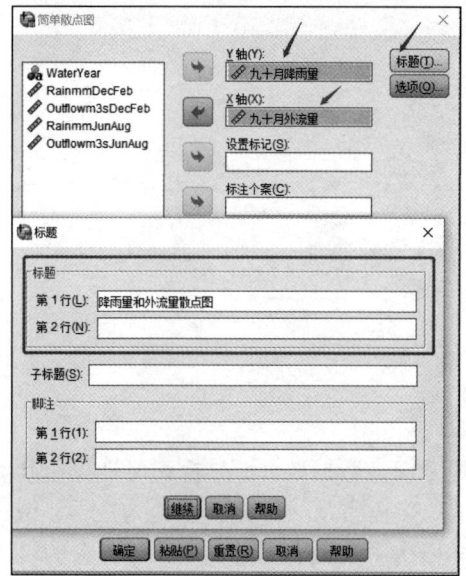

图 4-14　图形构造

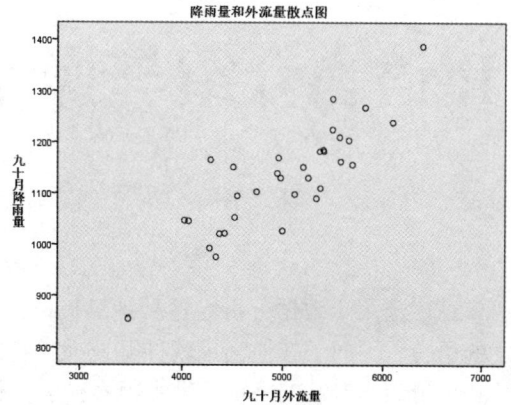

图 4-15　生成的散点图

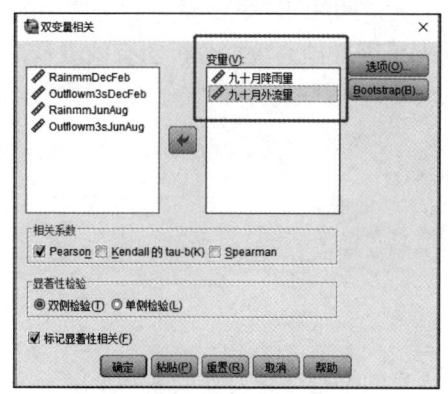

图 4-16 “双变量相关”对话框

相关性

		九十月降雨量	九十月外流量
九十月降雨量	Pearson 相关性	1	.850**
	显著性（双侧）		.000
	N	33	33
九十月外流量	Pearson 相关性	.850**	1
	显著性（双侧）	.000	
	N	33	33

**. 在 .01 水平（双侧）上显著相关。

图 4-17　相关性检验报告

思考与实训

应用 SPSS 统计员工薪酬

按照以下步骤完成任务。

1）将“SPSS 实训 3”文件导入 SPSS 软件中用于后续操作。

2）基于实发工资对员工进行降序排序。

3）计算不同部门员工的平均薪资。

4）计算不同职务员工的平均薪资。

第 5 章 R 语言介绍与操作

在广泛用于数据分析的各种计算机语言中，R 语言是专门为数据统计、分析和可视化而开发的语言。不同于其他为了软件开发而设计的计算机语言，R 语言从一开始就专门为数学、统计和分析而定制。R 语言提供了很多能够方便地表示数学概念中实数、向量、矩阵等概念的机制，让熟悉数据语言的用户能够专注于数学分析本身，而不至于陷入其他计算机语言如内存、指针、对象等技术细节而裹足不前。此外，R 语言还提供了大量的统计分析、数据挖掘方面的算法包，在数据统计分析领域广泛地被应用和推广。因此，R 语言作为数据分析的有效工具，非常适合没有编程基础的人员学习和使用。

5.1 R 语言零基础入门

5.1.1 R 语言编程环境搭建

采用 R 语言进行数据分析，就要在计算机上搭建 R 语言的编程环境，即安装一个用于编写 R 语言程序的软件。用户可在 R 语言的官方网站（https://www.r-project.org/）下载与计算机操作系统匹配的安装包，然后将其安装在本地计算机上。如果没有特殊要求，则可连续单击"下一步"按钮，直至安装完成。以 Windows 操作系统为例，完成安装后，可以在"开始"菜单中找到 RGui 程序，如图 5-1 所示，这是 R 语言官方附带的基础开发环境，用户可以在这个环境中进行数据分析。

5.1.2 R 语言编程界面

在图 5-1 中，RGui 窗口中有一个 RConsole 子窗口。这个窗口是 R 语言的命令行交互环境，可以在此窗口下输入 R 语言中的语句，直接看到执行结果。

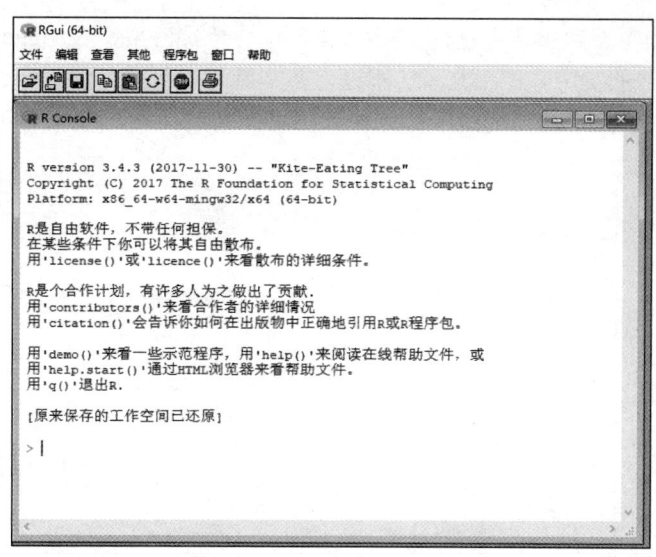

图 5-1　R 语言的 RGui 程序

当然，用户也可以通过"文件"菜单，新建立一个空白窗口来编辑一段程序，如图 5-2 所示。在编程窗口中编辑好的程序，可以通过"文件"菜单来运行。这时，R 语言会执行用户编写的程序（一次性看到整个程序执行的结果，而不是像在交互窗口中执行一句就能够看到结果），然后再回到交互状态。对于初学者，建议大家通过交互状态学习单个 R 语言的命令或进行简单的数据分析操作。在熟练之后，可以开发独立的 R 语言程序来进行较为复杂的数据分析工作。

图 5-2　RGui 程序的 RConsole 的子窗口

5.1.3　获取帮助

R 语言提供了大量的帮助功能，学会如何使用这些帮助文档在一定程度上有助于编程工作。函数 help.start()用于打开一个浏览器窗口，如图 5-3 所示，我们可在其中查看入门和高级的帮助手册、常见问题集，以及参考材料。函数 RSiteSearch()用于在在线帮助手册和 R-Help

邮件列表的讨论存档中搜索指定主题,并在浏览器中返回结果。由函数 vignette()返回的 vignette 文档一般是 PDF 格式的实用介绍性文章。不过,并非所有的包都提供了 vignette 文档。不难发现,R 语言提供了大量的帮助功能,学会如何使用这些帮助文档,毫无疑问有助于编程。

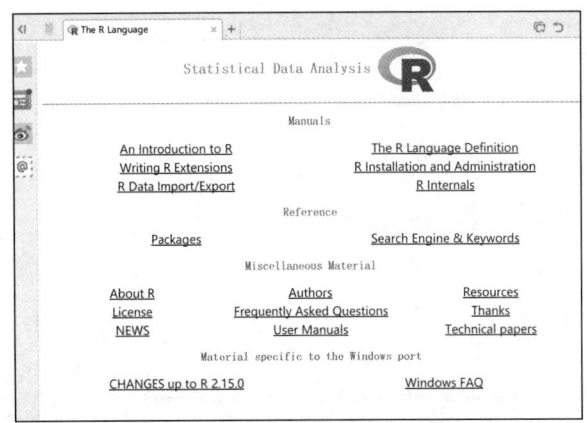

图 5-3　使用 help.start()函数打开浏览器

5.1.4　包

1. 什么是包

包是 R 函数、数据、预编译代码以一种定义完善的格式组成的集合。计算机上存储包的目录称为库(library)。函数 libPaths()能够显示库所在的位置,函数 library()则可以显示库中有哪些包,如图 5-4 所示。

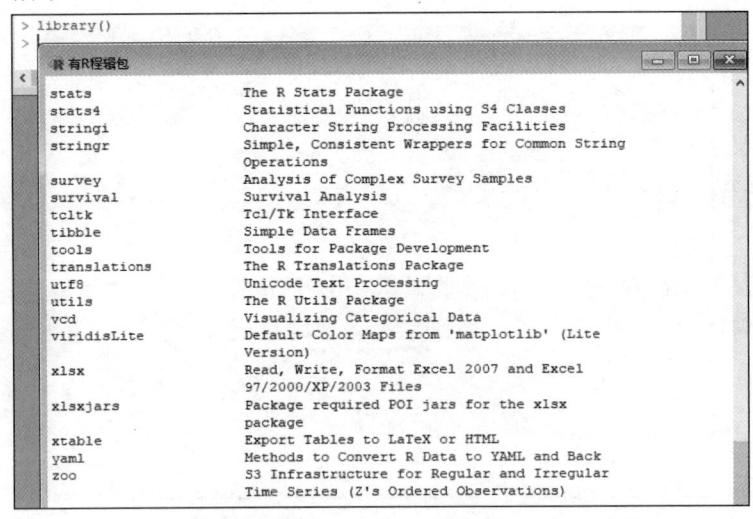

图 5-4　库内包展示

R 语言自带了一系列默认包(包括 base、datasets、utils、grDevices、graphics、stats 及 methods),它们提供了种类繁多的默认函数和数据集。其他包可通过下载来进行安装。安装好以后,它们必须被载入到会话中才能使用。使用命令 search()可以查看哪些包已加载并可使用。

2. 包的安装

许多 R 函数可以用来管理包。第一次安装一个包,使用命令 install.packages()即可。举例来说，不加参数执行命令 install.packages()将显示一个 CRAN 镜像站点的列表，选择其中一个镜像站点之后，将看到所有可用包的列表，选择其中的一个包即可进行下载和安装。如果知道自己想安装的包的名称，则可以直接将包名作为参数提供给这个函数。例如，gclus 包提供了创建增强型散点图的函数。可以使用命令 install.packages("gclus")来下载和安装它，如图 5-5 所示。

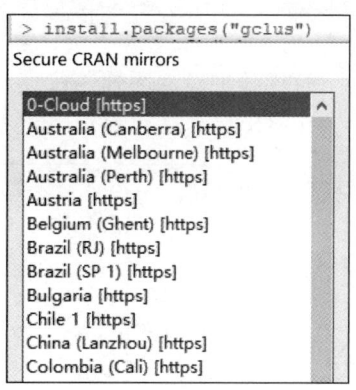

一个包仅需安装一次。和其他软件类似，包经常被其作者更新。使用命令 updatE.packages()可以更新已经安装的包。要查看已安装包的描述内容，可以使用 installeD.packages()命令，这将列出安装的包，以及它们的版本号、依赖关系等信息。

图 5-5　下载及安装包

3. 包的载入

包的安装是指从某个 CRAN 镜像站点下载它并将其放入库中的过程。要在 R 会话中使用包，还需要使用 library()命令载入这个包。例如，要使用 gclus 包，执行命令 library(gclus)即可。

5.2　R 语言数据分析基础

5.2.1　数据的准备

1. R 语言自带的数据集

对于希望学习数据分析的人员，往往需要找一些样例数据来分析。R 语言本身自带了很多免费开放的数据集，这些数据的来源广泛，数据内容涵盖各行各业、多个领域。这些数据集极大地方便了初学 R 语言的学生。

在学习 R 语言数据分析功能时，可以根据所要学习的统计方法来选择合适的数据进行练习。例如，如果要引入"Air Passengers Monthly Airline Passenger Numbers 1949-1960"数据，则可直接查看这个数据的前 105 项，如图 5-6 所示。

```
> head(AirPassengers,105)
  [1] 112 118 132 129 121 135 148 148 136 119 104 118 115 126 141 135 125 149
 [19] 170 170 158 133 114 140 145 150 178 163 172 178 199 199 184 162 146 166
 [37] 171 180 193 181 183 218 230 242 209 191 172 194 196 236 235 229 243
 [55] 264 272 237 211 180 201 204 188 235 227 234 264 302 293 259 229 203 229
 [73] 242 233 267 269 270 315 364 347 312 274 237 278 284 277 317 313 318 374
 [91] 413 405 355 306 271 306 315 301 356 348 355 422 465 467 404
> |
```

图 5-6　数据前 105 项

2. 导入外部数据

在很多时候，需要处理的数据位于外部的程序中，并且以各种各样的方式存在。要使用 R 语言对这些外部数据进行分析，需要将其导入 R 语言。虽然 R 语言可以直接读取 Excel 专属的文件格式（.xls、.xlsx），但用户也可以在 Excel 中将文件转存为 CSV，并通过在 R 语言中导入 CSV 文件的方式来导入数据。CSV 是一种广泛被使用的纯文本逗号分隔文件格式。下面来看看如何在 R 中导入 CSV。如果文件存放在计算机中的位置为 C:\Users\YEZI\Desktop\R 实训.csv，则可以在 R 语言中以图 5-7 所示方式将其导入。

```
> data<-read.csv("C://Users//YEZI//Desktop//R实训.csv")
> |
```

图 5-7　导入外部数据

这样就把数据读到 data 这个对象中去了。查看一下这些数据究竟是什么样的,以验证一下是否正确地导入了数据,如图 5-8 所示。

```
> head(data,10)
   Water.Year Rain..mm..Oct.Sep Outflow..m3.s..Oct.Sep Rain..mm..Dec.Feb
1     1980/81              1182                   5408               292
2     1981/82              1098                   5112               257
3     1982/83              1156                   5701               330
4     1983/84               993                   4265               391
5     1984/85              1182                   5364               217
6     1985/86              1027                   4991               304
7     1986/87              1151                   5196               295
8     1987/88              1210                   5572               343
9     1988/89               976                   4330               309
10    1989/90              1130                   4973               470
   Outflow..m3.s..Dec.Feb Rain..mm..Jun.Aug Outflow..m3.s..Jun.Aug
1                    7248               174                   2212
```

图 5-8　显示数据前 10 项

可以看出,数据已经正确地被导入了。

5.2.2　数据预处理

正常情况下,原始数据并不能直接拿来分析,往往需要做一些预处理,才能更加规整,便于后续分析。R 语言提供了很多机制来帮助用户进行数据预处理。

1. 数据标签修改

以上面的数据为例,如果希望把 data 中的数据标签改成中文,那么可以通过图 5-9 所示方式进行修改和验证。

```
> names(data)<-c("年","九至十月降雨量","九至十月外流量","十二至二月降雨量","十二至二月外流量","七至八月降雨量","七至八月外流量")
> head(data)
       年 九至十月降雨量 九至十月外流量 十二至二月降雨量 十二至二月外流量
1 1980/81           1182           5408              292             7248
2 1981/82           1098           5112              257             7316
3 1982/83           1156           5701              330             8567
4 1983/84            993           4265              391             8905
5 1984/85           1182           5364              217             5813
6 1985/86           1027           4991              304             7951
  七至八月降雨量 七至八月外流量
1            174           2212
2            242           1936
3            124           1802
4            141           1078
5            343           4313
6            229           2595
```

图 5-9　修改标签

2. 数据缺失值处理

由于采集、传输或其他各种各样的原因,用户得到的数据可能有缺失的数值,如果不对其进行处理,则可能会对数据分析的过程和结果造成影响。R 语言提供了很多方式来处理缺失的数值。如果希望能够自动补全缺失的数值,则可能需要用到一些数据方法。例如,R 语言提供了"多重差补法",以自动补全缺失的数值。为了学习如何补缺数值,可先将刚才 data 中的一些数值"故意"改成缺失值,如图 5-10 所示。

将"九至十月降雨量"这一列中 900~1000 之间的数值替换成缺失值(在 R 语言中以 NA 表示)。接下来介绍如何补全这些数值。为了补全数值,需要用到 R 语言中的 mice 程序包。这个程序包需要先安装再使用,如果没有安装相应的包,则在引用这个包时 R 语言会报错,如图 5-11 所示。

正确载入 mice 包之后,就可以对数据进行补全了。由于这部分内容不在本书大纲范围之内，感兴趣的读者可以参阅相关的资料进行自学。

图 5-10 "制造"缺失值

图 5-11 程序包报错

思考与实训

R 语言基本操作

按照以下步骤完成任务。

1）将"R 实训"文件导入 R 语言中。

2）展示前 5 列数据。

3）尝试修改标签。

4）尝试导入某一个程序包。

模块三
常用分析模型与方法

本模块主要介绍商务分析模型与大数据分析方法。所谓分析模型，就是明确从哪几个方面开展数据分析，各方面都包含什么内容或指标。市场营销和管理学领域存在大量的分析模型，其中 PEST 模型、SWOT 模型、5W2H 模型、逻辑树模型非常适用于商务数据分析。大数据分析方法主要分为统计分析方法和机器学习方法两大类。其中，统计分析方法包括可视化分析、指标分析、相关与回归、时间序列分析；机器学习方法包括决策树、聚类算法、神经网络。由于对于数据的科学分析领域，Office 组件中的 Excel 是最被广大用户所接受并且应用最广的软件，所以此模块大部分的分析案例将通过 Excel 的操作来实现。

第 6 章

商务分析模型

借助分析模型开展数据分析,能够将问题分解成相关联的部分,显示其内在关系;有助于理顺分析思路,保证数据分析结构体系化;确保分析结果的有效性及正确性,为后续数据分析的开展指引方向。

市场营销和管理学领域存在大量的分析模型,其中 PEST 模型、SWOT 模型、5W2H 模型、逻辑树模型非常适用于商务数据分析。

6.1 PEST 模型

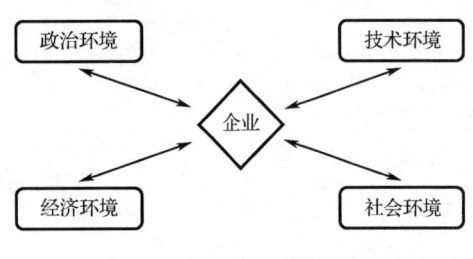

图 6-1 PEST 模型

PEST 模型主张从政治(political)、经济(economic)、社会(social)和技术(technological)这四大类影响企业的主要外部环境因素进行要素分析,是宏观环境分析的常用模型,如图 6-1 所示。

1. 政治环境

政治环境指一个国家的社会制度、执政党性质,以及政府的方针、政策、法令等。不同的政治环境对行业发展有不同的影响。关键指标包括政治体制、经济体制、财政政策、税收政策、产业政策、投资政策、专利数量、国防开支水平、政府补贴水平、民众对政治的参与度等。

2. 经济环境

经济环境分为宏观和微观两个方面:宏观上指一个国家的国民收入、国民生产总值及变化情况,这些指标反映国民经济发展水平和发展速度;微观上指企业所在地区的消费者收入水平、消费偏好、储蓄情况、就业程度等因素,这些因素决定着企业目前及未来的市场大小。关键指标包括 GDP 及增长率、进出口总额及增长率、利率、汇率、通货膨胀率、消费价格指数、居民可支配收入、失业率、劳动生产率等。

3. 社会环境

社会环境指一个国家或地区的居民受教育程度和文化水平、宗教信仰、风俗习惯、审美观点、价值观等。文化水平影响居民的需求层次，宗教信仰和风俗习惯会影响（禁止或抵制）某些活动的进行，价值观会影响居民对组织目标和组织活动存在本身的认可，审美观点则会影响人们对组织活动内容、活动方式及活动成果的态度。关键指标包括人口规模、性别比例、年龄结构、出生率、死亡率、种族结构、妇女生育率、生活方式、购买习惯、教育状况、城市特点、宗教信仰状况等。

4. 技术环境

技术环境指与企业所处领域直接相关的技术手段的发展变化、国家对科技开发的投资和支持重点、该领域技术发展动态和研究开发费用总额、技术转移和技术商品化速度、专利及其保护情况。关键指标包括新技术的发明和进展、折旧和报废速度、技术更新速度、技术传播速度、技术商品化速度、国家重点支持项目、国家投入的研发费用、专利个数、专利保护情况等。

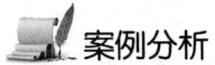
案例分析

迪士尼公司 PEST 分析

迪士尼公司的主要业务包括娱乐节目制作、主题公园、玩具、图书、电子游戏和传媒网络。以下是迪士尼公司的 PEST 分析。

1. 政治环境

政治方面，美国的自由资本主义制度深入人心，企业间竞争非常激烈。在政府对迪士尼公司的宏观控制和直接管理方面，电影分级制度和反垄断法对迪士尼公司的影响较大。

（1）电影分级制度

美国电影分级制度是由美国电影协会（MPAA）组织、由家长构成的委员会，根据电影的主题、语言、暴力程度等，代表大部分家长可能给予的观点对电影进行评价而得出的，目的在于帮助家长判断哪些电影适合特定年龄阶段的孩子观看。受电影分级制度的影响，迪士尼公司出品的大部分电影级别是 G 或 PG（G——大众级，任何人都可以观看；PG——辅导级，该级别电影中的一些内容可能不适合儿童观看），这对迪士尼公司在主题的表现方式和内容的展示上提出了一些要求，但总体来说，电影分级制度为迪士尼公司带来了一些优势。

（2）反垄断法

反垄断法是由美国国会制定的以保护竞争、反对垄断和限制性贸易为目的的成文法的总称。对迪士尼这样的大公司来说，反垄断法的实施对企业利益有所损害；但从作品创新方面，正是因为反垄断法的压力，迪士尼电影制作公司推陈出新，不断进行不同题材的创造和改进，有利于推动美国电影市场向着多样化和健康的方向发展。

2. 经济环境

迪士尼公司在 2017 年财富 500 强中，以 556.32 亿美元的营业收入、93.91 亿美元的利润排名 161 位。其旗下包括电视台、有线电视频道、广播公司、广播电台、杂志出版集团、网络公司、音乐制作公司、电影制片公司、迪士尼主题公园、迪士尼动物王国、世界体育综合王国、酒店、曲棍球队、棒球队、迪士尼学院等。据《2017 年 BrandZ 最具价值全球品牌 100 强》公布，迪士尼公司排名第 18 位。2016 全年好莱坞电影公司的北美票房收入排名中，迪士尼公司以 30 亿美元票房稳居第一，领先第二名时代华纳公司 11 亿美元。2017 年上映的《银河护卫队 2》《美女与野兽》《赛车总动员 3》《加勒比海盗 5》《雷神 3》《寻梦环游记》《星球大战：最后的绝地武士》等都是票房不错的影片,为企业带来充沛的现金流。

3. 社会环境

(1) 受众的数量及增长

随着经济全球化的发展,迪士尼动画电影的受众已经不再局限于欧美市场,近年来亚洲市场尤其是中国内地市场成了迪士尼电影强劲的票房保障。迪士尼动画电影的受众数量正在逐年增加。

(2) 受众的年龄及变化

迪士尼动画电影级别基本是G或PG,这意味着迪士尼动画电影是针对全年龄段的受众群体。但在刚开始时,动画被认为是小孩子的专属,不被认定为电影的类型。直到迪士尼电影制片公司发行电影史上第一部长篇动画电影《白雪公主和七个小矮人》后,人们才改变了看法。目前,动画电影不仅仅是儿童娱乐的一种形式,也开始成为主流的电影形态,这也拓宽了迪士尼动画电影的受众年龄层。

(3) 文化背景、价值观念及信仰审美

迪士尼公司立足于美国,故其文化背景、价值观念及信仰审美与美国文化有着千丝万缕的关系,因而在迪士尼动画电影中也可以看到以努力奋斗争取成功的"美国梦"精神,对自由、民主的向往和歌颂,以及典型的美国式个人英雄主义。可以说迪士尼电影公司是美国文化输出的典型代表,但为了适应别国的市场,其也会适时对部分内容进行调整和改编。例如,《花木兰》就是一部以中国民间故事为蓝本而创作的富有中国色彩的动画电影;《公主与青蛙》不仅将传统意义上的白人公主改变为黑人公主,而且将故事发生的背景改成了现代的新奥尔良,也可以视为迪士尼公司的文化创新。

4. 技术环境

科技创新无疑是迪士尼电影公司的强项,在票房上领先的同时,迪士尼电影公司也是几乎所有动画新技术的开创者。美国科技水平发达,国家政策、立法支持、鼓励科技创新和国家科技体制也十分完备,世界上第一部全计算机制作的长篇动画电影《玩具总动员》就出自迪士尼旗下的皮克斯动画工作室。20世纪末,数字技术与计算机技术的结合,使画面更趋逼真形象。目前,美国动画电影大多为借助计算机制作的CG(计算机动画)。未来,VR技术的发展与普及,势必会为动画电影添加新的观影元素。

6.2 SWOT 模型

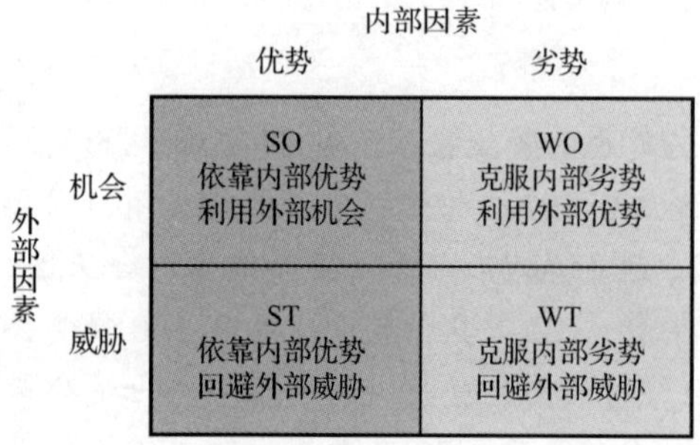

	内部因素	
	优势	劣势
外部因素 机会	SO 依靠内部优势 利用外部机会	WO 克服内部劣势 利用外部优势
外部因素 威胁	ST 依靠内部优势 回避外部威胁	WT 克服内部劣势 回避外部威胁

图 6-2 SWOT 模型

SWOT模型是20世纪80年代初由美国旧金山大学的管理学教授韦里克提出的,通过评价企业的优势(strengths)、劣势(weaknesses)、机会(opportunities)和威胁(threats),在制定企业的发展战略前对企业进行深入、全面的分析及竞争优势的定位,是企业战略分析和竞争分析的常用模型,如图6-2所示。

优劣势分析主要着眼于企业自身的实力及其与竞争对手的比较,而机会分析和威胁分析将注意力放在外部环境的变化及对企业的可能影响上。在分析时，应把所有的内部因素（优劣势）集中在一起，然后用外部力量（机会和威胁）对这些因素进行评估。

1. 优势

优势是组织机构的内部因素，具体包括有利的竞争态势、充足的财政来源、良好的企业形象、雄厚的技术力量、一定的规模经济、良好的产品质量、较大的市场份额、成本优势、广泛的推广渠道等。

2. 劣势

劣势是组织机构的内部因素，具体包括设备老化、管理混乱、缺少关键技术、研发落后、资金短缺、经营不善、产品积压、竞争力差等。

3. 机会

机会是组织机构的外部因素，具体包括新产品、新市场、新需求、外国市场壁垒解除、竞争对手失误等。

4. 威胁

威胁是组织机构的外部因素，具体包括新的竞争对手、替代产品增多、市场紧缩、行业政策变化、经济衰退、客户偏好改变、突发事件等。

SWOT模型的优点在于考虑问题全面，基于系统思维，可以把对问题的"诊断"和"开处方"紧密结合在一起，条理清楚，便于检验。

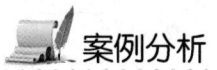 案例分析

宝洁中国 SWOT 分析

宝洁中国 SWOT 分析如表 6-1 所示。

表 6-1 宝洁中国 SWOT 分析

优势、劣势 机会、威胁	优势（S） 1. 宝洁公益在中国企业形象良好 2. 加入了《联合国气候变化框架公约》 3. 多品牌战略，产品差异化大，市场占有率高，满足消费者差异化需求 4. 在美国拥有强大的信息技术	劣势（W） 1. 产品广告表现手法雷同，遭遇同质化 2. 研发投入成本高 3. 形象不统一，产品管理成本高、难度大 4. 渠道经营，与经销商的合作弱于本土品牌
机会（O） 1. 中国政府取消了护肤、护发用品的消费税 2. 社会主义新农村建设使人民的生活水平大大提高 3. 人们的环保意识增强，观念转变，对日化产品的需求与日俱增 4. 日化产品结构将从基本消费向个性化消费转变	SO 1. 产品价格上拥有更多的弹性，让利给消费者 2. 加大对城镇农村市场的开发 3. 研究可回收利用产品，降低能耗，倡导绿色环保 4. 加大对产品的个性化塑造，强调每个不同品牌的产品特性与优势	WO 1. 在城乡投放较为创新的广告，放弃部分常规化的元素，以达到区分目的 2. 把部分减免的税费用于开发能耗低、可回收的产品，合理控制成本 3. 加强对地区经销商的合作，避免本土企业的侵入
威胁（T） 1. 消费者对美容产品的需求变化大，市场季节需求波动大 2. 物流业不尽如人意，交通不便利，产品运输成本高 3. 原材料价格上涨 4. 信息化不普遍	ST 1. 对消费者不同季节的不同需求做出一定的分析和整理，根据分析制定不同的产品策略 2. 将物流外包给值得信赖的公司，具有反应快、效率高和持续性强的特点 3. 学习国外的信息技术，建立能够提供实时存货和现金流等信息的零售连锁系统	WT 1. 针对不同季节消费者不同的需求，制定广告策略，投入具有标识性的元素 2. 加强公司议价的能力，与经销商和原材料供应商建立长期的合作关系 3. 完善品牌管理系统，区分每个品牌，防止自相"残杀"

6.3 5W2H 模型

5W2H 模型针对 5 个 W（why、what、who、when、where）及 2 个 H（how、how much）提出的 7 个关键词进行数据指标的选取，根据选取的数据进行分析。5W2H 模型简单、方便、易于理解、使用，富有启发意义，有助于思路的条理化，杜绝盲目性；有助于全面思考问题，从而避免在流程设计中遗漏项目，是用户行为分析和业务场景分析的常用模型，如图 6-3 所示。

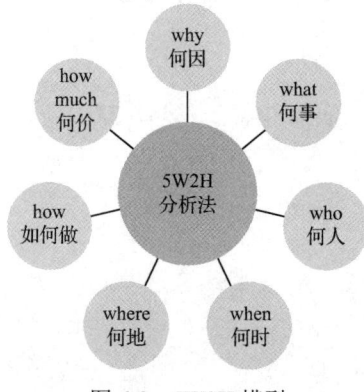

图 6-3 5W2H 模型

6.3.1 核心要素

why：为什么？为什么要这么做？理由何在？原因是什么？
what：是什么？目的是什么？做什么工作？
who：谁？由谁来承担？谁来完成？谁负责？
when：何时？什么时间完成？什么时机最适宜？
where：何处？在哪里做？从哪里入手？
how：怎么做？如何提高效率？如何实施？方法是什么？
how much：多少？做到什么程度？数量如何？质量水平如何？费用产出如何？

6.3.2 应用步骤

1. 检查原产品的合理性

1）为什么（why）。为什么采用这个技术参数？为什么不能有响声？为什么停用？为什么变成红色？为什么要做成这个形状？为什么以机器代替人力？为什么产品的制造要经过这么多环节？为什么非做不可？

2）是什么（what）。条件是什么？哪一部分工作要做？目的是什么？重点是什么？与什么有关系？功能是什么？规范是什么？工作对象是什么？

3）谁（who）。谁来办最方便？谁会生产？谁是顾客？谁被忽略了？谁是决策人？谁会受益？

4）何时（when）。何时完成？何时安装？何时销售？何时是最佳营业时间？工作人员何时最容易疲劳？何时产量最高？何时完成最为适宜？需要几天才算合理？

5）何处（where）。何处最适宜某物生长？何处生产最经济？从何处购买？还有什么地方可以作为销售点？安装在何处最合适？何处有资源？

6）怎么做（how）。怎么做省力？怎么做最快？怎么做效率最高？怎么改进？怎么得到？怎么避免失败？怎么求发展？怎么增加销路？怎么达到效率？怎么才能使产品更加美观、大方？怎么使产品用起来方便？

7）多少（how much）。功能指标达到多少？销售多少？成本多少？输出功率多少？效率多高？尺寸多少？质量多少？

2. 找出主要优缺点

如果现行的做法或产品经过7个问题的审核已无懈可击，则可认为这一做法或产品可取。如果7个问题中有一个问题的答复不能令人满意，则表示这方面有待改进。如果哪方面的答复有独创的优点，则可扩大产品在这方面的效用。

3. 决定设计新产品

克服原产品的缺点，扩大原产品独特优点的效用。

案例分析

5W2H分析法之实例《奇葩说》解析

在2014年的时候，那时的网络综艺自制节目远没有如今这般火爆。《奇葩说》既是开创了说话达人秀，也是开创了首档够新鲜、够劲爆的综艺辩论节目。节目组除了把《晓松奇谈》的主持人高晓松请来，更是把《康熙来了》的主持人蔡康永请来助阵。下面一起应用5W2H分析法透过节目看逻辑和思考。

1. 做什么（what）？

作为一档说话达人秀节目，《奇葩说》找来了知名主持人蔡康永、音乐人高晓松及众多重量级嘉宾，加上本身制作人马东的身份（曾是中央电视台的主持人），再以大尺度、劲爆话题主动迎合观众。

节目制作组非常熟悉受众，如观众的年纪等属性。节目的广告展示形式更是开创电视节目、网络综艺节目先河，属于第一档让人想听广告，不看广告就觉得少了什么的节目。第二季、第三季再配合全球"海选"形式，更让这档节目受欢迎。

2. 为什么做（why）？

节目的宗旨是寻找"最会说话的人"，可以说节目把综艺和辩论结合得很好，而网络自制节目又是一个能够快速检验市场、获取观众反馈的方式，加上如今上网群体越来越年轻化，收视群不再像传统电视那样被动，可做到"有针对性、精准"的推荐。最主要的是，网络综艺节目整体制作成本相比电视节目算是"短、平、快"了。

当然，更多的是出于视频行业原创内容的竞争。视频网最大的成本当属版权引进，对于视频网站而言，如果不创新，不能生产、制造更多的视频内容，不能不断输出新鲜的内容血液，那么只能眼睁睁看着流量天平倾向同行业其他竞争对手。这时候哪家有一个IP，哪家的流量就高。谁占领了流量，谁就是行业老大。

3. 何地（where）？

节目由爱奇艺公司出品、米未传媒公司制作。在马东离开爱奇艺公司，成立新公司——米未传媒后，其主打的一些自制内容也非常棒，如在优酷播出的《黑白星球》。

4. 何时（when）？

自2014年11月第一季播出，截至2018年已经第五季了。虽然马东没在爱奇艺公司，但因其创建的公司也是主打"内容 IP 输出",通俗地讲就是内容生产商,所以只要公司还在运作,《奇葩说》这个节目也许会一直做下去。

5. 何人(who)?

第一季主持人是马东、高晓松、蔡康永,三人都是会"说话"之人,非常有看点。第二季主持人依然有马东、蔡康永,但高晓松换由金星助阵,简称 KJM。有金星老师"毒舌"的加入,这一季可谓是有说有笑中带"毒舌"。第三季高晓松回归,这一季节目相比上两季,选手"演"的成分比较多了,没有前两季那么自然。从节目人气来说,不得不佩服马东,作为一个媒体人,其本身有丰富的主持经验,在加入爱奇艺后担任首席内容官,既熟知传统媒体,又大胆对新领域进行探索,并具有很多互联网的思维和创新思路。这才会有一档独具个性、人气的网络综艺节目。

6. 怎么做(how)?

节目组先通过百度知道、知乎、新浪微问数据后台,在民生、人文、情感、生活、商业、创业等领域选取网友关注最多的问题,发动网友参与调查投票。互联网上投放的问题是否能够成为节目中的辩题,取决于网友参与这道题的积极程度。网友参与最多的题目才能进入节目选题。有了选题,在节目中比赛人员分两方——正方和反方。每方针对选题各选一个辩论方向,节目形式其实跟辩论类似。

7. 花费多少(how much)?

节目从无到有,从为第一季拉赞助找广告主,这个节目其实很"励志",又或者说是团队很励志吧。据网上资料,第一季的广告主花了 5000 万元冠名。拿到这么高的赞助费,这在网络综艺节目中也是不多见的。从运营上来说,《奇葩说》独立的广告植入形式算是独领风骚了。

6.4 逻辑树模型

逻辑树模型将问题的所有子问题分层罗列,从最高层开始,并逐步向下扩展。把一个已知问题当成树干,考虑这个问题和哪些问题有关,将相关的问题作为树枝加入树干中,以此类推,就会将问题扩展成一个问题树(见图 6-4)。

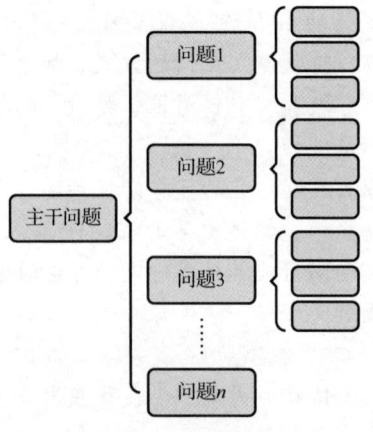

图 6-4 逻辑树模型

逻辑树模型能保证解决问题的过程的完整性,将工作细化成便于操作的具体任务,确定各部分的优先顺序，明确责任到人。

6.4.1 基本原则

逻辑树模型的基本原则如下。
1）要素化：把相同问题总结归纳成要素。
2）框架化：将各个要素组成框架，遵守不重不漏原则。
3）关联化：框架内的各要素保持必要的相互联系，简单而不孤立。

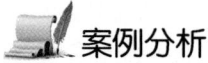案例分析

使用逻辑树模型设计产品营销方案，如图 6-5 所示。

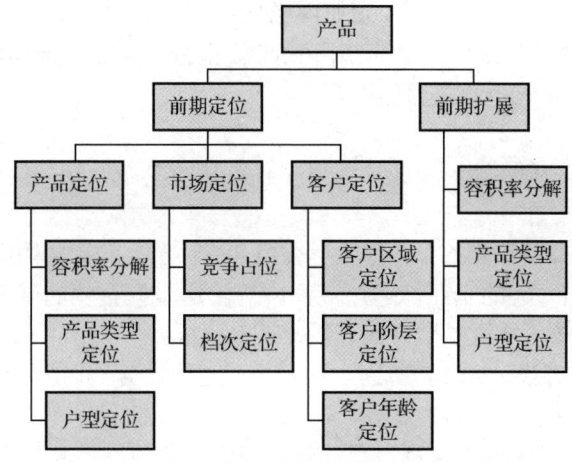

图 6-5　逻辑树分析示例

6.4.2 逻辑树的类型

常用的逻辑树主要有议题树、假设树和是否树 3 种类型。这 3 种逻辑树的类型基本可以应对所有类型的问题。

1. 议题树

议题树的主要形式是先提出一个问题，然后将这一问题细分为多个与其内在逻辑相联系的副议题。例如，主问题为"如何减少员工加班的现象"，那么根据议题树的逻辑就可列出两个副议题：一为"减少员工的工作定额"，二为"提高员工的个人工作效率"。议题树的特点在于它比较可靠，但是实施的过程比较缓慢，通常用于解决问题的初期阶段。

2. 假设树

假设树的主要形式是先假设一种解决方案，然后通过已有论据对该方案进行证明。例如，以"减少员工加班现象对企业有利"为假设论证，接下来就应以为什么"减少员工加班现象对企业有利"为切入点，列举大量的例子对假设进行阐述和说明。假设树的特点在于它的处理方式比议题树更快，解决问题的效率更高，通常用于对问题有了足够了解的阶段。

3. 是否树

是否树的结构与前两种相比要简单得多，其主要形式是先提出一个问题，然后对这一问题进行判断分析，分析的结果只有两种，非"是"即"否"。在分析前，对一些结果已有标准方

案。如果答案为"是",那么即可应用事先准备好的标准方案;如果答案为"否",那么就要再进行下一轮的判断分析,对具体情况进行具体分析,再根据结果确定不同的答案,得出解决方案。是否树的特点在于它简单明了,对问题的解决果断,不拖泥带水。在判定过程中,我们只要衡量得到的结果是否符合标准即可。

需要特别说明的是,分析模型中选用的指标根据具体应用场景的不同应有所区别。模型只是前人总结出的方式、方法,对实际问题的解决具有引导作用,但是不可否认,具体问题还要具体分析,针对不同的情况需要对其进行不同的改进。

思考与实训

企业环境分析

活动目的:使学生掌握 PEST 模型,运用 PEST 模型分析企业外部环境;使学生掌握 SWOT 模型,运用 SWOT 模型分析企业内部环境。

活动时间:45 分钟。

活动准备:选择一家感兴趣的企业,通过多种渠道收集企业相关信息。

活动组织:

1)教师要求学生认真阅读第 6 章的迪士尼公司 PEST 分析和宝洁中国 SWOT 分析的案例。

2)学生选择一家感兴趣的企业,通过互联网等渠道掌握企业的基本信息;从政治环境、经济环境、社会环境、技术环境 4 个方面开展 PEST 分析。

3)分析企业优势、劣势、机会和威胁,然后分别进行优势-机会、优势-威胁、劣势-机会、劣势-威胁的交叉分析,编制 SWOT 分析表。

4)邀请一名学生在投影仪上展示自己的分析报告,全体同学互相交流。

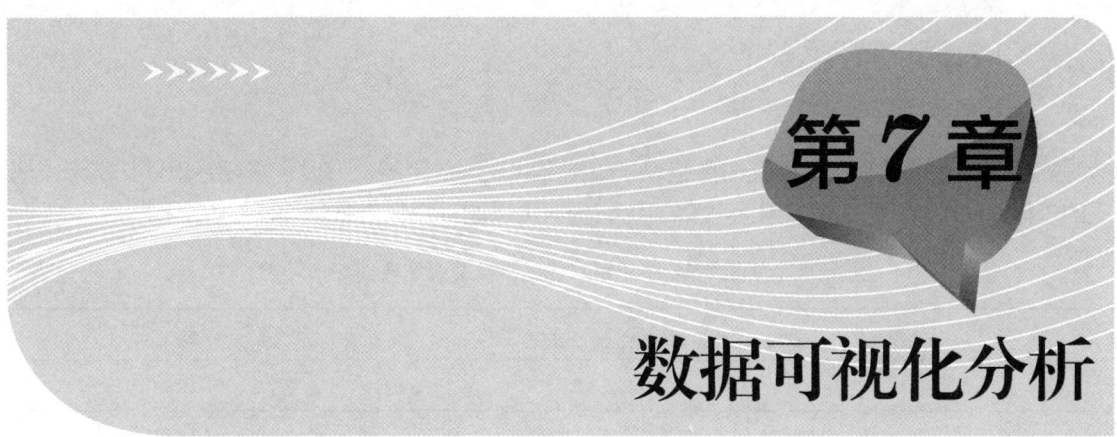

第7章 数据可视化分析

7.1 数据可视化概述

7.1.1 认识数据可视化

数据可视化是关于数据视觉表现形式的科学技术研究，它是一种利用图形、表格、动画等手段，将数据内在的规律直观地进行展现的方式。其中，这种数据的视觉表现形式被定义为一种以某种概要形式抽提出来的信息，包括相应信息单位的各种属性和变量。

数据可视化是一个处于不断演变之中的概念，其边界在不断地扩大。随着科技的进步，允许用户根据需要利用图形、图像处理技术，通过表达、建模，以及对立体、表面、属性及动画的显示，对数据加以可视化解释。

数据可视化与信息图形、信息可视化、科学可视化及统计图形密切相关。当前，数据可视化被广泛地应用于研究、教学和开发领域。"数据可视化"这一术语实现了成熟的科学可视化领域与较年轻的信息可视化领域的统一。

7.1.2 数据可视化的关键点和基本思想

数据可视化的关键在于借助图形化手段，清晰有效地传达数据背后的规律和数据分析的结论。这并不意味着数据可视化就一定因为要实现其功能和用途而被生搬硬套，或者为了表面的绚丽多彩而把简单的问题复杂化。为了有效地传达思想、理念，美学形式与功能需要齐头并进，通过直观地传达关键的内容与特征，从而实现对稀疏而复杂数据集的深入研究。需要特别注意的是，如果不能很好地把握设计与功能之间的平衡，从而创造出华而不实的数据可视化形式，则将无法达到其主要目的，也就是无法传达与沟通信息。

数据可视化技术的基本思想是，将数据库中每一个数据项作为单个图元元素表示，大量的数据集构成数据图像，同时将数据的各个属性值以多维数据的形式表示，可以从不同的维度观察数据,从而对数据进行更深入的观察和分析。

7.2 表格制作

在数据描述的过程中,不仅需要整理以数据形式表现的资料,有时也需要整理以文字形式表现的资料,如性别、职业、文化程度等。这些资料可以通过统计表来呈现,如表7-1所示。

表7-1 某平台女包风格类型统计表

风格分类	个数	比例
欧美时尚	2553	51.71%
日韩	1336	27.06%
时尚潮流	483	9.78%
甜美淑女	167	3.38%
复古	144	2.92%
卡通	70	1.42%
民族风	49	0.99%
商务/OL	49	0.99%
小清新	49	0.99%
学院	15	0.30%
运动	14	0.28%
摇滚	1	0.02%
其他	7	0.14%
合计	4937	100.00%

7.2.1 统计表格编制规则

编制统计表时必须注意的规则如下。
1)一张表一般只表达一个中心内容,不要求大求全。
2)统计表的标题应该简明、确切,概括地反映表的基本内容,放置于表的上方中央。
3)横表目是表的描述对象,一般放在表的左边;纵表目是表的描述内容,放在表的上边。
4)分类呈现明显的秩序性(学历、身高、年龄),需按照一定顺序排列。类呈现为平行关系(质地、部门、专业),根据个数指标从大到小排列,注意其他分类位于表格末尾。
5)数字一律用阿拉伯数字,无数字的用"—",缺失的用"…",数字为0记为0,数字位数对齐。
6)表中数字区不要插入文字,也不列备注。必要说明的内容用"*"号在表下方说明。
7)重点部分可以加粗(标题、表头、合计行)。

7.2.2 利用数据透视表制作统计表

例：某电商公司想进入女包市场，需要对某平台上的女包类目进行行业分析。通过数据爬虫，获取了"价格""月销量""累计评价"等数据资料（见"数据可视化"工作簿中的"女包"工作表），请根据工作表中的数据分析"风格"变量，制作合适的统计表。

下面利用数据透视表进行数据整理，从而制作统计表，其具体操作如下。

1）打开"数据可视化"工作簿，选择"女包"工作表，如图7-1所示。

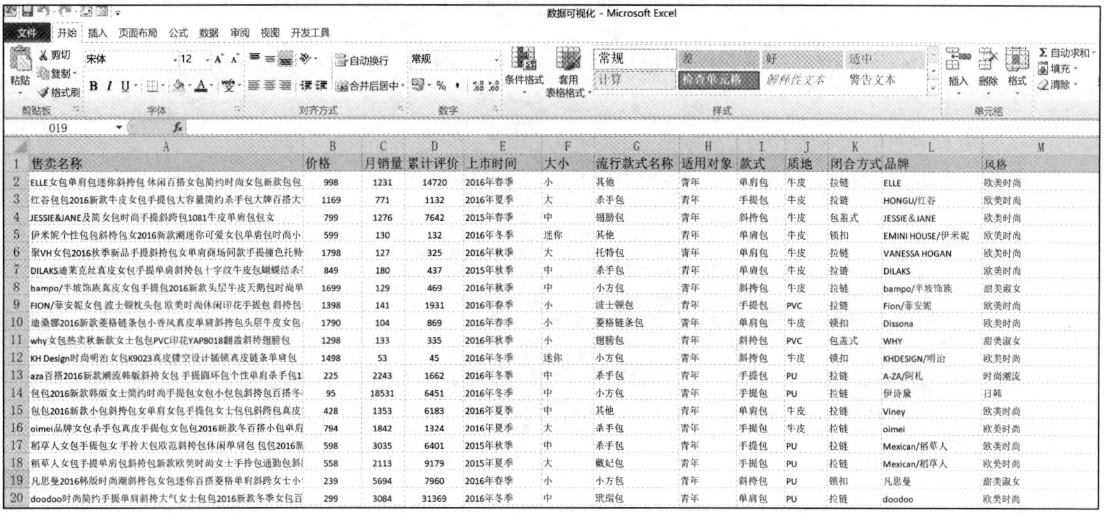

图7-1 "女包"工作表

2）单击"插入"选项卡中的"数据透视表"下拉按钮，选择"数据透视表"选项，如图7-2所示。打开"创建数据透视表"对话框，设置"表/区域"为数据区域"女包!$A$1:$M$4938"，"位置"为"女包!$O$1"，然后单击"确定"按钮，如图7-3所示。

3）在右侧弹出的"数据透视表字段列表"对话框中，单击"风格"字段并按住鼠标左键将其拖曳到"行标签"处，再将"风格"字段重复两次拖曳到"数据"处，如图7-4所示。

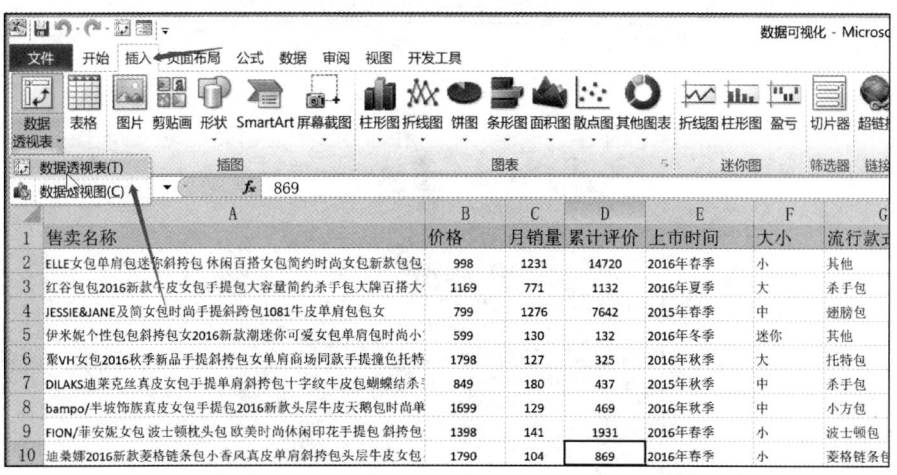

图7-2 变量（或数据）的基本分类

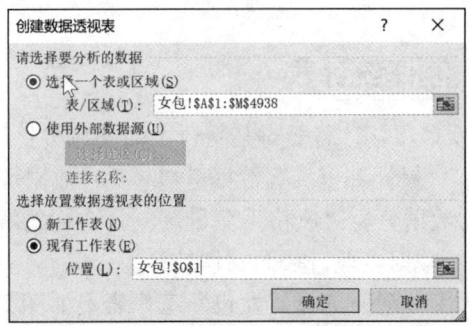

图 7-3 "创建数据透视表"对话框

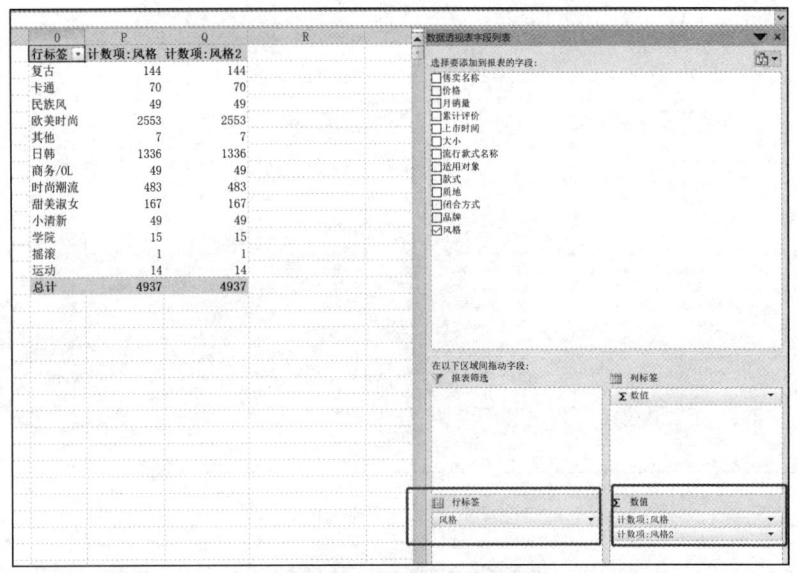

图 7-4 设置字段列表

4)计数项的汇总方式有多种形式,如"求和""最大值""平均值""方差"等;数据显示方式也有多种,如"普通""百分比""占同列数据总和的百分比""占总和的百分比"等,这些都可以根据需要进行选择。此处需要在第三列中计算各种风格占总数的百分比,右击第三列中的任意一个单元格,在弹出的快捷菜单中选择"值字段设置"命令,如图 7-5 所示。

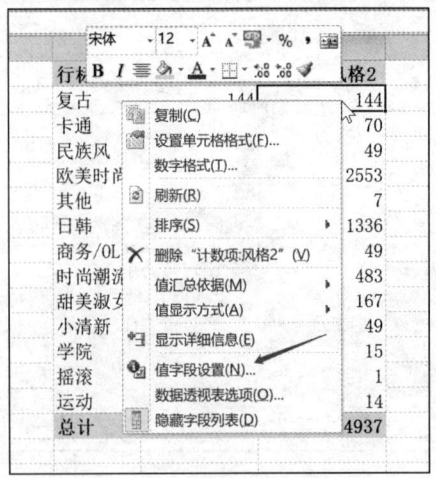

图 7-5 右键快捷菜单

5)打开"值字段设置"对话框,在"值显示方式"下拉列表中选择"全部汇总百分比"选项,单击"确定"按钮,如图 7-6 所示。

6)女包风格数据透视表如图 7-7 所示。可以发现行分类呈平行关系,所以需要将"计数项:风格"按照从大到小顺序排序,并将"其他"放置于表格最后。

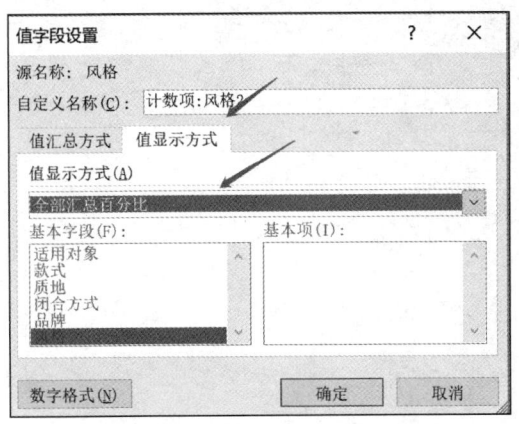

图 7-6 "值字段设置"对话框   图 7-7 女包风格数据透视表

复制数据区域"O1:Q14",右击 S1 单元格,在弹出的快捷菜单中选择"选择性粘贴"→"粘贴数值"→"值"命令。单击 T1 单元格,在"开始"选项卡中单击"排序和筛选"下拉按钮,选择"降序"选项,如图 7-8 所示。

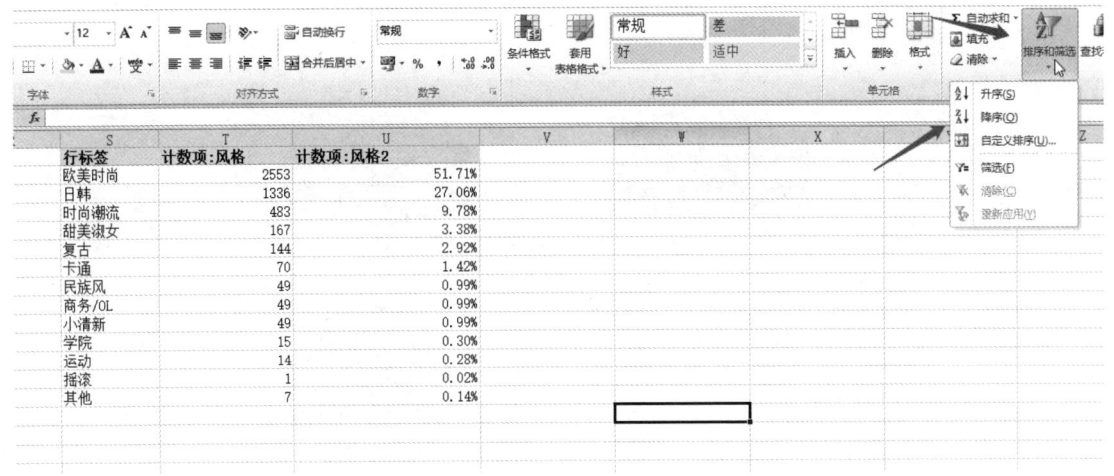

图 7-8 降序排序

7)根据生成的数据并结合统计表编制规则,制作女包风格类型统计表,如表 7-1 所示。

7.3 饼图制作

饼图是一种用圆内扇形的面积大小来反映统计分组数据的图形,主要用于反映总体内部的结构及其变化,对研究结构性问题比较有用。饼图通常只能用于一个数据系列。

93

如图 7-9 所示，饼图展示的是在某游戏中，最近一周 9 个职业使用热度（某一职业使用次数占总次数的比例）。可以看出，法师这个职业使用次数最多；最受嫌弃的职业是战士，占比只有不到 5%。

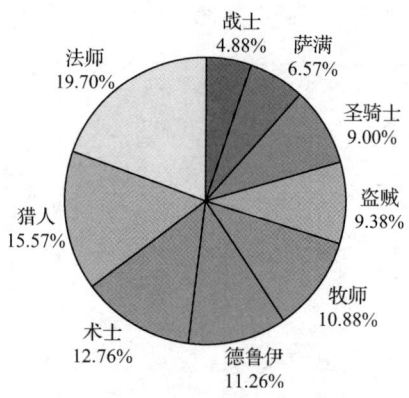

图 7-9 某游戏中职业分布饼图

7.3.1 饼图制作注意点

下面先看三组"丑图"，最后再做总结。重点从饼的块数和标签的标注来进行点评。

1. 一拍两散，貌合神离

当一个离散型变量只有两个取值的时候，无论在报告里还是在 PPT 里，都不建议画饼图，因为很容易画成图 7-10 所示的"丑样"。

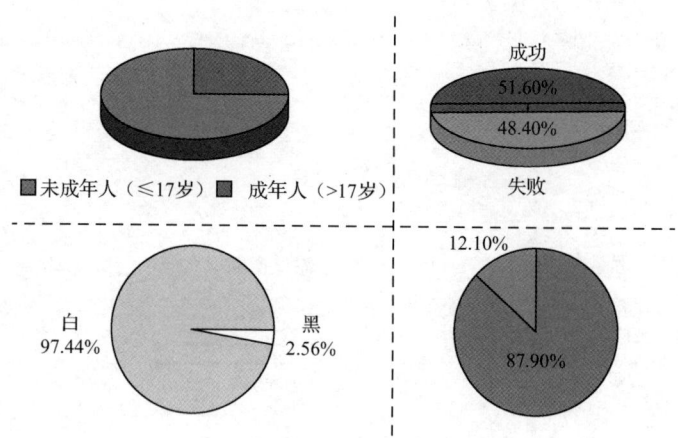

图 7-10 一组类别数较少的饼图示例

这些饼图之所以不好看，主要是因为变量只有两个取值，信息量太少。那怎么办？如果是在报告里，则建议直接写一句话。例如，对于图 7-10 右上角的饼图，可以写上"样本数据中，成功的比例为 51.6%"。如果非要画图做 PPT 展示，除非画图水平较高（见图 7-11），否则不建议这么做。

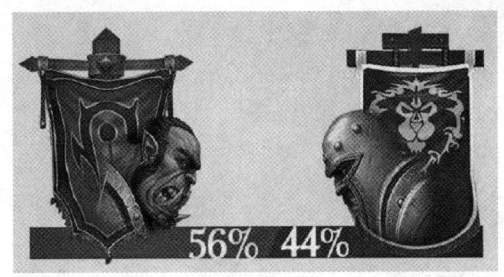

图 7-11　一组美观的数据展示示例

2. 群雄割据，丑绝人寰

对于变量取值特别多的一类饼图，除非这几个类别分布比较均匀，否则效果不太理想，甚至适得其反。制作饼图需要注意以下几点。

1）饼图的块数过多时，有两种改进办法：一种是将比例不到 5% 的归为一类，叫作"其他"。可以在饼图的下方进行注释或者在行文中提及"其他"包括什么。

2）饼图的标签单独标注在旁边的时候，读者对应起来很费劲，如图 7-12 所示的饼图。细心一点儿的读者还会发现：这个饼图分了 9 块，而右侧的标签只有 8 个（缺少 34.53% 的饼对应的标签）。

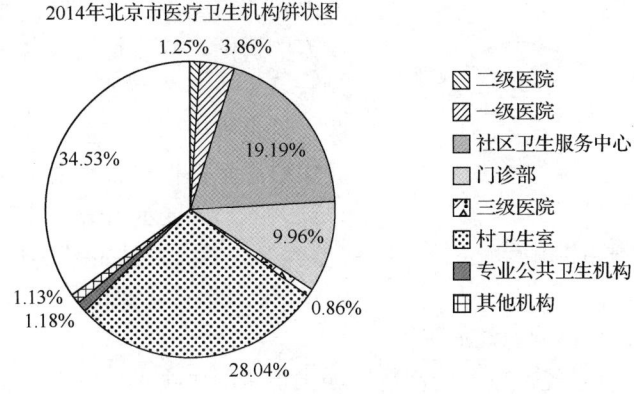

图 7-12　一组类别数较多的饼图示例

3）饼图的标签一般只标注百分比，很少标注频数或者两者都标注。因为同时标注频数和百分比，饼图会显得异常混乱。

下面针对图 7-12 所示的饼图进行改良，改良后的效果如图 7-13 所示。

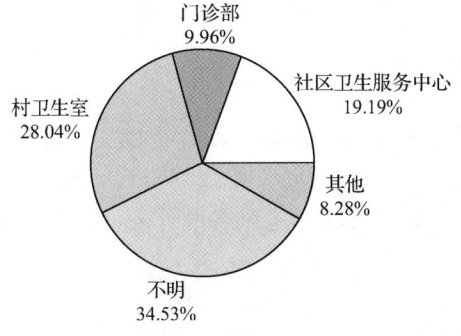

图 7-13　一个"改良"后的饼图

3. 不多不少，丑得正好

图 7-10 和图 7-12 所示的两组饼图所涉及的离散型变量取值要么太少，要么太多。如果一个离散型变量取值不多不少，则制作出来的饼图就一定美观吗？答案是否定的。请看图 7-14 所展示的这组饼图。

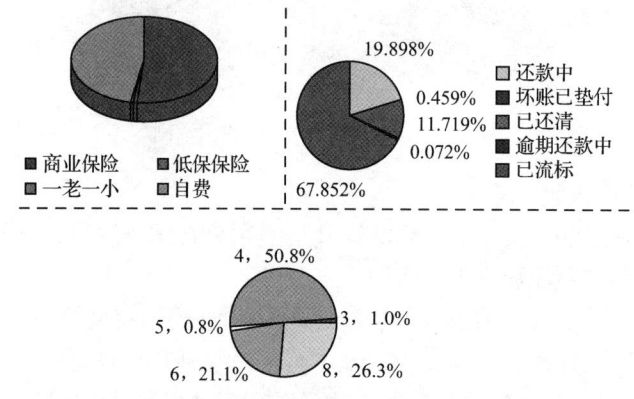

图 7-14　一组分布极不均匀的饼图示例

图 7-14 左上角的饼图，厚重感饱满，但未标注比例，标签也很难与饼图对应上。图 7-14 右上角的饼图，小数位数保留两位即可。图 7-14 下方的饼图，标签是"3、4、5、6、8"，跟比例融合在一起不分彼此。那有没有改良版的饼图呢？这里推出一款"整容神器"——复合饼图。其中心思想是把占比特别小的区块用另一个饼图以放大的形式展示出来。图 7-14 右上角的饼图经"整容"之后，效果如图 7-15 所示。这种效果是通过 Excel 制作出来的。

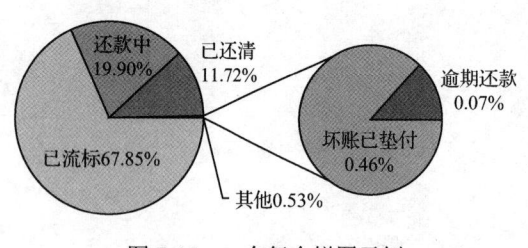

图 7-15　一个复合饼图示例

现对饼图的制作注意事项总结如下。

1）饼图的块数。这是经常碰到的问题，如果把饼图比喻成一块饼，那么一块饼到底多少人吃才合适呢？块数少了，每个人都容易吃撑；块数多了，大家都吃不饱。结论是不多不少。

2）饼图的标签。一个妥帖的做法是在饼图的旁边对应标注类别＋比例。还有一种常见的做法是只在饼图上标注比例，在旁边额外标注相应的类别。然而，第二种做法不是那么容易与饼图对应上，所以推荐第一种标注方法。

3）饼图的配色。建议面积大的区块用浅色，面积小的区块用深色。

7.3.2　利用 Excel 制作饼图

例：某电商公司想进入女包市场，需要对某平台上的女包类目进行行业分析。通过数据爬虫，获取了"价格""月销量""累计评价"等数据资料（见"数据可视化"工作簿中的"女包"工作表），请依据 7.2.2 节中完成的女包风格统计表，制作相关饼图以描述平台女包风格比例。

1. 制作常规饼图

1）打开"数据可视化"工作簿，选择"风格饼图"工作表。复制、粘贴 7.2.2 节中制作完成的表格至"风格饼图"工作表,并将小于5%的取值归类,重新制作表格,放置于E1:G7数据区域,如图7-16所示。

	A	B	C	D	E	F	G
1		某平台女包风格类型统计表				某平台女包风格类型统计表	
2	风格分类	个数	比例		风格分类	个数	比例
3	欧美时尚	2553	51.71%		欧美时尚	2553	51.71%
4	日韩	1336	27.06%		日韩	1336	27.06%
5	时尚潮流	483	9.78%		时尚潮流	483	9.78%
6	甜美淑女	167	3.38%		其他	565	11.44%
7	复古	144	2.92%		合计	4937	100.00%
8	卡通	70	1.42%				
9	民族风	49	0.99%				
10	商务/OL	49	0.99%				
11	小清新	49	0.99%				
12	学院	15	0.30%				
13	运动	14	0.28%				
14	摇滚	1	0.02%				
15	其他	7	0.14%				
16	合计	4937	100.00%				

图 7-16 优化表格用于饼图

2)单击"插入"选项卡中的"饼图"下拉按钮,选择"二维饼图"→"饼图"选项,如图7-17所示。

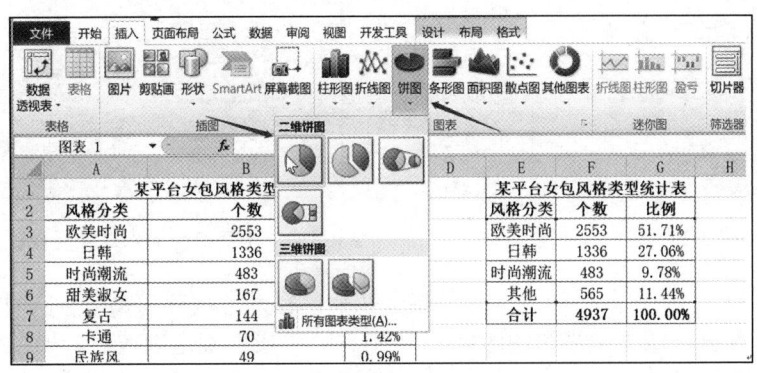

图 7-17 插入二维饼图

3)单击"设计"选项卡中的"选择数据"按钮,打开"选择数据源"对话框。设置"图表数据区域"为数据区域"风格饼图!$E$3: $F$6",单击"确定"按钮,如图7-18所示。

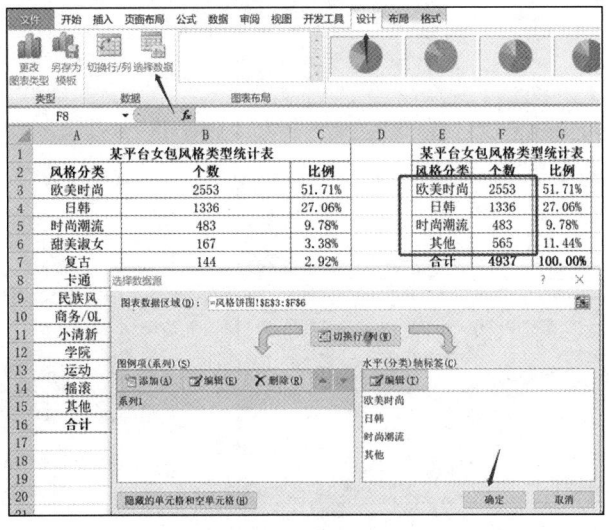

图 7-18 选择数据区域

4）在"设计"选项卡中，选择图表布局"布局6"和图表样式"样式2"，如图7-19所示。

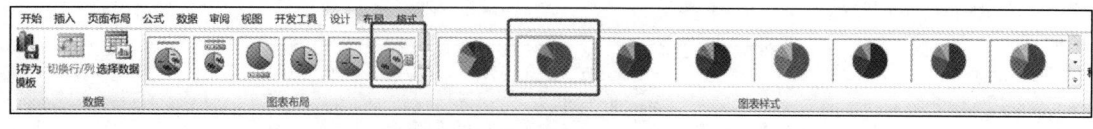

图7-19 设置布局和样式

5）将饼图标题设置为"某平台女包风格类型比例"，最终效果图如图7-20所示。

2. 制作复合型饼图

1）单击"插入"选项卡中的"饼图"下拉按钮，选择"二维饼图"→"复合饼图"选项，如图7-21所示。

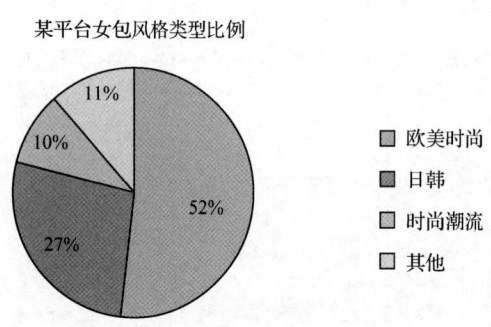

图7-20 最终效果图

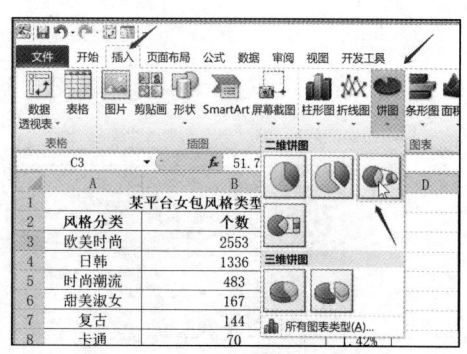

图7-21 插入二维复合饼图

2）单击"设计"选项卡中的"选择数据"按钮，打开"选择数据源"对话框。设置"图表数据区域"为数据区域"风格饼图!$A$3: $C$15"，单击"确定"按钮，如图7-22所示。在"设计"选项卡中选择图表布局"布局6"和图表样式"样式2"。

3）右击饼图，在弹出的快捷菜单中选择"设置数据系列格式"命令，如图7-23所示，打开"设置数据系列格式"对话框。

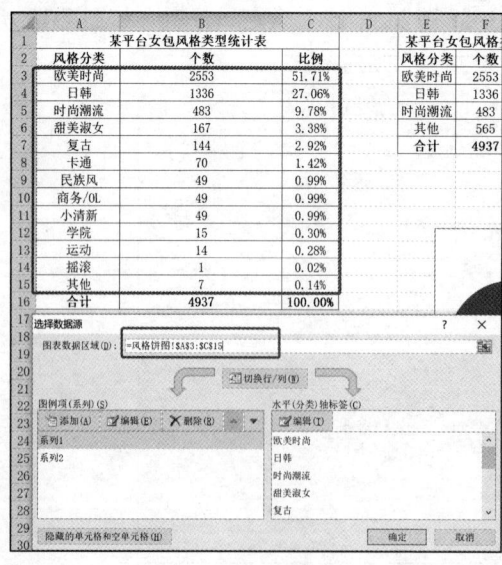

图7-22 选择数据源

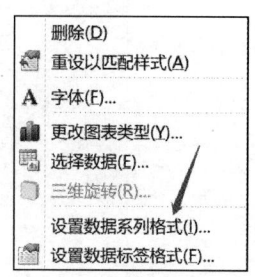

图7-23 选择数据系列格式

4）在"设置数据系列格式"对话框中，设置"第二绘图区包含最后一个"为"10"，单击"关闭"按钮，如图 7-24 所示。

5）右击饼图，在弹出的快捷菜单中选择"设置数据标签格式"命令，如图 7-25 所示，打开"设置数据标签格式"对话框。

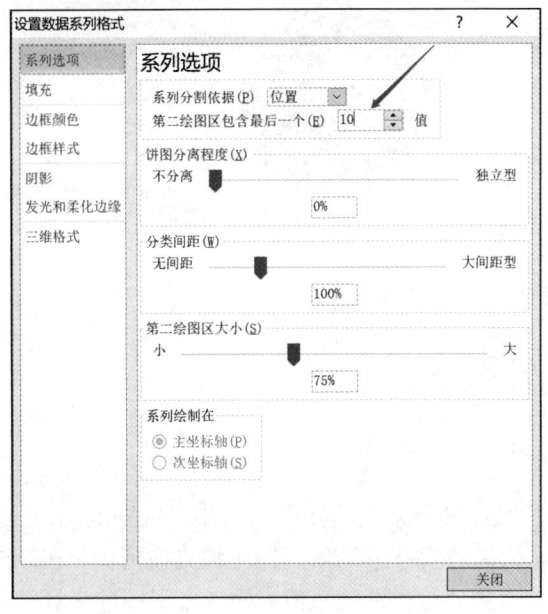
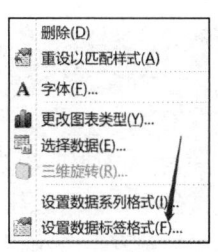

图 7-24 "设置数据系列格式"对话框　　　　图 7-25 选择数据标签格式

6）在"设置数据标签格式"对话框中，单击"数字"选项卡，将"类别"设置为"百分比"，"小数位数"设置为"1"，单击"关闭"按钮，如图 7-26 所示。

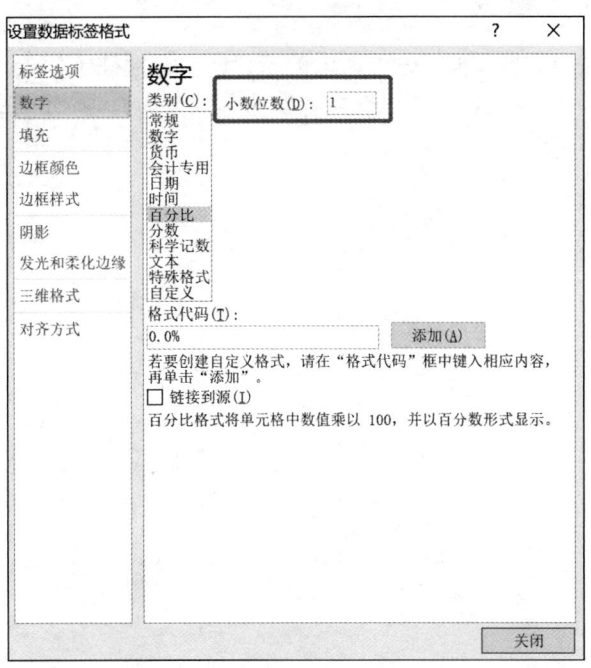

图 7-26 "设置数据标签格式"对话框

7）将复合型饼图标题设置为"某平台女包风格类型比例"，最终效果图如图 7-27 所示。

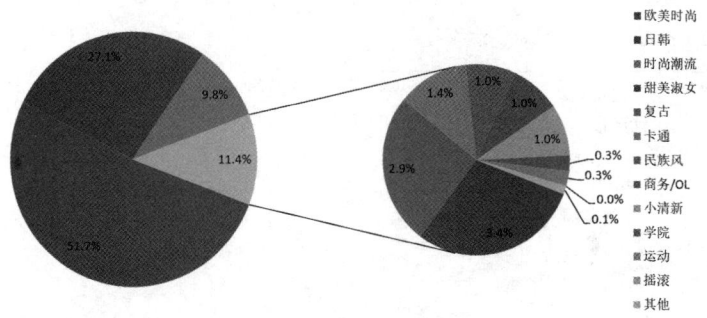

图 7-27　最终效果图

7.4　柱形图制作

柱形图是一种通过宽度相等的条形的长度差异来表达指标值大小及区别的图形。柱形图可以纵向放置条形，也可以横向放置条形，横向放置条形的条形图也称为条形图。在纵向柱形图中，通常水平轴表示分组类别，垂直轴表示各分组类别的数值。横向条形图的坐标轴表示则刚好同纵向柱形图的相反。

柱形图主要用于显示一段时间内数据的变化，或者显示统计分组后不同组之间的对比关系。

7.4.1　柱形图制作注意点

柱形图是针对离散型数据（如性别）所做的统计图。每根柱子代表一个类别（男性或者女性），柱子的高度是这个类别的频数（男性或者女性有多少人），有时也是百分比。某高校教师职称柱形图如图 7-28 所示。

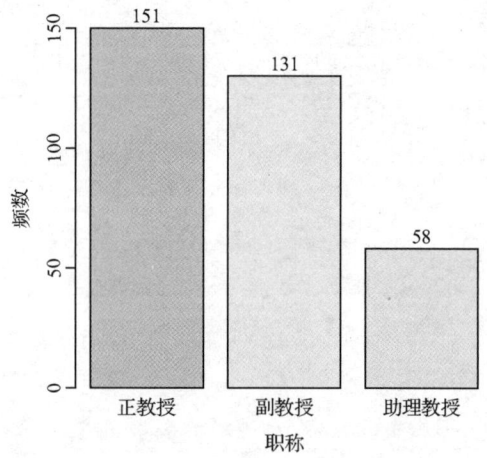

图 7-28　某高校教师职称柱形图

制作一个完整的统计图需注意以下事项。

1）图要有标题，标题一般在图的下方，标题要简洁明了。

2）报告中的统计图要有标号，横轴和纵轴要标注清楚。如图 7-28 所示，横轴为职称，纵轴为频数。如果有单位的话，则也需要注明单位。

3）图的标题、横轴、纵轴等的文字要统一且准确，切忌中英文混用。

4）图的比例要协调，宽度和高度要适宜。

5）图的内容要正确、简明，避免出现不必要的标签、背景等。

6）图的配色要协调，方便识别。

7）要有适当的评述，尤其是在报告里，这一点非常重要。例如，职称一共有 3 个水平（正教授、副教授和助理教授）。从图 7-28 可以看出，正教授的人数最多（151 人），其次是副教授（131 人），人数最少的是助理教授（58 人）。很多报告普遍存在的一个问题是，统计图单独摆在报告中，没有任何相关评述，这是非常糟糕的做法。要使统计图起到其应有的作用，必要的评论是要有的。统计图和评论结合起来，这样的报告更具说服力。

下面展示两组典型的问题柱形图，在学习和工作中要避免发生类似的错误。

图 7-29 为借款用户信用等级柱形图，此图存在的问题主要有以下几点。

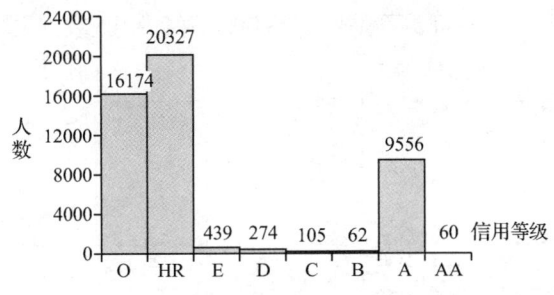

图 7-29 借款用户信用等级分布图

1）柱形排布问题——"远近高低各不同"。最高柱子对应的频数为 2 万多，最低柱子对应的频数才为 60。有两个解决办法：一是将频数特别少的归为其他，然后将柱子按照从高到低的顺序排列（这个技巧很实用，能让柱形图美观很多）；二是只画具有可比性的 3 个信用等级，然后用文字说明一下其他等级的频数特别少。

2）美观问题。相邻柱子之间需要留出空隙，方便辨识。横坐标"信用等级"的位置不妥，调整到横轴下方中间位置。

3）图的标题存在问题。这里错误地称之为"分布图"（分布图与柱形图是有区别的，不能混淆）。

针对以上问题，对图 7-29 所示的柱形图进行改进，"整容"后的效果如图 7-30 所示。

图 7-31 所示柱形图展示了调查问卷中被调查者的一些基本情况，这不算是一个"丑图"，放在这里是因为有 3 点需要强调。

1）图的标题。一般而言，柱子竖向放置的称为柱形图；柱子横向放置的称为条形图。柱形图和条形图没有本质上的区别，只是展示方式不同。所以这里称之为柱形图更加贴切。

2）柱子的排列。前文已提到，按照柱子从高到低排序，柱形图更加美观，但不是所有情况都以此为标准。注意：本例中是按照类别的顺序排列的（如年级按照从大一到硕士的顺序排列），这也是排列柱子的一种方式。

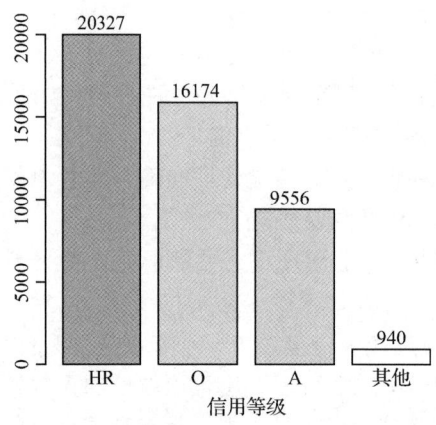

图 7-30　借款用户信用等级柱形图

3）柱子的数量。图 7-31 右上角的柱形图只有两个柱子。前文提到，柱形图的柱子数太多不美观。这里需要说明的是，柱子数太少了，柱形图也不美观。柱子的数量应适当，信息量太多或者太少都不妥当。对于图 7-31 右上角这个柱形图，一种处理方式是用文字说明男生多少人、女生多少人（或者占比）即可。不是所有的数据描述都要通过画图来完成。

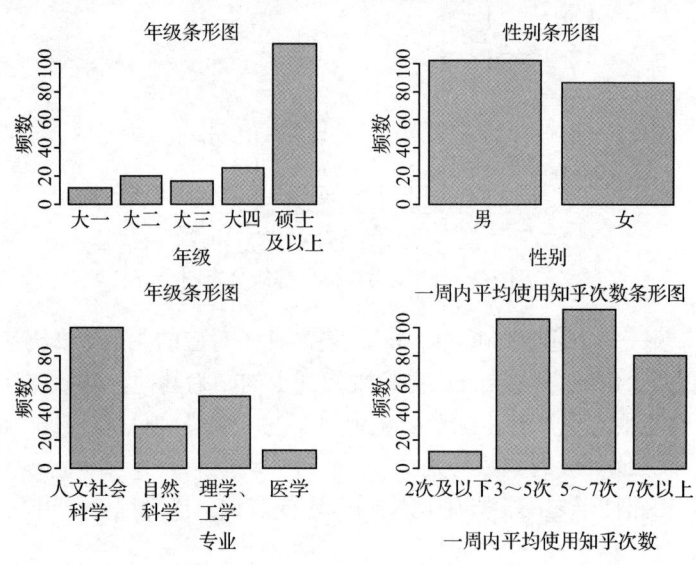

图 7-31　问卷条形统计图

7.4.2　利用 Excel 制作柱形图

例：某电商公司想进入女包市场，需要对某平台上的女包类目进行行业分析。通过数据爬虫，获取了"价格""月销量""累计评价"等数据资料（见"数据可视化"工作簿中的"女包"工作表），请分析不同款式女包的平均售价，并采用柱形图描述。

下面利用数据透视表进行数据整理，从而制作柱形图，其具体操作如下。

1）打开"数据可视化"工作簿，选择"价格柱形图"工作表。单击"插入"选项卡中的"数据透视表"按钮，打开"创建数据透视表"对话框。设置"表/区域"为数据区域"女包!$A$1:$M$4938", "位置"为 "价格柱形图!$A$1",然后单击"确定"按钮,如图 7-32 所示。

2)在右侧弹出的"数据透视表字段列表"对话框中,单击"款式"并按住鼠标左键将其拖曳到"行标签"处,再将"价格"字段拖曳到"数据"处,如图 7-33 所示。

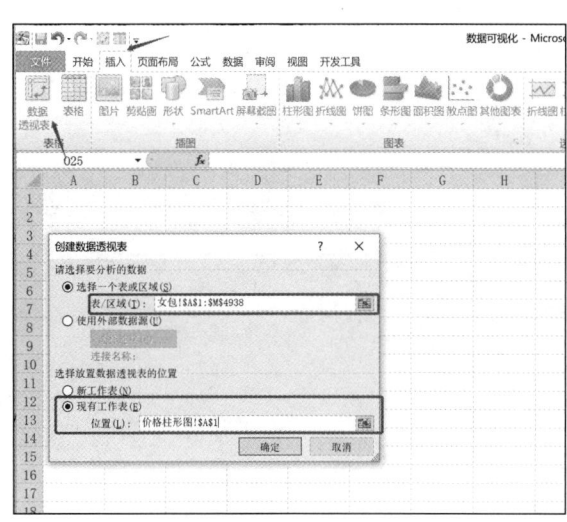

图 7-32 "创建数据透视表"对话框

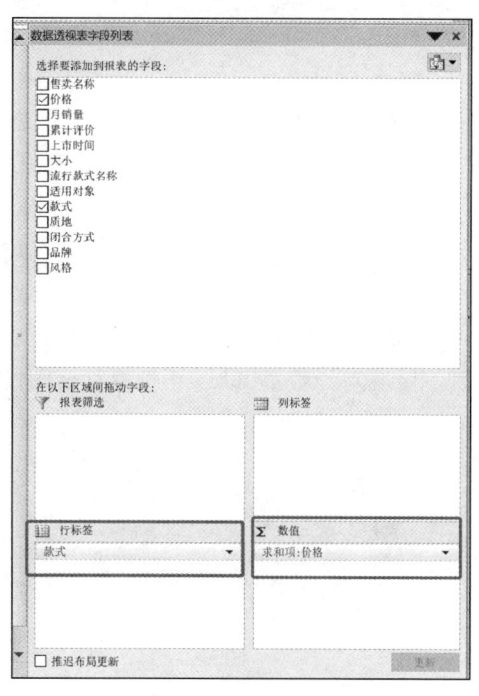

图 7-33 设置字段列表

3)右击第二列中的任意一个单元格,在弹出的快捷菜单中选择"值汇总依据"→"平均值"选项,如图 7-34 所示。

4)不同款式女包均价数据透视表如图 7-35 所示。可以发现,行分类呈平行关系,所以需要对"平均值项:价格"按从大到小顺序进行排序。

图 7-34 计算不同款式平均价格

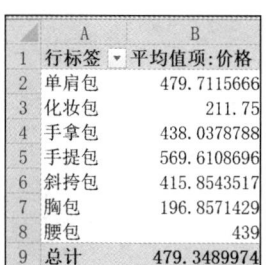

图 7-35 不同款式女包均价数据透视表

复制数据区域"A1:B8",右击 D1 单元格,在弹出的快捷菜单中选择"选择性粘贴"→"粘贴数值"→"值"命令。单击 E1 单元格,在"开始"选项卡中单击"排序和筛选"下拉按钮,选择"降序"选项,如图 7-36 所示。

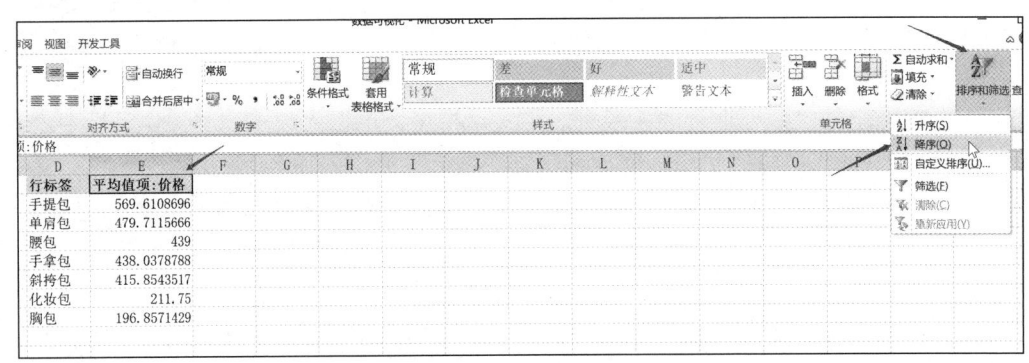

图 7-36　降序排序

5）单击"插入"选项卡中的"柱形图"下拉按钮，选择"二维柱形图"→"簇状柱形图"选项，如图 7-37 所示。

6）单击"设计"选项卡中的"选择数据"按钮，打开"选择数据源"对话框。设置"图表数据区域"为数据区域"=价格柱形图!$D$2:$E$8"，单击"确定"按钮，如图 7-38 所示。

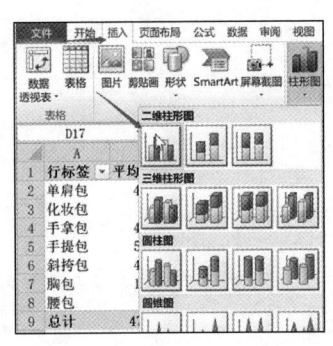

图 7-37　插入二维柱形图

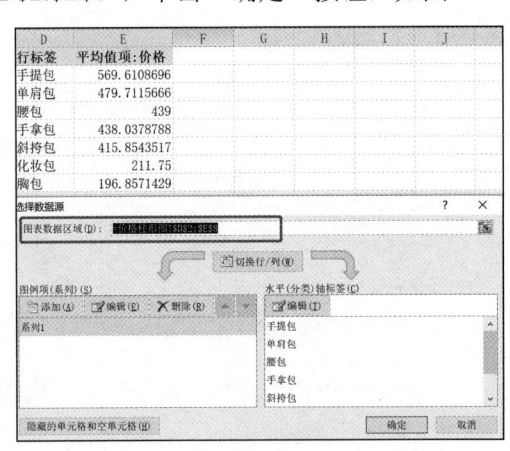

图 7-38　选择数据区域

7）在"设计"选项卡中选择图表布局"布局 6"和图表样式"样式 2"，如图 7-39 所示。

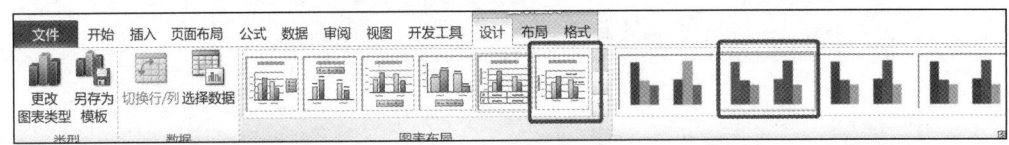

图 7-39　设置布局和样式

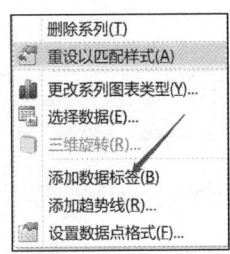

图 7-40　添加数据标签

8）右击柱状图，在弹出的快捷菜单中选择"添加数据标签"命令，如图 7-40 所示。

9）右击数值，在弹出的快捷菜单中选择"设置数据标签格式"命令，如图 7-41 所示，打开"设置数据标签格式"对话框。

10）在"设置数据标签格式"对话框中，单击"数字"选项卡，将"类别"设置为"数字"，"小数位数"设置为"0"，单击"关闭"按钮，如图 7-42 所示。

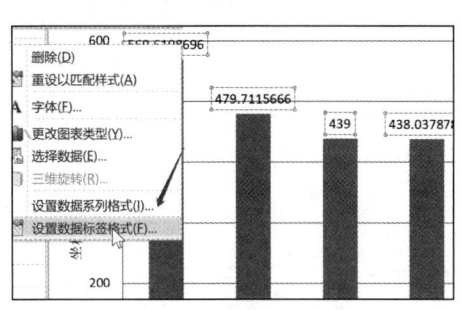
图 7-41 选择数据标签格式

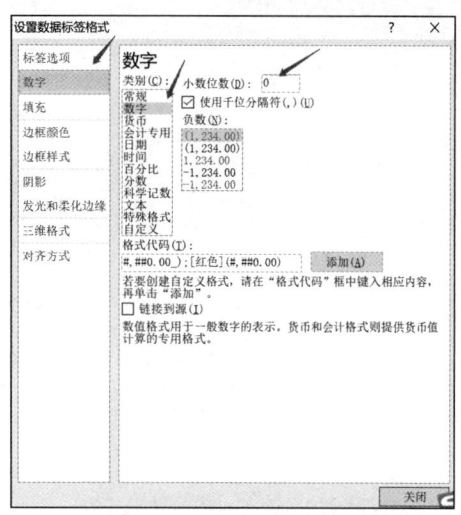
图 7-42 "设置数据标签格式"对话框

11）将柱形图标题设置为"某平台女包不同款式平均售价"，将坐标轴标题设置为"价格"，最终效果图如图 7-43 所示。

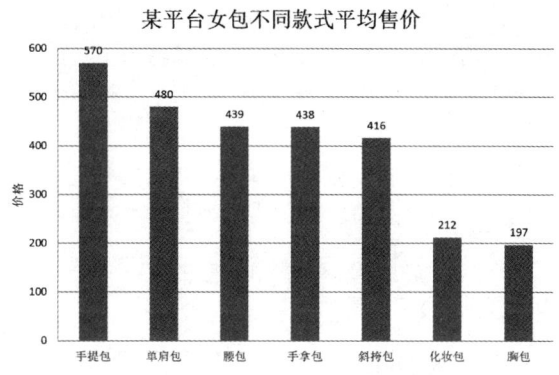
图 7-43 最终效果图

7.5 雷达图制作

雷达图看起来像蜘蛛网，通过评价某一系统的各要素构成坐标轴，再由各要素之间的数值构成环绕的网，就形成了雷达图。雷达图主要用来评估某个事件某种功能的综合水平，也可对两个事件就相同属性做比较，被广泛用在各个领域，特别适用于显示客户偏好及客户忠诚度。

7.5.1 雷达图制作注意点

在制作雷达图时应注意以下问题。
1）进行评价的各项目间应为同样的事物。
2）若使用雷达图对几个项目进行比较，则需对这些项目加以区分。
3）使用雷达图时需注意各指标数据区域的范围。

图 7-44 展示的是错误的雷达图,在评价学生能力的时候,将"综合素质"与"德、智、体"进行了平行比较。

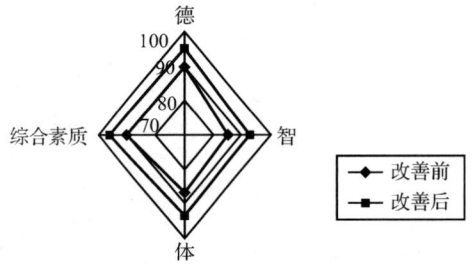

图 7-44 某高校普查结果雷达图(错误示例)

7.5.2 利用 Excel 制作雷达图

例:某电商公司想进行客户分析,通过后台随机提取了两位客户的数据(见"数据可视化"工作簿中的"客户忠诚度雷达图"工作表),请制作雷达图对客户忠诚度进行分析。

1)打开"数据可视化"工作簿,选择"客户忠诚度雷达图"工作表。"改良"表格用于后续雷达图制作,将数据"单位"迁移至"表头"部位,并将"平均停留时间"的单位"秒"转换成"分",将新表格放置于数据区域 A6:E8,如图 7-45 所示。

	A	B	C	D	E
1		访问频率	最近访问时间	平均停留时间	平均访问页面
2	客户1	2次	15天前	150秒	3页
3	客户2	8次	2天前	120秒	5页
4					
5					
6		访问频率(次)	最近访问时间(天前)	平均停留时间(分)	平均访问页面(页)
7	客户1	2	15	2.5	3
8	客户2	8	2	2	5

图 7-45 "改良"表格

2)单击"插入"选项卡中的"其他图表"下拉按钮,选择"雷达图"选项,如图 7-46 所示。

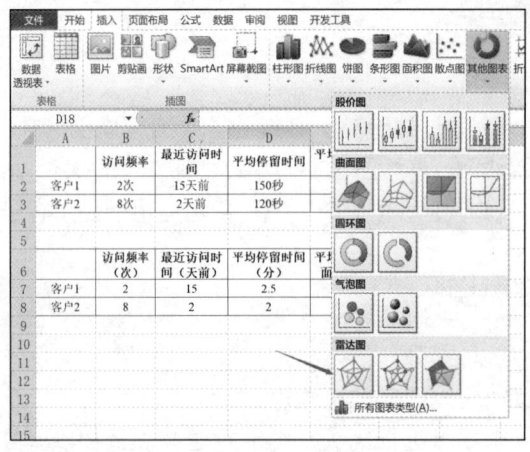

图 7-46 插入雷达图

3)单击"设计"选项卡中的"选择数据"按钮,打开"选择数据源"对话框。设置"图表数据区域"为数据区域"=客户忠诚度雷达图!$A$6:$E$8",单击"确定"按钮,如图 7-47 所示。

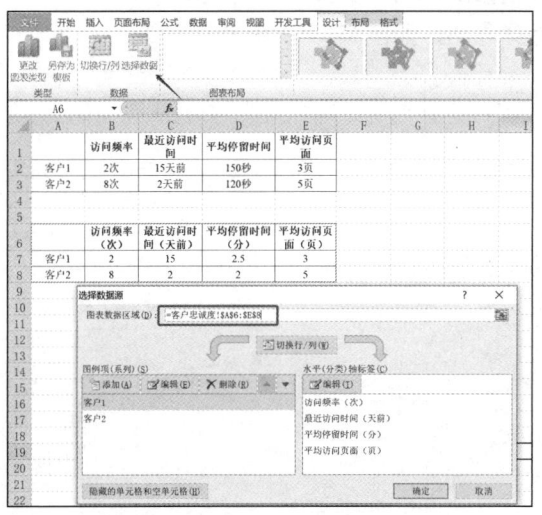

图 7-47　选择数据区域

最终效果图如图 7-48 所示。

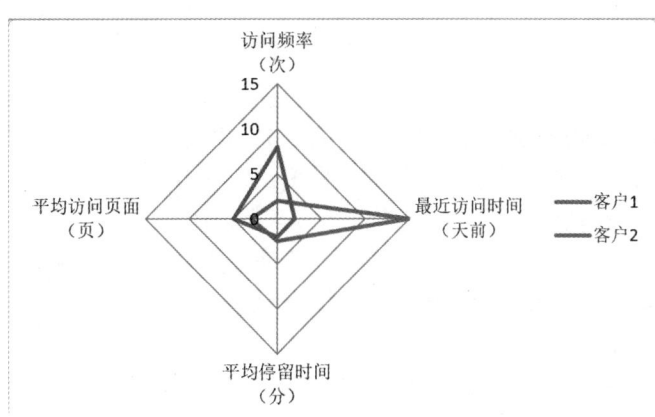

图 7-48　最终效果图

7.6　直方图制作

直方图是各条形之间没有间距的柱形图。直方图用条形的宽度和高度来表示统计分组数据,是以组距(宽度)为底边,以落入各组的数据频数(高度)为依据,由按比例构成的若干矩形排列而成的图。直方图主要用于表示分组数据的频数分布特征,是分析总数数据分布特征较有用的工具之一。

柱形图和直方图的区别:柱形图的各矩形高度表示分组类别的频数多少,宽度是固定的;而直方图的各矩形高度表示该组距内的频数,宽度则表示组距。

7.6.1　直方图制作注意点

直方图是针对连续型变量所做的统计图。作者随机生成了 1000 个来自标准正态分布的随机数，并据此制作了一组直方图，如图 7-49 所示。

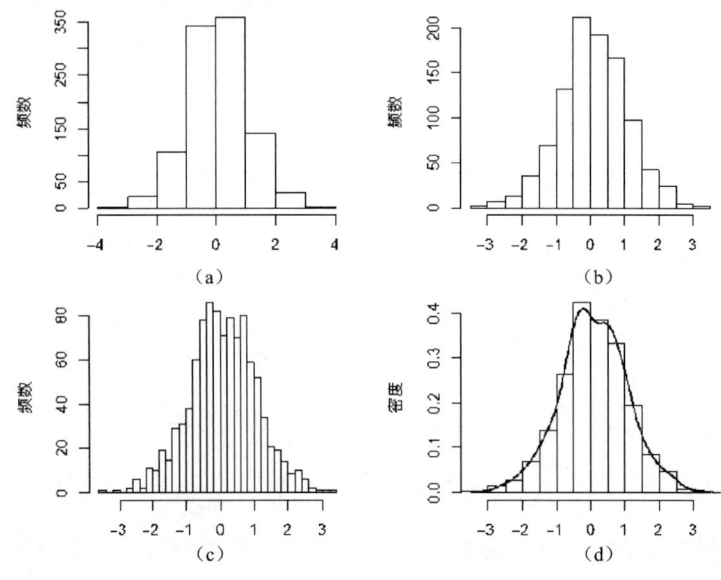

图 7-49　一组直方图示例

直方图的横轴是实数轴，被分成了许多连续的区间。这些区间既可以是等距的，也可以是不等距的；既可以是左开右闭的，也可以是左闭右开的。直方图的纵轴有两种处理方式：一是代表频数，如图 7-49（a）～（c）所示；二是代表密度，如图 7-49（d）所示。图 7-49（a）～（c）这 3 个图的共同点是，纵轴代表频数，即落在相应区间内的样本数；这 3 个图的不同点是，区间的宽度不一样，从图 7-49（a）到图 7-49（c），区间越来越"窄"，数据的分布形态也被展示得越来越"细"。一般认为，图 7-49（b）是看着比较舒服的。图 7-49（d）这个图的纵轴是密度（不是频数），图中曲线是用非参数方法估计的概率密度曲线。实际上，直方图是一种非参数方法。图 7-49（d）所示直方图在学术论文中使用较多，偏向应用的报告更多地使用纵轴是频数的直方图。

直方图最大的用处是观察数据分布的形态，了解数据的取值范围。数据分布形态主要分为对称、右偏和左偏 3 种。下面来看另外一组直方图（见图 7-50）。

图 7-50（a）～（c）分别是对称分布、右偏分布和左偏分布的形态。对称的形态比较容易判断，但有人经常分不清右偏和左偏。一个简单的判断方法是直方图的"尾巴"在哪里，就是往哪里偏。例如，人们常说的二八定律，即绝大多数客户带来的收入（利润）都很低，只有少数客户做出了巨大贡献。如果数据服从这种规律，那么直方图应该是右偏的，因为大量的样本集中在左边（原点附近），代表低价值客户；而少数样本集中在右边，代表高价值客户。

在运用直方图时需要注意以下两点。

1）当获取数据之后，往往需要根据连续型变量画直方图，并查看其分布形态，这是正确的做法。不是每个直方图都适合放在报告或者 PPT 中，因为有的直方图并不美观，如图 7-51 所示。这个直方图不美观，主要原因是数据分布不集中。在数据分析的初始阶段，可以做各种画图尝试。但是在报告阶段，要选择美观的、有展现力的图来汇报，并且通过图传达的内容要有意义。

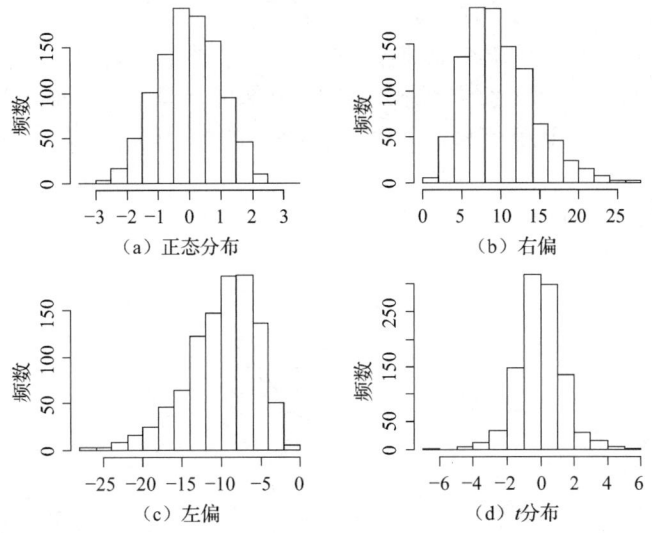

图 7-50　一组不同分布形态的直方图示例

2）看直方图是否有效传递了信息，同时想一想是否有其他展现手段，否则后果将如图 7-52 所示。图 7-52 展示的是 4 类用户的微博被转发数的直方图。4 个直方图在一个图中展示，颜色互相覆盖，不能准确传递任何有效信息。一个可行的解决办法是做一个统计表，比较 4 类用户的微博被转发数的各种统计量（最值、均值、分位数、标准差等），效果会好很多。所以，要学会用有效的手段展示数据，画图不是唯一选择，做统计表或者文字陈述也是可行的。

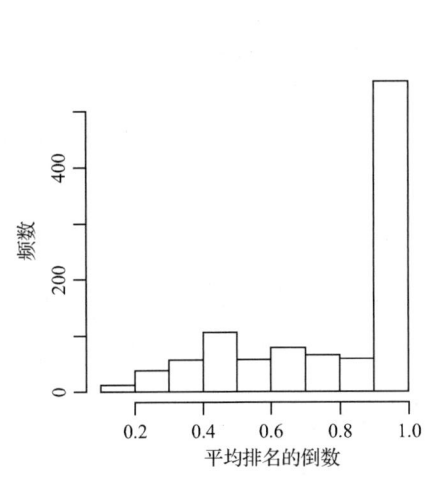

图 7-51　一个并不美观的直方图示例

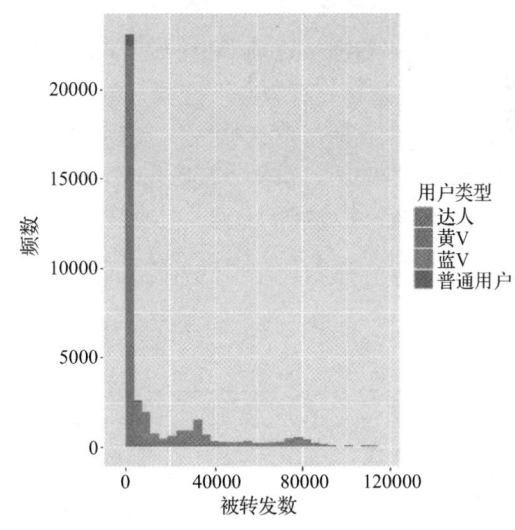

图 7-52　一个信息传递无效的直方图示例

7.6.2　利用 Excel 制作直方图

例：某电商公司想进入女包市场，需要对某平台上的女包类目进行行业分析。通过数据爬虫，获取了"价格""月销量""累计评价"等数据资料（见"数据可视化"工作簿中的"女包"工作表），请制作直方图分析宝贝价格分布情况。

1）打开"数据可视化"工作簿，选定"价格直方图"工作表。

2）定义接收区域。在工作表空白处按升序输入一列数据，这列数据被定义为接收区域。图 7-53 显示了定义的分组接收区域数据，其中 200 表示小于等于 200 的数据，400 表示大于 200 小于等于 400 的数据，以此类推，其他的数据将被列入其他分类。

3）加载"数据分析"模块。先按 Alt+T 组合键，松开后再单独按下 I 键，出现图 7-54 所示"加载宏"对话框，选中"分析工具库"复选框和"分析工具库-VBA"复选框，单击"确定"按钮。

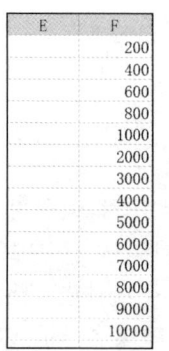

图 7-53 定义接收区域

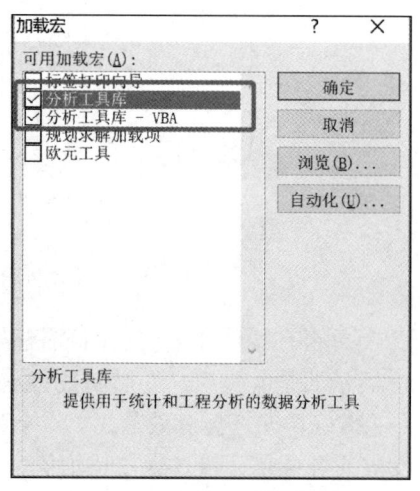

图 7-54 加载"数据分析"模块

4）单击"数据"选项卡中的"数据分析"按钮，打开"数据分析"对话框，在"分析工具"列表框中选择"直方图"选项，单击"确定"按钮，如图 7-55 所示。

5）在"直方图"对话框中，单击"输入区域"右边的折叠按钮，在工作表中选择数据区域"$B$2:$B$4938"，单击"接收区域"右边的折叠按钮，选择数据区域"$F$1:$F$14"，然后在"输出选项"中选择单元格 "$H$1"，选中"图表输出"复选框，最后单击"确定"按钮，如图 7-56 所示。

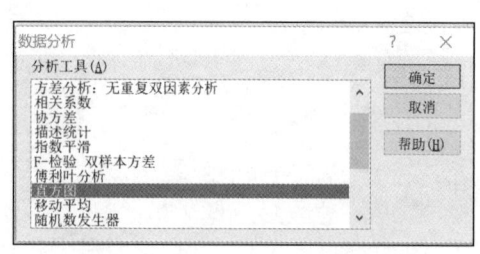

图 7-55 选择"直方图"选项

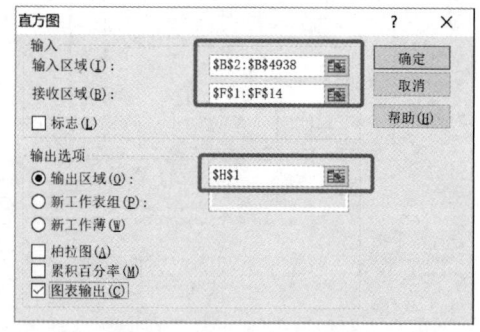

图 7-56 设置"直方图"参数

6）右击直方图的柱子，在弹出的快捷菜单中选择"设置数据系列格式"命令，打开"设置数据系列格式"对话框，选择"系列选项"选项卡，将"分类间距"设置为"0%"，如图7-57所示。

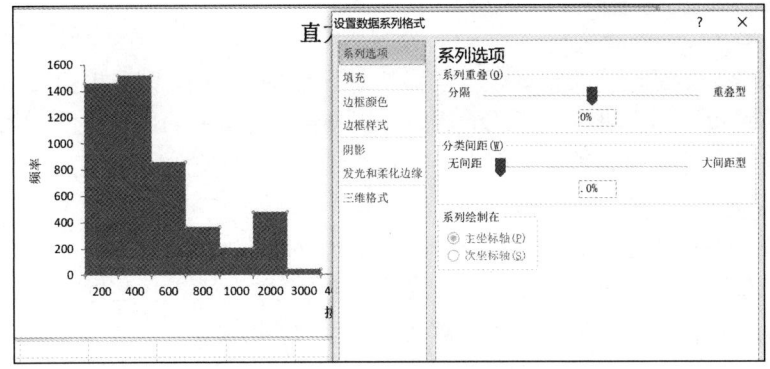

图 7-57　设置分类间距

7）在"设置数据点格式"对话框中选择"边框颜色"选项卡，选中"实线"单选按钮，将"颜色"设置为"黑色"，单击"关闭"按钮，如图 7-58 所示。

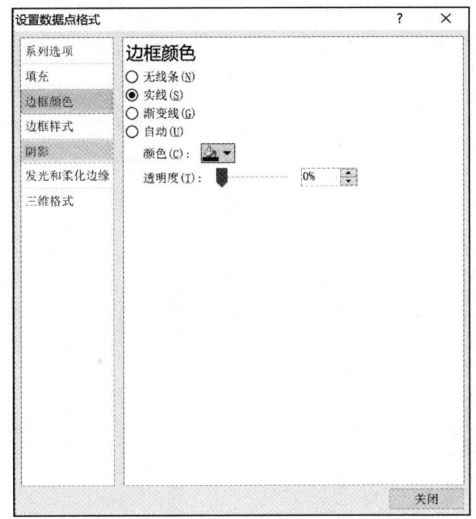

图 7-58　设置边框颜色

8）修改直方图标题及坐标轴名称，最终效果图如图 7-59 所示。

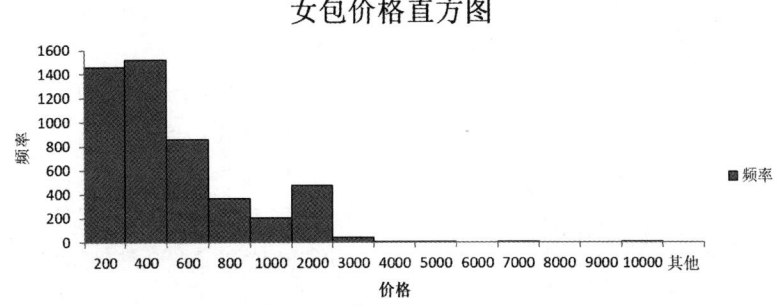

图 7-59　最终效果图

7.7 动态图制作

动态图是图表分析的较高级形式,一旦从静态图跨入动态图,则分析的效率和效果都会进入另一个境界,可以让用户进行交互式的比较分析。商业杂志上的图都是静态图,现在在线杂志则经常提供交互式图。作为数据分析人士,要想制作一个优秀的分析模型,动态图这个元素必不可少。

动态图能够变动的根本原因在于:使用函数作为数据源,在函数的某个参数发生改变的时候,函数的返回值随即发生改变,引用该函数返回值作为数据源的图也随即变动,这样的图就是一种最基本的动态图。接下来我们来讲解两种形式的动态图。

7.7.1 利用函数控件实现品牌月度动态趋势分析

例:"动态图制作"工作簿中的"品牌月度趋势"工作表展示了某手机网店 2017 年全年不同品牌的月销售额情况,请制作动态图描述不同品牌月销售额情况。

1. 方法一

1)打开"动态图制作"工作簿,选择"品牌月度趋势"工作表,如图 7-60 所示。

	A	B	C	D	E	F	G	H	I	J	K	L	M	N
1	近12个月的销售变化													
2	品牌	2017年1月	2017年2月	2017年3月	2017年4月	2017年5月	2017年6月	2017年7月	2017年8月	2017年9月	2017年10月	2017年11月	2017年12月	
3	Samsung/三星	56738	31819	56175	56392	71794	112052	76417	89703	74887	57778	67576	53775	
4	Nokia/诺基亚	45933	31816	48091	45106	68596	84063	77690	71233	63524	54540	60901	51038	
5	Daxian/大显	91414	42613	68500	80398	87629	77005	112069	91423	74338	67700	75801	80542	
6	Lenovo/联想	49907	33451	46467	42973	55459	72833	75003	81962	60915	49858	56191	55412	
7	Huawei/华为	47561	40869	69743	42626	46794	60389	61700	82872	71975	68517	76378	62167	
8	Apple/苹果	4990	2769	6003	7419	41796	11972	6885	8430	7363	8405	7850		
9	ZTE/中兴	37165	22320	29326	32239	33665	41134	43402	44457	38287	33367	27508	27423	
10	MIUI/小米	28544	15021	27617	13563	39303	41063	34840	52176	43758	64025	124089	82558	
11	K-Touch/天语	47873	32960	42382	32912	30189	29903	33152	40135	26975	19773	17219	19460	
12	HTC	16504	9365	13670	13694	14965	16272	17236	17875	13314	12696	13031	8289	
13	Coolpad/酷派	11240	6639	12961	14966	19780	15965	15782	18629	19325	14725	17657	27710	
14	Meizu/魅族	1967	4529	6775	5610	6912	12565	7677	10723	19773	15742	17874	11682	
15	Motorola/摩托罗拉	15927	10659	13508	8712	7927	6519							
16	TOOKY/京崎	9727	7249	12570	7383	6720	5945							
17	SONY/索尼	3199	2539	3815	3846	4800	5742							
18	YAS	5181	2881	4072	3711	3061	5024	5573	5765	5244	3681	3559	3153	
19	Changhong/长虹	5879	4182	5850	4404	4392	4699	6392	7886	6230	5339	5764	4596	
20	Yusun/语信	5720	2274	2357	9908	3326	4267							

图 7-60 品牌月度趋势数据

图 7-61 设置数据有效性

2)选择 A22 单元格,填充黄色。单击"数据"选项卡中的"数据有效性"下拉按钮,选择"数据有效性"选项,打开"数据有效性"对话框。单击"设置"选项卡,在"允许"下拉列表中选择"序列"选项,单击"来源"右边的折叠按钮,在工作表中选择数据区域"=$A$3:$A$20",最后单击"确定"按钮,如图 7-61 所示。

3)选择 B22 单元格,在编辑栏内输入公式"=VLOOKUP($A22,$A$2:$M$20,COLUMN(B2),0)",如图 7-62 所示。

图 7-62　查找函数

知识点：COLUMN()函数的语法规则

COLUMN()函数的语法规则如下。

COLUMN(reference)

COLUMN()函数参数及说明如表 7-2 所示。

表 7-2　COLUMN()函数参数及说明

参数	简单说明
reference	需要得到其列标的单元格或单元格区域

4）将鼠标指针放在单元格 B22 的右下角，出现 "+" 形状时按住鼠标左键不放向右拖曳，将公式复制到需要计算的各单元格，如图 7-63 所示。

	A	B	C	D	E	F	G	H	I	J	K	L	M
1	近12月的销售变化												
2	品牌	2017年1月	2017年2月	2017年3月	2017年4月	2017年5月	2017年6月	2017年7月	2017年8月	2017年9月	2017年10月	2017年11月	2017年12月
6	Lenovo/联想	49907	33451	46467	42973	55459	72833	75003	81962	60915	49858	56191	55412
7	Huawei/华为	47561	40869	69743	42626	46794	60389	61700	82872	71975	68517	76378	62167
8	Apple/苹果	4990	2769	6003	7419	7806	41796	11972	6885	8430	7363	8405	7850
9	ZTE/中兴	37165	22320	29326	32239	33665	41134	43402	44457	38287	33367	27508	27423
10	MIUI/小米	28544	15021	27617	13563	39303	41063	34840	52176	43758	64025	124089	82558
11	K-Touch/天语	47873	32960	42382	32912	30189	29903	33152	40135	26975	19773	17219	19460
12	HTC	16504	9365	13670	13694	14965	16272	17236	17875	13314	12696	13031	8289
13	Coolpad/酷派	11240	6639	12961	14966	19780	15965	15782	18629	19325	14725	17657	27710
14	Meizu/魅族	1967	4529	6775	5610	6912	12565	7677	10723	19773	15742	17874	11682
15	Motorola/摩托罗拉	15927	10659	13508	8712	7927	6519						
16	TOOKY/京崎	9727	7249	12570	7383	6720	5945						
17	SONY/索尼	3199	2539	3815	3846	4800	5742						
18	YAS	5181	2881	4072	3711	3061	5024	5573	5765	5244	3681	3559	3153
19	Changhong/长虹	5879	4182	5850	4404	4392	4699	6392	7886	6230	5339	5764	4596
20	Yusun/语信	5720	2274	2357	9908	3326	4267						
21													
22	Changhong/长虹	5879	4182	5850	4404	4392	4699	6392	7886	6230	5339	5764	4596

图 7-63　填充数据

5）单击"插入"选项卡中的"折线图"下拉按钮，选择"二维折线图"→"折线图"选项，如图 7-64 所示。

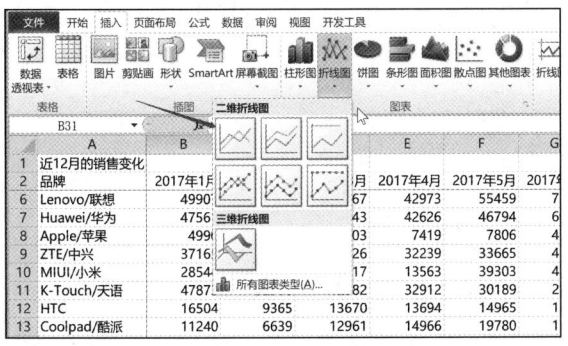

图 7-64　插入二维折线图

6）单击"设计"选项卡中的"选择数据"按钮，打开"选择数据源"对话框，如图 7-65 所示。

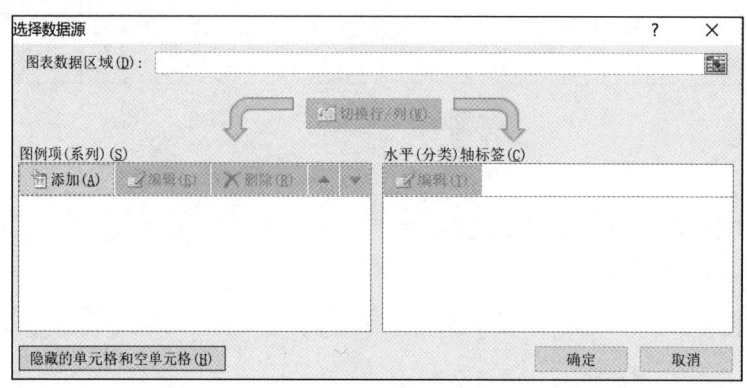

图 7-65 "选择数据源"对话框

7)在"选择数据源"对话框中,单击"图例项(系列)"下的"添加"按钮,打开"编辑数据系列"对话框。在"系列名称"文本框中输入"="销售额"",单击"系列值"右边的折叠按钮,在工作表中选择数据区域"=品牌月度趋势!$B$22:$M$22",单击"确定"按钮,如图 7-66 所示。

8)在"选择数据源"对话框中,单击"水平(分类)轴标签"下的"编辑"按钮,打开"轴标签"对话框。单击"轴标签区域"右边的折叠按钮,在工作表中选择数据区域"=品牌月度趋势!$B$2:$M$2",单击"确定"按钮,如图 7-67 所示。

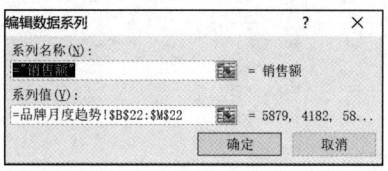

图 7-66 编辑数据系列

图 7-67 编辑轴标签

9)单击 A22 单元格右边的下拉按钮,在打开的下拉列表中选择任意品牌,绘图区中就会自动绘制出相应品牌的月销售折线图,最终效果图如图 7-68 所示。

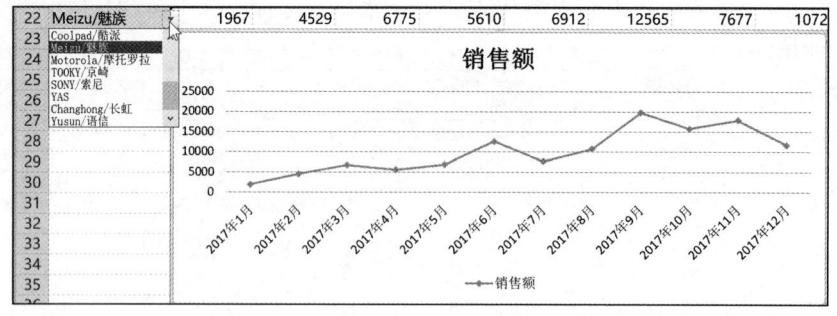

图 7-68 最终效果图

2. 方法二

1)右击功能区,在弹出的快捷菜单中选择"自定义功能区"命令,打开"Excel 选项"对话框,选中"开发工具"复选框,单击"确定"按钮,如图 7-69 所示。

图 7-69　添加"开发工具"

2)单击添加的"开发工具"选项卡,单击"插入"下拉按钮,选择"表单控件"→"组合框"选项,如图 7-70 所示。

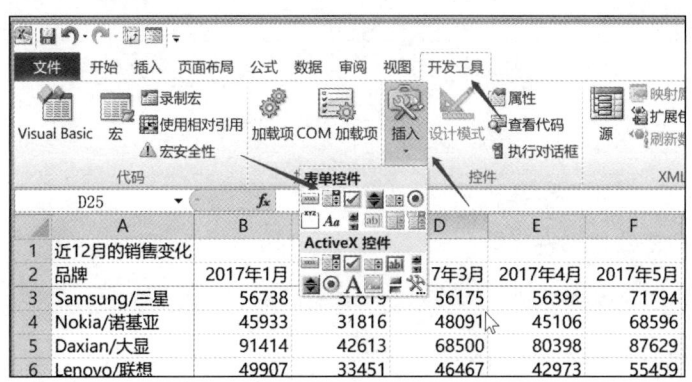

图 7-70　插入表单控件组合框

3)在表格中按住鼠标左键不放进行拖动绘制,右击组合框,在弹出的快捷菜单中选择"设置控件格式"命令,如图 7-71 所示,打开"设置控件格式"对话框。

图 7-71　选择"设置控件格式"选项

4)在"设置控件格式"对话框中,单击"数据源区域"右边的折叠按钮,在工作表中选择数据区域"$A$3:$A$20",在"单元格链接"中选择单元格"$A$25",将"下拉显示项数"设置为"8",选中"三维阴影"复选框,最后单击"确定"按钮,如图 7-72 所示。

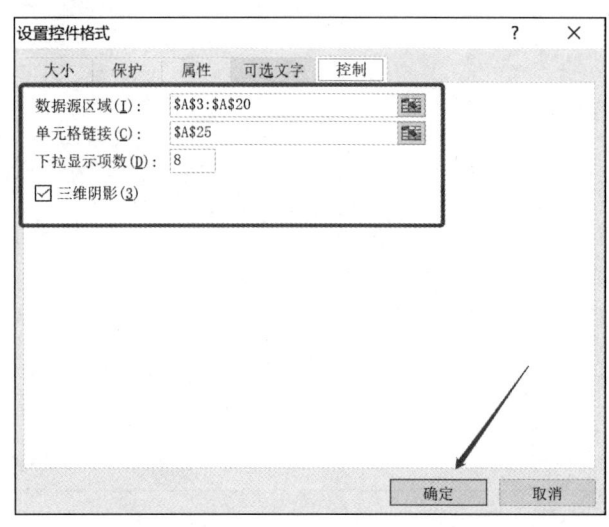

图 7-72 "设置控件格式"对话框

5)选择 B23 单元格,在编辑栏内输入公式"=INDEX($A$3:$M$21,$A$25,COLUMN(B2))",如图 7-73 所示。

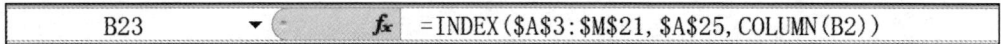

图 7-73 编辑 INDEX()函数

知识点:INDEX()函数的语法规则

INDEX()函数的语法规则如下。

INDEX(array,row_num,column_num)

INDEX()函数参数及说明如表 7-3 所示。

表 7-3 INDEX()函数参数及说明

参数	简单说明
array	一个单元格区域或数组常量
row_num	用于选择要返回的数组中的行
column_num	用于选择要返回的数组中的列

6)将鼠标指针放在单元格 B22 的右下角,出现"+"形状时按住鼠标左键不放向右拖曳,将公式复制到需要计算的各单元格,如图 7-74 所示。

图 7-74 填充数值

7)单击"插入"选项卡中的"折线图"下拉按钮,选择"二维折线图"→"折线图"选项。

8）单击"设计"选项卡中的"选择数据"按钮，打开"选择数据源"对话框。

9）在"选择数据源"对话框中，单击"图例项（系列）"下的"添加"按钮，打开"编辑数据系列"对话框。在"系列名称"文本框中输入"="销售额""，单击"系列值"右边的折叠按钮，在工作表中选择数据区域"=品牌月度趋势!$B$23:$M$23"，单击"确定"按钮，如图 7-75 所示。

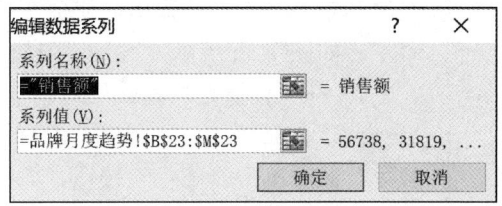

图 7-75　"编辑数据系列"对话框

10）在"选择数据源"对话框中，单击"水平（分类）轴标签"下的"编辑"按钮，打开"轴标签"对话框。单击"轴标签区域"右边的折叠按钮，在工作表中选择数据区域"=品牌月度趋势!$B$2:$M$2"，单击"确定"按钮，如图 7-76 所示。

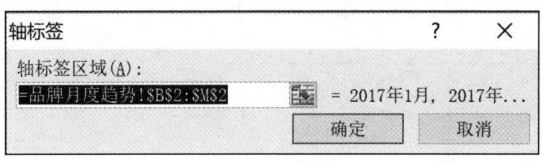

图 7-76　编辑轴标签

11）将组合框拖曳到标题左侧和绘图区上方的位置，单击组合框下拉按钮，在打开的下拉列表中选择任意品牌，绘图区中就会自动绘制出相应品牌的月销售折线图，最终效果图如图 7-77 所示。

图 7-77　最终效果图

7.7.2　动态区域滚动条图表应用

例："动态图制作"工作簿中的"滚动条动态分析"工作表展示了某店铺 12 个月份销售额情况，请制作动态图描述月销售额情况。

1）打开"动态图制作"工作簿，选择"滚动条动态分析"工作表，如图 7-78 所示。

图 7-78 滚动条动态分析

2）单击"开发工具"选项卡中的"插入"下拉按钮，选择"表单控件"→"滚动条"选项，如图 7-79 所示。

3）在表的空白区域，按住鼠标左键不放进行拖动绘制，将鼠标指针移到滑动条的下边框上，待鼠标指针变成双箭头形状时，按住鼠标左键不放，拖动调整滑动条高度。在绘制的滑动条上右击，在弹出的快捷菜单中选择"设置控件格式"命令，如图 7-80 所示，打开"设置控件格式"对话框。

4）在"设置控件格式"对话框中，分别设置"当前值"、"最小值"、"最大值"、"步长"、"页步长"和"单元格链接"参数，最后单击"确定"按钮，如图 7-81 所示。

5）单击"公式"选项卡中的"定义名称"按钮，如图 7-82 所示，打开"新建名称"对话框。

6）在"新建名称"对话框中，在"名称"文本框中输入"销售额"，在"引用位置"文本框中输入"=OFFSET(滚动条动态分析!$A$4,1,1,滚动条动态分析!$O$10,1)"，单击"确定"按钮，如图 7-83 所示。

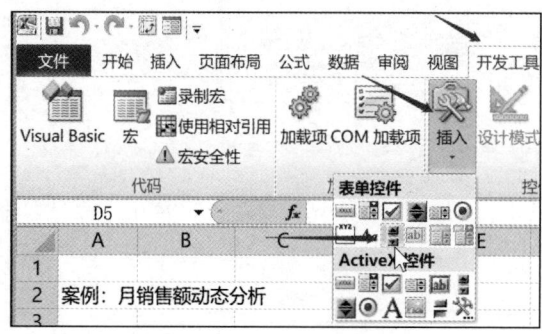

图 7-79 插入滚动条

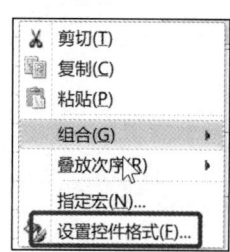

图 7-80 选择"设置控件格式"选项

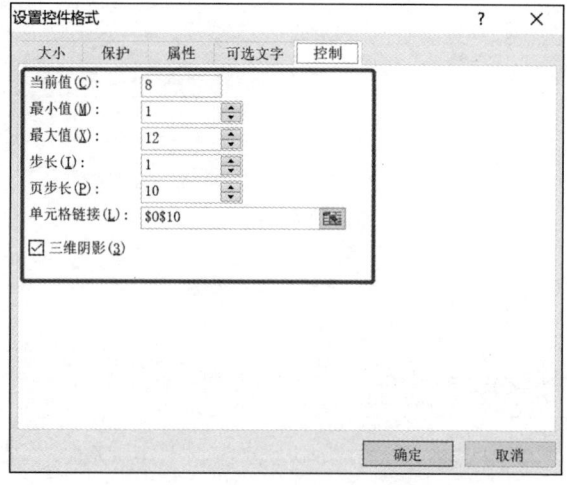

图 7-81 "设置控件格式"对话框

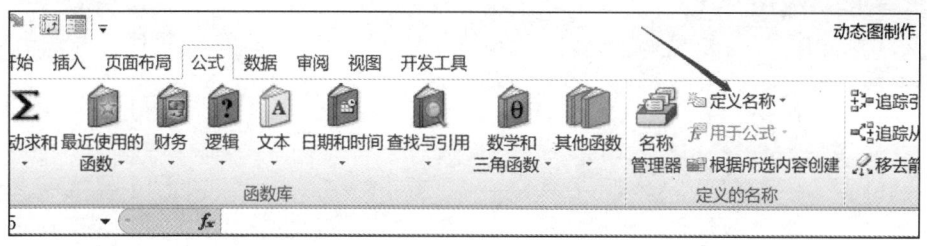

图 7-82　单击"定义名称"按钮

图 7-83　新建名称"销售额"

知识点：OFFSET()函数的语法规则

OFFSET()函数的语法规则如下。

OFFSET(reference,rows,cols,height,width)

OFFSET()函数参数及说明如表 7-4 所示。

表 7-4　OFFSET()函数参数及说明

参数	简单说明
reference	作为偏移量参照系的引用区域
rows	上（下）偏移的行数
cols	左（右）偏移的列数
height	所要返回的引用区域的行数
width	所要返回的引用区域的列数

7）单击"公式"选项卡中的"定义名称"按钮，打开"新建名称"对话框。在"名称"文本框中输入"月份"，在"引用位置"文本框中输入"=OFFSET(滚动条动态分析!$A$4,1,0,滚动条动态分析!$O$10,1)"，单击"确定"按钮，如图 7-84 所示。

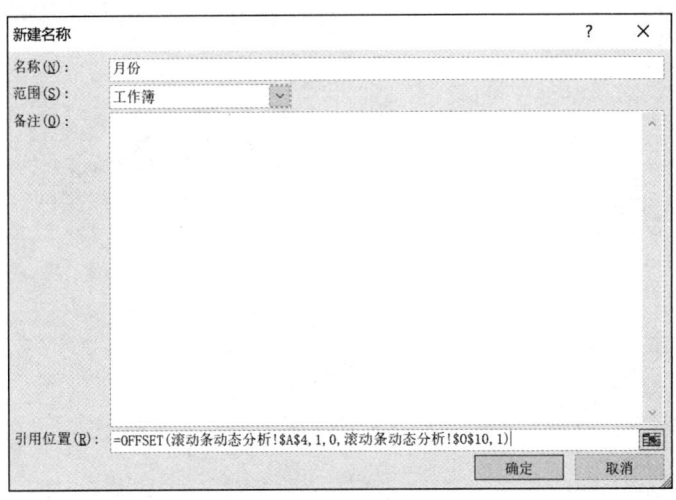

图 7-84 新建名称"月份"

8)单击"插入"选项卡中的"柱形图"下拉按钮,选择"二维柱形图"→"簇状柱形图"选项,如图 7-85 所示。

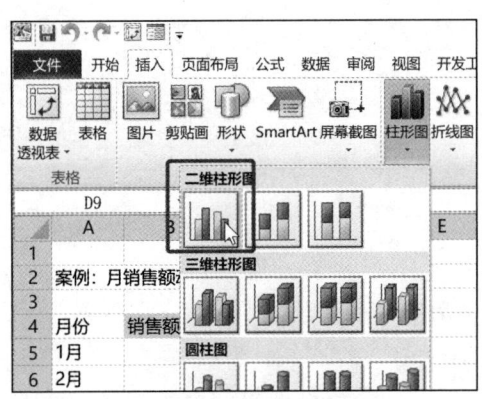

图 7-85 插入柱形图

9)单击"设计"选项卡中的"选择数据"按钮,打开"选择数据源"对话框。单击"图例项(系列)"下的"添加"按钮,单击"确定"按钮,打开"编辑数据系列"对话框。在"系列名称"文本框中输入"="销售额"",单击"系列值"右边的折叠按钮,在工作表中选择数据区域"=滚动条动态分析!销售额",单击"确定"按钮,如图 7-86 所示。

10)在打开的"选择数据源"对话框中,单击"水平(分类)轴标签"下的"编辑"按钮,打开"轴标签"对话框。单击"轴标签区域"右边的折叠按钮,在工作表中选择数据区域"滚动条动态分析!月份",单击"确定"按钮,如图 7-87 所示。

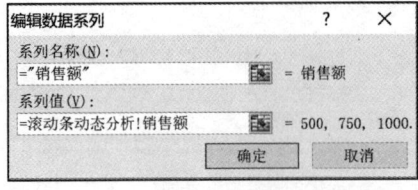

图 7-86 "编辑数据系列"对话框

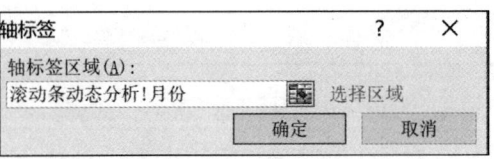

图 7-87 编辑轴标签

当滑动滚动条时，系统将自动同时选择图表和滚动条对象，最终效果图如图 7-88 所示。

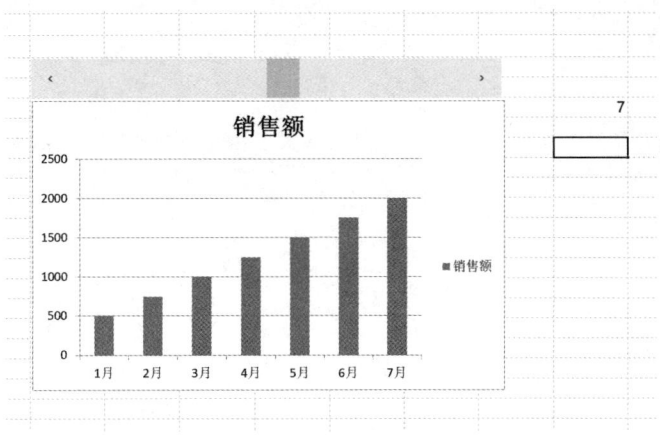

图 7-88　最终效果图

思考与实训

1. 某电商公司想进入女包市场，需要对某平台上的女包类目进行行业分析。通过数据爬虫，获取了"价格""月销量""累计评价"等数据资料（见"数据可视化"工作簿中的"女包"工作表），请根据工作表中的数据分析"大小"变量，制作合适的统计表格与统计图形。

2. "动态图制作"工作簿中的"滚动条动态分析"工作表展示了某店铺 12 个月份销售额情况，请插入数字调节按钮制作动态图描述月销售额情况。

第8章 指标分析

8.1 静态分析指标

数据分析必须借助各种指标来实现,其中静态分析指标是用来说明社会经济现象数量特征的。由于社会经济现象及其发展过程的复杂性,静态分析指标呈现多样性,可以将其归纳为4类,即总量指标、相对指标、平均指标和变异指标。

8.1.1 总量指标

总量指标是反映社会经济现象在一定时间、地点和条件下的总体规模或水平的统计指标。它的表现形式为绝对数,故又称为统计绝对数。例如,一家天猫店的总营业额、员工总数、产品销售总量等都是反映现象的总量,因此,这些都是总量指标。总量指标按不同的标志又可分为以下3种类型。

1. 单位总量和标志总量

单位总量是总体内所有单位数的总和,如天猫平台网店总数、某天猫店员工总数等。标志总量是总体内各单位标志值的综合,如某天猫店固定资产总值、员工工资总额等。单位总量和标志总量并不是固定不变的,而是随着研究目的的不同而变化。例如,以某天猫店员工为总体,研究收入情况,则员工总数是单位总量,工资总额是标志总量。

2. 时期指标和时点指标

时期指标是说明现象在一段时间内某种标志值累计的总量指标,如某天猫店2016年全年销售总额。时点指标是说明现象在某一时刻某种标志总量的状态指标,如员工数、商品库存量等。

3. 实物指标、价值指标和劳动量指标

实物指标是根据事物的自然属性和物理属性单位计量的统计指标。例如,商品按"件"计量,长度按"米"计量等。价值指标是以货币作为价值尺度计量社会物质财富或劳动成果的统计指标,如社会商品零售额、利润额、国内总产值等。劳动量指标是以劳动时间为计量单位的统计指标,一般用工时、工日计量。

总量指标是对社会经济现象总体认识的起点，是制定政策和计划、实行科学管理的重要依据，是计算相对指标和平均指标的基础。总量指标本身只能反映现象在具体时间、地点、条件下的总规模、总水平，不能反映现象间的对比关系、现象的内部结构、现象的计划完成情况，也不能反映现象的动态变动方向和变动程度等，要解决这些问题，就必须计算相对指标。利用相对指标可以对现象进行更深入的分析和说明。

8.1.2 相对指标

两个有联系的统计指标的比率称为相对指标。例如，2016 年某天猫店总营业额为 2015 年的 114.7%；2016 年，全国实物网上零售额达 41944 亿元，占社会消费品零售总额的 12.6%。与总量指标伴随有单位不同，相对指标在绝大多数情况下采用无名数标识。无名数是一种抽象化的数值，多用倍数和系数、成数、百分数和千分数来表示。

1. 倍数和系数

倍数和系数是将对比基数抽象为 1 而计算的相对数。当分子数值比分母数值大得多时，常用倍数表示；当分子数值与分母数值差别不大时，常用系数表示。例如，某淘宝 C 店 2015 年总营业额按 2010 年价格计算为 314469 元，是 2010 年总营业额 184937 元的 1.7 倍。

2. 成数

成数是将对比基数抽象为 10 而计算的相对数。例如，商品销售额今年比去年增长一成，即增长 1/10 或 10%。

3. 百分数和千分数

百分数是将对比基数抽象为 100 而计算的相对数，是相对指标中最常用的表现形式。例如，某淘宝 C 店年销售计划指标为 42 万元，当年实际销售额为 46.2 万元，则计划完成率为 110%。千分数是将对比基数抽象为 1000 而计算的相对数。例如，我国 2010 年人口出生率为 11.9‰。

相对指标能够反映现象的发展速度、结构、强度、普遍程度或比例关系。利用相对指标可以使一些不能直接对比的指标找到共同的比较基础。例如，甲、乙两个企业，由于其产品、生产规模、技术力量等条件不同，它们的销售额、总成本、利润总额等指标不可比，但计算它们的销售额计划完成情况相对指标、销售利润率、成本利润率等指标，可找到它们共同的比较基础，用以比较两个企业的计划完成情况、经济效益的高低。

8.1.3 平均指标

平均指标是同类社会经济现象总体内各单位某一数量标志在一定时间、地点和条件下数量差异抽象化的代表性水平指标，其数值表现为平均数。例如，企业员工平均工资、歌唱比赛每位选手的平均得分等均属于平均指标。平均指标可以反映现象总体的综合特征，也可以反映各变量值分布的集中趋势。平均指标常用来进行同类现象在不同空间、不同时间条件下的对比分析，从而反映现象在不同地区的差异，揭示现象在不同时间的发展趋势。平均指标按计算和确定的方法不同，分为算术平均数、调和平均数、众数和中位数等。

1. 算术平均数

算术平均数的基本形式是总体单位某一数量标志值之和（总体标志总量）除以总体单位数。例如，某企业 2016 年 8 月在职员工数为 1340 人，工资总额为 4288000 元，则该企业员工的月平均工资为 3200 元（4288000/1340）。算术平均数根据计算的复杂程度不同，又分为简单算术平均数和加权算术平均数。

简单算术平均数的计算公式为

$$\bar{x} = \frac{x_1 + x_2 + \cdots + x_n}{n} = \frac{\sum x}{n}$$

加权算术平均数的计算公式为

$$\bar{x} = \frac{x_1 f_1 + x_2 f_2 + \cdots + x_n f_n}{f_1 + f_2 + \cdots + f_n} = \frac{\sum xf}{\sum f}$$

2. 调和平均数

调和平均数是根据各个指标的倒数计算出来的平均指标，又称倒数平均数。调和平均数分为简单调和平均数和加权调和平均数两种。简单调和平均数是算术平均数的变形，其计算公式为

$$H_n = \frac{n}{\sum\limits_{i=1}^{n} \frac{1}{x_i}} = \frac{n}{\frac{1}{x_1} + \frac{1}{x_2} + \cdots + \frac{1}{x_n}}$$

例如，4 名学生在 1 小时内解题的数量分别为 3 题、4 题、6 题、8 题，问平均解题速度是多少，就是求调和平均数，即 4/（1/3+1/4+1/6+1/8）=4.57，即每位学生平均解题速度为 4.57 题/小时。

加权调和平均数是加权算术平均数的变形，其计算公式为

$$H_n = \frac{\sum\limits_{i=1}^{n} m_i}{\sum\limits_{i=1}^{n} \frac{m_i}{x_i}} = \frac{1}{\frac{1}{m_1 + m_2 + \cdots + m_n} \left(\frac{m_1}{x_1} + \frac{m_2}{x_2} + \cdots + \frac{m_n}{x_n} \right)}$$

3. 众数和中位数

众数是总体中出现次数最多或最普遍的标志值。例如，某企业 40 名员工中，40 岁左右的员工为 3 名，35 岁左右的员工为 5 名，25 岁左右的员工为 29 名，20 岁左右的员工为 3 名，由于 25 岁左右的员工最多，所以 25 岁是该企业员工年龄的众数，可以代表企业员工年龄的一般水平。再如，了解某种商品的价格水平，不用全面登记该商品的全部成交价格，只需要用该商品成交量最多的那个价格作为代表值，即可反映一般水平。

中位数是将总体各单位的标志值按大小顺序排列，位于中间的标志值。例如，找出 23、29、20、32、23、21、33、25 的中位数，首先将该组数据按从小到大的顺序排列，得到 20、21、23、23、25、29、32、33，因为该组数据一共由 8 个数据组成，即总体为偶数，故按中位数的计算方法，得到中位数，即第四个数和第五个数的平均数（23+25)/2=24。如果数据的个数是奇数，则中间那个数据就是这组数据的中位数。

中位数可以按下面的公式来计算。

$$M_e = \begin{cases} x_{\frac{n+1}{2}} & (n\text{为奇数}) \\ \dfrac{x_{\frac{n}{2}} + x_{\left(\frac{n}{2}+1\right)}}{2} & (n\text{为偶数}) \end{cases}$$

8.1.4 变异指标

变异指标是综合反映总体各单位标志值变异程度的指标。它显示总体中变量数值分布的离散趋势，是说明总体特征的另一个重要指标，与平均数相辅相成。变异指标包括极差、四分位数、平均差、标准差、方差和离散系数。

1. 极差

极差（R）也称为全距，是指总体各单位的两个极端标志值之差，即

$$R = 最大标志值 - 最小标志值$$

因此，极差可反映总体标志值的差异范围。

2. 四分位数

分位数是将总体的全部数据按大小顺序排列后，处于各等分位置的变量值。如果将全部数据分成相等的两部分，则它就是中位数；如果分成四等分，就是四分位数；如果分成八等分，就是八分位数等。四分位数也称为四分位点，它是将全部数据分成相等的四部分，其中每部分包括25%的数据，处在各分位点的数值就是四分位数。四分位数有3个，第一个四分位数是通常所说的四分位数，称为下四分位数，第二个四分位数是中位数，第三个四分位数称为上四分位数，分别用Q_1、Q_2、Q_3表示。与中位数不同的是，四分位数位置的确定方法有多种，每种方法得到的结果会有一定差异，但差异不会很大。

第一个四分位数（Q_1），又称"较小四分位数"，等于该样本中所有数值由小到大排列后第25%的数字。

第二个四分位数（Q_2），又称"中位数"，等于该样本中所有数值由小到大排列后第50%的数字。

第三个四分位数（Q_3），又称"较大四分位数"，等于该样本中所有数值由小到大排列后第75%的数字。

第三个四分位数与第一个四分位数的差距又称四分位距（Inter Quartile Range，IQR）。

3. 平均差

平均差的英文为 Average Deviation（AD）或 Mean Deviation（MD），是一种平均离差，是总体所有单位与其算术平均数的离差绝对值的算术平均数。离差是总体各单位的标志值与算术平均数之差。因离差和为零，离差的平均数不能通过将离差和除以离差的个数求得，而必须将离差取绝对数来消除正负号。

平均差反映各标志值与算术平均数之间的平均差异。平均差越大，表明各标志值与算术平均数的差异程度越大，该算术平均数的代表性就越小；平均差越小，表明各标志值与算术平均数的差异程度越小，该算术平均数的代表性就越大。

计算公式为

$$平均差 = \frac{\sum |x - \bar{x}|}{n}$$

4. 标准差和方差

方差是各个数据与其算术平均值的离差二次方的平均值，通常以σ^2表示。方差的计量单位和量纲不便于从经济意义上解释，所以实际统计工作中多用方差的算术平方根-标准差来测量统计数据的差异程度。标准差又称均方差，一般用σ表示。方差和标准差的计算也分为简单

平均法和加权平均法。另外，对于总体数据和样本数据的计算，公式略有不同。

设总体方差为 σ^2，对于未经分组整理的原始数据，方差的计算公式为

$$\sigma^2 = \frac{\sum_{i=1}^{N}(X_i - \mu)^2}{N}$$

方差的平方根即标准差，其相应的计算公式为

$$\sigma = \sqrt{\frac{\sum_{i=1}^{N}(X_i - \mu)^2}{N}}$$

5. 样本标准差和方差

样本方差与总体方差在计算上的区别是：总体方差是用数据个数或总频数去除离差二次方和，而样本方差则是用样本数据个数或总频数减 1 去除离差二次方和。其中，样本数据个数减 1 即 $n-1$，称为自由度。样本方差 S_{n-1}^2 与样本标准差 S_{n-1} 的公式分别为

$$样本方差 S_{n-1}^2 = \frac{\sum_{i=1}^{N}(X_i - \bar{X})^2}{n-1}$$

$$样本标准差 S_{n-1} = \sqrt{\frac{\sum_{i=1}^{N}(X_i - \bar{X})^2}{n-1}}$$

变量值绝对水平越高，离散程度的测度值自然也就越大；变量值绝对水平越低，离散程度的测度值自然也就越小。另外，它们与原变量值的计算单位相同，采用不同计量单位计量的变量值，其离散程度的测度值也不同。

6. 离散系数

离散系数通常是用标准差来计算的，因此也称为标准差系数，它是一组数据的标准差与其相应的均值之比，是测度数据离散程度的相对指标。其计算公式为

$$V_\sigma = \frac{\sigma}{\mu} \quad 或 \quad V_S = \frac{S}{\bar{X}}$$

离散系数越大，说明该组数据的离散程度越大；离散系数越小，说明该组数据的离散程度越小。

8.1.5 箱线图

箱线图（box-plot）又称为盒须图、盒式图或箱形图，是一种用于显示一组数据分散情况的统计图，因形状如箱子而得名。箱线图经常被用于各种领域，常见于品质管理。它主要用于反映原始数据分布的特征，还可以进行多组数据分布特征的比较。

箱线图的绘制方法如下：首先找出一组数据的最大值、最小值、中位数和两个四分位数；然后连接两个四分位数，画出箱子；最后将最大值和最小值与箱子相连接，中位数在箱子中间。

首先看一个"长相"标致的箱线图（见图 8-1）。图 8-1 模拟了一个样本数据，假设此样本数据是学生的期末考试得分。根据图 8-1，可以看出箱线图的基本三要素。

1）箱子的中间有一条线，是数据的中位数，代表样本数据的平均水平。

2）箱子的上下限分别是数据的上四分位数和下四分位数，意味着箱子包含 50%的数据。因此，箱子的高度在一定程度上反映了数据的波动程度。

3）箱子的上方和下方又各有一条线，有时代表最大值或最小值，有时会有一些点"冒出去"。冒出去的点，则应理解为"异常值"。

需要注意的是，虽然通过箱线图也能看分布的形态，但人们更习惯通过直方图解读分布的形态，而非箱线图。

1. 不是所有的数据都适合画箱线图

图 8-2 展示的 3 个箱线图看着并不舒服，主要原因是，箱子被压得很扁，甚至只剩下一条线，同时存在很多"刺眼"的异常值。出现这种情况有两个常见的原因：一是样本数据中存在特别大或者特别小的异常值，这种离群的表现导致箱子整体被压缩，反而凸显出这些异常值；二是样本数据特别少，数据少就有可能出现各种诡异的情况，导致统计图很不美观。

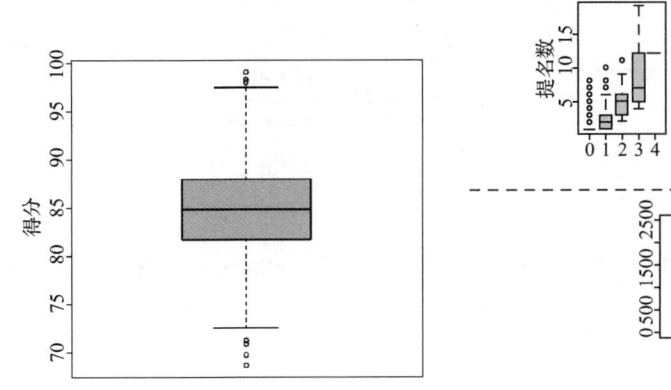

图 8-1　学生期末考试得分箱线图

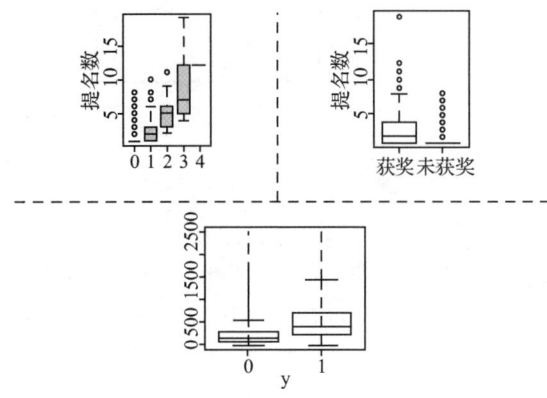

图 8-2　一组不美观的箱线图示例

如果画出的箱线图如图 8-2 所示，则有两个解决办法。

1）如果数据取值为正数，那么可以尝试做对数变换。对数变换可谓是画图界的"整容神器"，专门解决各种不对称分布、非正态分布和异方差现象等问题。图 8-3 展示的是改进前后的一组箱线图。

2）如果不想做对数变换，那么不建议画箱线图。

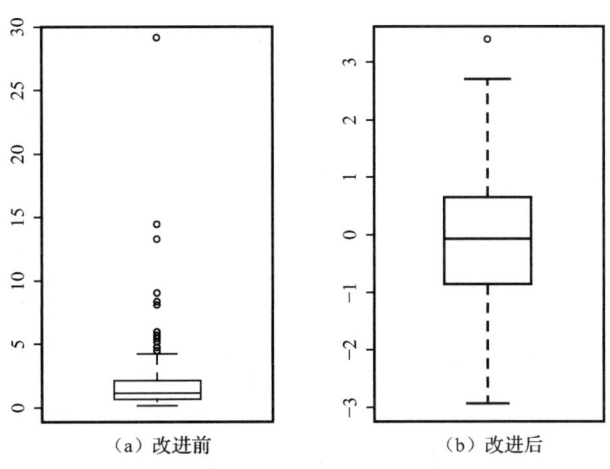

图 8-3　对数变换前后的箱线图

2. 箱线图的用法

箱线图的用法是，配合定性变量画分组箱线图，并做比较。如果只有一个定量变量，则很少用一个箱线图去展示其分布，更多选择直方图。箱线图更有效的使用方法是做比较。

假设要比较男女教师的教学评估得分，用什么工具最好？箱线图。从图 8-4 可以看出，箱线图明显更加有效，能够从平均水平（中位数）、波动程度（箱子高度）及异常值对男女教师的教学评估得分进行比较，而直方图却达不到这种效果。

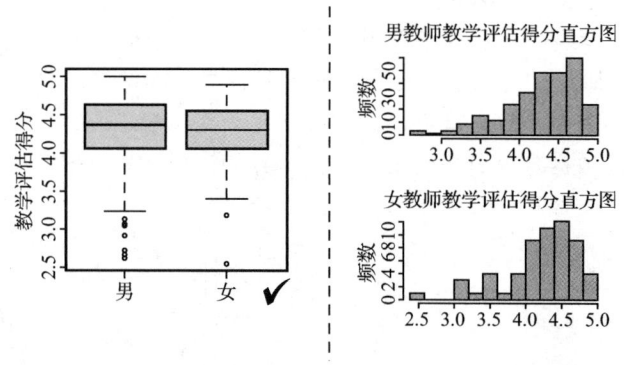

图 8-4　箱线图的对比作用

假设共涉及 3 个变量：定量变量是牙齿生长长度，体现在图形的纵坐标，也就是箱子展示的内容；第一个定性变量是维生素 C 使用剂量，有 3 个水平（0.5mg、1mg 和 2mg），体现在横坐标，所以一共有 3 组箱线图；第二个定性变量是食用的食物，是维生素 C 还是橙汁，用不同颜色展现，所以每组箱线图又包含两个箱子。

从图 8-5 可以看出：①随着维生素 C 使用剂量的增加，不管食用的是哪种食物，牙齿生长长度的平均水平（中位数）都在增加；②当维生素 C 使用剂量为 0.5mg 和 1mg 时，食用橙汁带来的牙齿生长的平均长度（中位数）要比食用维生素 C 的高，波动程度也相应更大；③当维生素 C 使用剂量为 2mg 时，食用两种食物带来的牙齿生长平均水平（中位数）相当，食用维生素 C 带来的牙齿生长长度波动相对更大。

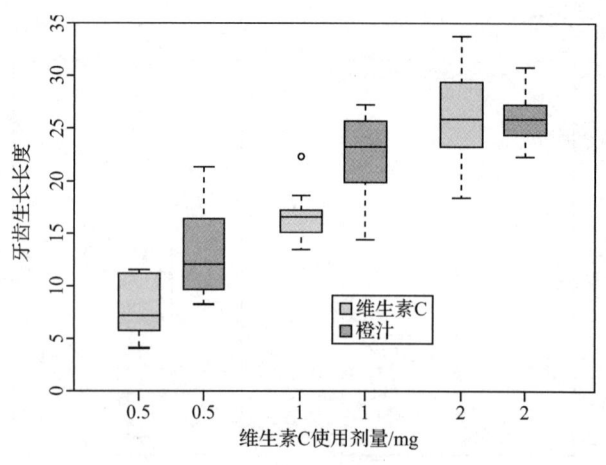

图 8-5　一个美观的箱线图示例

8.2 动态分析指标

动态分析方法又称时间数列分析方法,主要用来描述和探索现象随时间发展变化的数量规律性,也就是对处于不断发展变化的社会经济现象从动态的角度进行分析。通过对以下内容的学习,即可利用各种动态分析指标和分析方法对现实经济问题进行分析。

8.2.1 动态数列的概念和分类

1. 动态数列的概念

动态数列又称时间数列,是指将同类指标在不同时间上的数值按时间的先后顺序排列起来而形成的统计数列,是一种常见的经济数据表现形式。

动态数列反映了现象发展变化的过程和结果,可以描述事物在过去时间的状态,分析事物发展变化的规律性,以及根据事物的过去研究、预测它们的将来。例如,某商品的逐年需求量、某商店的逐年销售额、某企业各月份的产值等指标按时间先后顺序依次排列就形成了动态数列。动态数列形式上包括两部分:一是被研究现象所属的时间,可以是年份、季度、月份或其他任何时间形式;二是与现象所属时间相对应的指标数值,可以是总量指标、相对指标和平均指标。

2. 动态数列的分类

(1) 绝对数动态数列

把一系列同类的总量指标按时间先后顺序排列而形成的动态数列,称为绝对数动态数列。按照绝对数所反映的社会经济现象的不同性质,绝对数动态数列又可分为时期数列和时点数列两种。时期数列是反映一段时间内发展过程总量的绝对数动态数列;时点数列是反映一定时刻(瞬间)上的状态总量的绝对数动态数列。例如,表 8-1 所列某网店 2017-08-01 至 2017-08-05 访客数和支付总金额就是时期数列。

表 8-1 某网店 2017-08-01 至 2017-08-05 运营统计数据

日期 指标	2017-08-01	2017-08-02	2017-08-03	2017-08-04	2017-08-05
访客数/人次	920	8356	2037	2993	8403
支付总金额/元	814.90	1203.20	910.83	992.40	1403.20
支付转化率/%	5.54	6.894	9.69	2.28	1.3
平均客单价/元	15.98	19.43	19.22	38.18	18

(2) 相对数动态数列

把一系列同类的相对指标数值按时间先后顺序排列而形成的动态数列,称为相对数动态数列。它可以用来说明社会现象间相互联系的发展变化情况。例如,表 8-1 中的支付转化率就是相对数动态数列。

(3) 平均数动态数列

把一系列同类的平均指标数值按时间先后顺序排列而形成的动态数列,称为平均数动态数列。它可以用来说明社会现象在不同时期的一般水平的发展变化情况。例如，表 8-1 中的平均客单价就是平均数动态数列。

8.2.2 编制动态数列的原则

编制动态数列的目的是对经济现象在各时间上的指标数值进行对比，研究经济现象发展变化的过程和规律。因此，保证动态数列中各个指标数值具有可比性是编制动态数列的基本原则。同时，还应注意以下几点。

1. 时间长度应该前后一致

在时期数列中，由于其各项指标数值与时间长短有直接关系，一般要求各指标数值所属时间长短一致。在时点数列中，虽然各指标数值与时间间隔没有直接关系，但是为了便于分析和对比，一般来说也应尽可能使间隔相等。在工作中也可以根据实际情况编制间隔不等的时点数列。

2. 总体范围应一致

在数列中各时间上现象所属的空间范围必须一致，如地区范围、隶属范围、分组范围等，否则不能直接对比。如果现象所属的总体范围前后发生变化，则必须经过调整后才能比较。

3. 各指标的定义内容、计算口径应一致

计算口径一致既指计算方法一致，也指价格和计量单位一致。例如，对于劳动生产率指标，在同一数列中，要么都是全员劳动生产率，要么都是生产工人劳动生产率；计算方法要么都是按总量计算，要么都是按增加量计算；计量单位要么都是按实物计量，要么都是按统一价格的价值量计算。定义内容、计算口径不一致的指标数值不能直接对比，必须经过调整。

动态数列编制是动态分析的起始点，在此基础上还涉及动态数列水平指标、动态数列速度指标、动态数列因素分析等内容，这些在统计学中均有详细介绍，感兴趣的读者可以深入了解一下，这里不再展开介绍。

8.3 应用 Excel 计算常用指标

例：为了解速卖通鞋类银牌店铺的销售情况，在平台后台随机截取了速卖通 100 家鞋类银牌店铺某日订单数据（见"指标分析"工作簿中的"速卖通银牌"工作表），请计算不同指标并分析速卖通鞋类银牌店铺的销售情况。

8.3.1 计算 3M 和四分位数

1）打开"指标分析"工作簿，选定"速卖通银牌"工作表，如图 8-6 所示。
2）计算平均数：选择 C104 单元格，在编辑栏中输入"=AVERAGE(B2:B101)"。
3）计算中位数：选择 C105 单元格，在编辑栏中输入"=MEDIAN(B2:B101)"。
4）计算众数：选择 C106 单元格，在编辑栏中输入"=MODE(B2:B101)"。
5）计算 Q_1：选择 C107 单元格，在编辑栏中输入"=QUARTILE(B2:B101,1)"。
6）计算 Q_2：选择 C108 单元格，在编辑栏中输入"=QUARTILE(B2:B101,2)"。
7）计算 Q_3：选择 C109 单元格，在编辑栏中输入"=QUARTILE(B2:B101,3)"。

8）计算 IQR：选择 C110 单元格，在编辑栏中输入"=C109-C107"。

	A	B	C	D	E
1		订单量			
2		53			
3		43			
4		33			
5		45			
6		46			
7		55			
8		41			
9		55			
10		36			
11		45			
12		55			
13		50			
14		49			

图 8-6　一个美观的箱线图示例

8.3.2　计算离散型指标

1）计算全距：选择 C112 单元格，在编辑栏中输入"=MAX(B2:B101)-MIN(B2:B101)"。

2）计算平均差：选择 C113 单元格，在编辑栏中输入"=AVEDEV(B2:B101)"。

3）计算样本标准差：选择 C114 单元格，在编辑栏中输入"=STDEV(B2:B101)"。

4）计算总体标准差：选择 C115 单元格，在编辑栏中输入"=STDEVP(B2:B101)"。

5）计算样本方差：选择 C116 单元格，在编辑栏中输入"=C114^2"。

6）计算总体方差：选择 C117 单元格，在编辑栏中输入"=C115^2"。

7）计算样本变异系数：选择 C118 单元格，在编辑栏中输入"=C114/C104"。

8）计算总体变异系数：选择 C119 单元格，在编辑栏中输入"=C115/C104"。

8.3.3　制作箱线图

1）在 B121～F121 单元格中依次输入 Q_1、最大值、最小值、中位数、Q_3，注意顺序不可改变。

2）在 B122～F122 单元格中依次计算 Q_1、最大值、最小值、中位数、Q_3，参照 8.3.1 节的方法。

3）在 A122 单元格和 A123 单元格内随意输入两个日期，如 1 月 1 日和 1 月 2 日。

4）将 B122～F122 单元格内的数值复制、粘贴到 B123～F123 单元格，如图 8-7 所示。

121		Q1	最大值	最小值	中位数	Q3
122	1月1日	44	91	22	50	57.25
123	1月2日	44	91	22	50	57.25

图 8-7　形成两行数据

5）选择数据区域 A122：E123，单击"插入"选项卡中的"其他图表"下拉按钮，选择"股价图"→"开盘-盘高-盘低-收盘图"选项，如图 8-8 所示。

6）在"图表样式"功能组中选择"样式 2"，在"图表布局"功能组中选择"布局 1"，如图 8-9 所示。

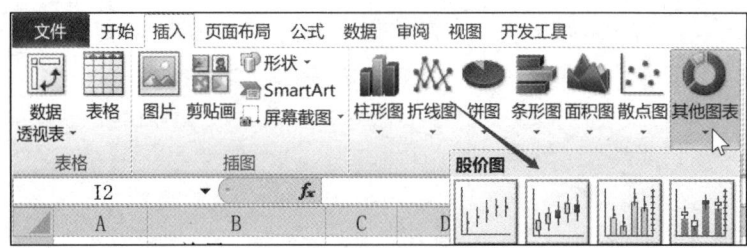

图 8-8 选择"股价图"

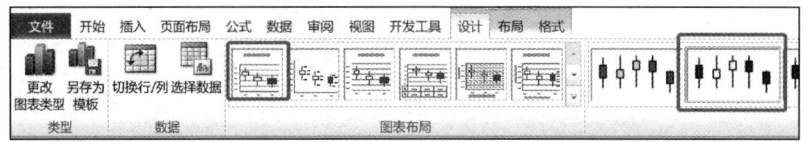

图 8-9 选择样式和布局

7)清空第 123 行数据。单击图形,在"设计"选项卡中单击"选择数据"按钮,打开"选择数据源"对话框。单击"图表数据区域"右边的折叠按钮,选择数据区域"速卖通银牌!$A$122:$F$122",最后单击"确定"按钮,如图 8-10 所示。

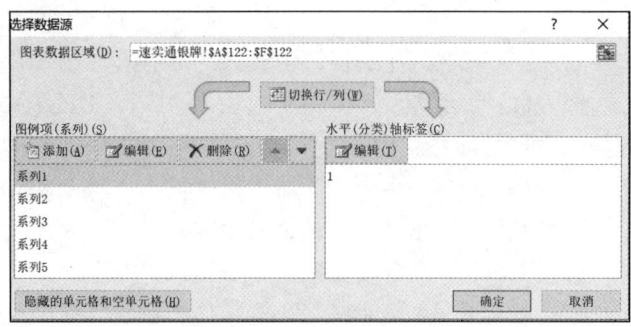

图 8-10 重新选择数据源

8)将标题设置为"速卖通银牌卖家销售情况箱线图",右击网格线,在弹出的快捷菜单中选择"设置网格线格式"命令,打开"设置主要网格线格式"对话框,选择"线条颜色"选项卡,选中"无线条"单选按钮,如图 8-11 所示。

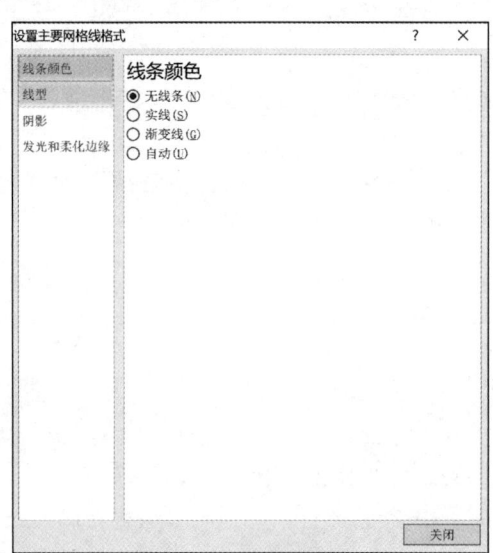

图 8-11 去除网格线

9）右击 X 轴标签处，在弹出的快捷菜单中选择"设置坐标轴格式"命令，打开"设置坐标轴格式"对话框，选择"坐标轴选项"选项卡，在"坐标轴标签"下拉列表中选择"无"选项，如图 8-12 所示。

10）用鼠标左键尝试找到 Q_1、最大值、最小值、中位数、Q_3 在图中的位置，找到后右击，在弹出的快捷菜单中选择"添加数据标签"命令，如图 8-13 所示。

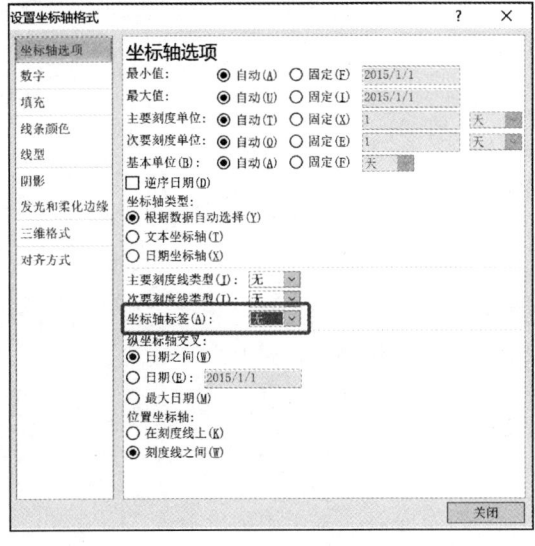

图 8-12　去除坐标轴标签　　　　　　　　图 8-13　添加数据标签

11）用鼠标左键尝试在图中找到中位数的位置，找到后右击，在弹出的快捷菜单中选择"设置数据系列格式"命令，打开"设置数据系列格式"对话框，设置"数据标记选项"，如图 8-14 所示。

最终效果图如图 8-15 所示。

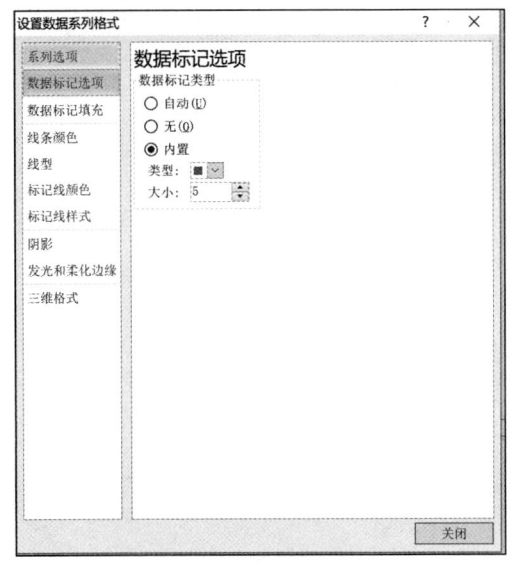

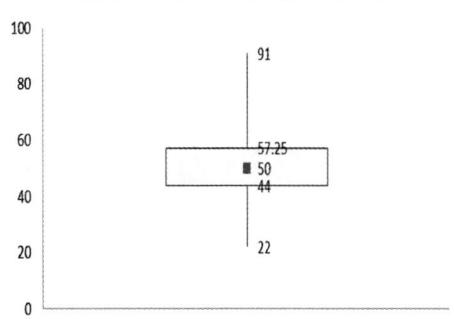

图 8-14　"设置数据系列格式"对话框　　　　图 8-15　最终效果图

思考与实训

1. 想一想以下哪些是总量指标。
- 商品购进额、销售额、库存额；
- 某天猫店员工人数、工资总额；
- 某日淘宝网访问量、访问人数；
- 网店订单转化率、客服咨询回复比。

2. 想一想以下哪些是相对指标。
- 独立访客数（UV）、页面访问数（PV）、总订单数量；
- 会员复购率、会员平均购买次数；
- 投资回报率（ROI）。

3. 为什么说众数和中位数也能代表现象的一般水平？它们与算术平均数有什么区别？

4. 你能列举出日常生活中应用众数和中位数分析问题的例子吗？

5. 1月初库存323件，1月末库存920件，2月末库存688件，3月末库存412件。这是一个间隔相等的时点数列吗？为什么？

6. 动态数列的构成要素有哪些？

7. "指标分析"工作簿中的"杭州房价"工作表提供了杭州的房价数据，请完成以下步骤，并得出相应结论。
- 生成3M值；
- 生成四分位数、极差；
- 生成平均差、标准差和方差、离散系数；
- 描绘箱线图。

第 9 章 相关与回归

9.1 相关分析

9.1.1 相关关系的概念和种类

1. 相关关系的概念

变量之间的关系有确定关系和不确定关系两种。相关关系是研究变量之间不确定关系的方法，它是指现象之间确实存在依存关系，但这种关系不确定、不严格。相关关系具有这样的特点：变量之间确实存在数量上的依存关系，但数量依存关系的具体关系值是不固定的。函数关系反映现象之间存在着严格的依存关系。在函数关系中，变量之间的数值以确定关系相对应，对于某一变量的每一个数值，都有另一个变量的确定的值与之相对应，因此变量间的关系可以用一个确定的公式来描述。

2. 相关关系的种类

（1）根据相关程度的不同分类

根据相关程度的不同，相关关系可分为完全相关、不相关和不完全相关。

1）如果一个现象的数量变化完全由另一种现象的数量变化所确定，则称这两种现象间的关系为完全相关。例如，在价格保持不变的情况下，某种商品的销售总额与其销售量之间的关系总是成正比。在这种情况下，相关关系就变成了函数关系，因此也可以说函数关系是相关关系的一个特例。

2）如果两个现象之间互不影响，其数量变化各自独立，则称其为不相关。例如，一般认为学习成绩的高低与天气变化是不相关的。

3）如果两种现象之间的关系介于不相关和完全相关之间，则称其为不完全相关。通常人们看到的相关现象都属于这种不完全相关。

（2）根据变量关系的形态分类

根据变量关系的形态，相关关系可以分为直线相关和曲线相关。

1）两个变量中的一个变量增加，另一个变量随之发生大致均等的增加或减少，近似地表现为一条直线，这种相关关系就称为直线相关。直线相关在相关散点图上可呈现为一条直线的倾向。

2）当两个变量中的一个变量变动时，另一个变量也相应地发生变动，但这种变动不是均等的，近似地表现为一条曲线，这种相关关系称为曲线相关。曲线相关在相关散点图上可呈现为弯月形。

（3）根据变量值变动方向的趋势分类

根据变量值变动方向的趋势，相关关系可分为正相关和负相关。

1）正相关是指一个变量数值增加或减少时，另一个变量数值也随之增加或减少，两个变量的变化方向相同。例如，技能水平随着练习次数的增加而提高。

2）负相关是指两个变量的变化方向相反，即随着一个变量数值的增加，另一个变量数值反而减少；或随着一个变量数值的减少，另一个变量数值反而增加。例如，练习次数与遗忘量之间的相关关系就是负相关。

（4）根据研究变量的多少分类

根据研究变量的多少，相关关系可分为单相关和复相关。

1）所研究的只是两个变量之间的相关关系，可称为单相关。例如，研究的是学生数学成绩和物理成绩之间的关系，这种相关关系就是单相关。

2）所研究的是一个变量与两个或两个以上的其他变量的相关关系，称为复相关。例如，研究人的营养与人的身高、体重之间的关系，学生的学习成绩与其学习动机、方法、习惯等方面的关系，都属于复相关。

9.1.2 散点图

人们在进行相关分析时，可以采用定性和定量相结合的方法，即先做定性分析，再做定量分析，即根据有关专业知识和实际经验来判断变量之间是否存在一定的相关性。如果确实存在关系，就可以通过编制散点图，对变量之间的相关关系的类型做出大致判断。

散点图中的每一个点由横、纵两个坐标值组成。从图 9-1 所示的散点图可以解读两个变量的相关关系：正线性相关（图 9-1（a））、负线性相关（图 9-1（b））、非线性相关（图 9-1（c））、不相关（图 9-1（d））。需要注意的是，相关关系不等于因果关系，人们渴求因果关系，但常用的许多统计工具（回归分析等）探求的只是相关关系。

除了已知的两个变量，当数据中还有其他变量信息时，可以通过改变"点"的颜色、形状和大小来传递更多的信息。在图 9-2 中，横轴是信用卡账户余额，纵轴是年收入。从散点图上看，两个变量之间没有明显的相关性。除此之外，还有第三个变量——是否违约。违约用户用橙色的十字表示，非违约用户用蓝色的圆圈表示。可以看出，两类人群的信用卡余额有着十分明显的差别，但在年收入上并没有差别。

从散点图上还能发现一些"异常"的信息，也就是"离群点"。在车联网行业中，可以通过车载设备获得汽车的实时车速（以秒计）。图 9-3 是一段路程的前后时速散点图。横轴是 t 时刻的时速，纵轴是 $(t+1)$ 时刻的时速。可以看出，当前时刻的车速跟下一时刻的车速是高度线性正相关的，同时也能看到一个明显的"离群值"，疑似是一个"急刹车"行为。

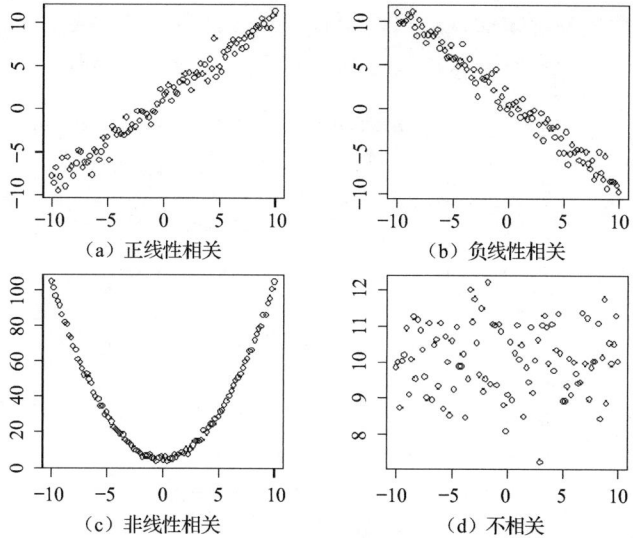

图 9-1　一组散点图示例

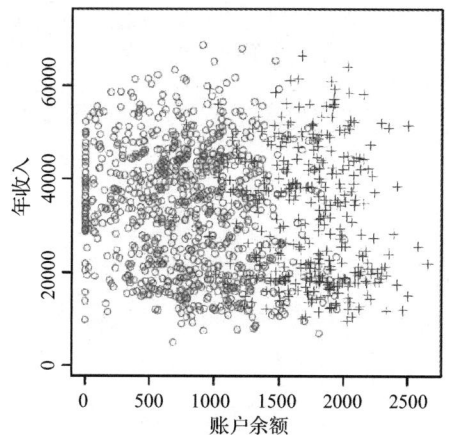

图 9-2　账户余额与年收入散点图

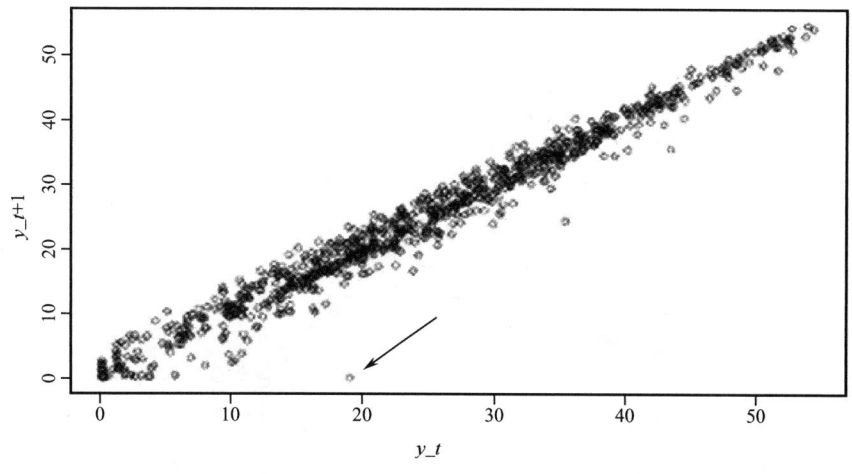

图 9-3　t 时刻和 $t+1$ 时刻车速散点图

当数据中有多个连续型变量时，可以两两画散点图，形成散点图"矩阵"。图 9-4 展示的是鸢尾花的萼片长度、萼片宽度、花瓣长度和花瓣宽度的散点图矩阵。

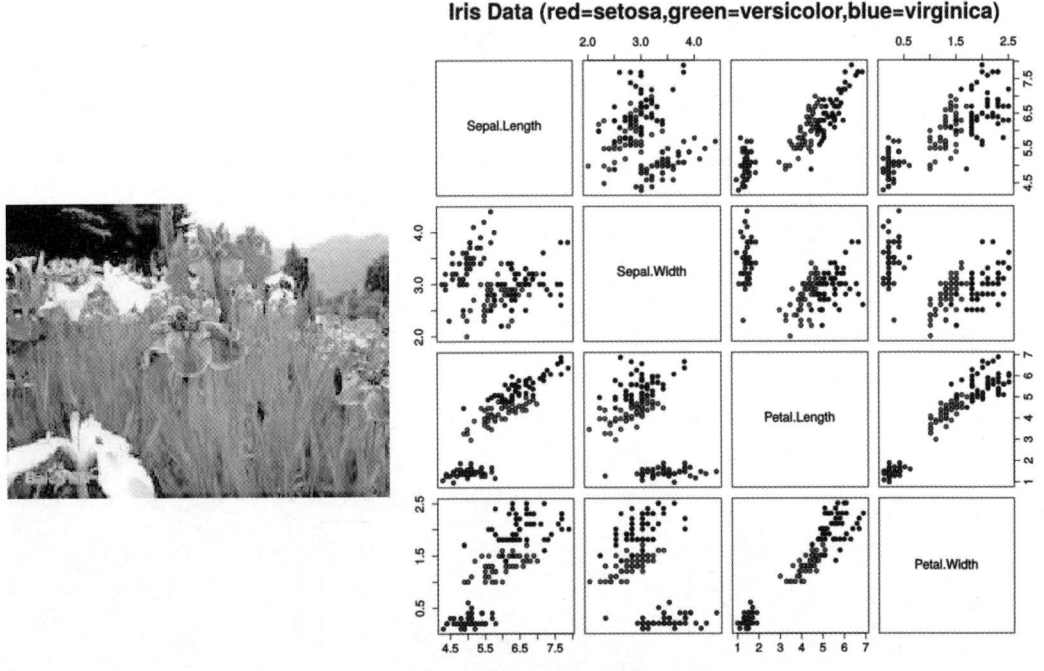

图9-4　一个散点图矩阵示例

然而，如果数据中有很多连续型变量，则散点图矩阵会让人抓不到重点，这时可以两两计算相关系数。遗憾的是，把相关系数的数值展示成矩阵，并不直观。在此，可以将相关系数矩阵可视化。图 9-5 展示的是"英超进球谁最强"的相关系数矩阵图。图中的"圆圈"越大，相关性越强。通过相关系数矩阵图，可以迅速得到一组变量的相关关系的大致情况。

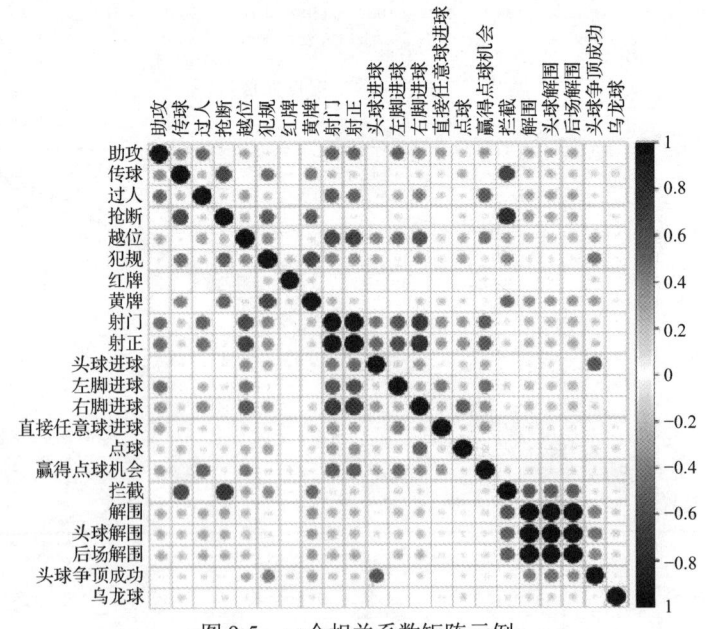

图9-5　一个相关系数矩阵示例

9.1.3 相关系数

1. 相关系数的含义

在完成散点图分析后，可以进行定量分析，并计算相关系数。相关系数可以精确反映相关关系的方向和程度。相关系数是在直线相关条件下，说明两个变量之间相关程度及相关方向的统计分析指标。相关系数一般可以通过计算得到。样本相关系数常用字母 r 表示，总体相关系数常用字母 ρ 表示。

相关系数的取值范围是 $-1 \sim +1$（即 $-1 \leq r \leq +1$），常用小数形式表示，一般取小数点后两位数字，以便比较精确地描述其相关程度。

两个变量之间的相关程度用相关系数 r 的绝对值表示。其绝对值越接近 1，表明两个变量的相关程度越高；其绝对值越接近 0，表明两个变量的相关程度越低。如果其绝对值等于 1，则表示两个变量完全直线相关；如果其绝对值为零，则表示两个变量完全不相关（不是直线相关）。

变量相关的方向通过相关系数 r 所具有的符号来表示，"+" 号表示正相关，即 $0 \leq r \leq 1$。"−" 号表示负相关，即 $-1 \leq r \leq 0$。

2. 相关系数应注意的问题

1）相关系数只是一个比率值，不适于进行算术四则运算，在比较相关程度时，只能说相关系数绝对值大的要比绝对值小的相关关系更密切一些，不能用倍数或差数来说明彼此的关系。

2）相关系数 r 受变量取值区间大小及样本数目多少的影响比较大。一般来说，变量的取值区间越大，样本数目越多，相关系数 r 受抽样误差的影响越小就越可靠；否则，变量取值区间小，样本所含数目较少，相关系数 r 受抽样误差的影响较大，就有可能对本来无关的两种现象计算出较大的相关系数，得出错误的结论。因此，在研究现象之间的关系的时候，应该适当加大变量的取值区间并收集足够多的样本数目。一般计算相关的成对数据的数目不应少于 30 对。

3）来自不同群体且不同质的事物的相关系数不能进行比较。

4）对于不同类型的数据，计算相关系数的方法也不相同。

3. 相关系数的测定与应用

进行相关分析的主要方法有图示法和计算法。图示法是通过绘制相关散点图来进行相关分析的，计算法则是根据不同类型的数据，选择不同的计算方法求出相关系数来进行相关分析的。

相关系数的基本公式为

$$r = \frac{\sigma^2}{\sigma_x \sigma_y}$$

式中，$\sigma_x = \sqrt{\dfrac{\sum(x_i - \bar{x})^2}{n}} = \sqrt{\dfrac{n\sum x^2 - (\sum x)^2}{n}}$，是 x 的标准差；

$\sigma_y = \sqrt{\dfrac{\sum(y_i - \bar{y})^2}{n}} = \sqrt{\dfrac{n\sum y - (\sum y)^2}{n}}$，是 y 的标准差；

$\sigma_{xy} = \sqrt{\dfrac{\sum(x_i - \bar{x})(y_i - \bar{y})}{n}} = \sqrt{\dfrac{n\sum xy - (\sum x)(\sum y)}{n}}$，是协方差。

4. 相关系数的密切程度

相关系数的范围为-1～+1，即-1≤r≤+1。r=1 是完全正相关，r=-1 是完全负相关，r=0 为不相关，r 的范围在 0.3～0.5 是低度相关，r 的范围在 0.5～0.8 是显著相关，r 的范围在 0.8 以上是高度相关。

9.2 回归分析

9.2.1 回归分析的概念

在"道"的层面，回归分析是一种重要的思想，在它的指导下，我们将一个业务问题（或者科学问题）定义成一个数据可分析问题。在"术"的层面，回归分析就是各种各样的统计学模型。回归分析主要包括 5 种类型：线性回归、0-1 回归、定序回归、计数回归及生存回归，称为"回归五式"。

第一式：线性回归

线性回归，更严格地说是普通线性回归，其主要特征是：因变量 Y 必须是连续型数据，而对解释性变量 X 没有太多要求。典型的连续型数据包括身高、体重、价格、温度等。但是，在实际工作中，所有的计算机都只能存储有限位有效数字。因此，在真实的数据世界中，不存在严格的连续型数据，只有近似的。普通线性回归在数据世界中可以应用于股票投资、客户终身价值、医疗健康等领域。

第二式：0-1 回归

0-1 回归就是因变量 Y 是 0-1 型数据的回归分析模型。0-1 型数据是指只有两个可能取值的数据类型。例如，性别只有"男"或者"女"两个取值；消费者的购买决策只有"买"或"不买"两个取值；病人的癌症诊断只有"得癌症"或者"不得癌症"两个取值。遇到这种数据的时候，线性回归就不好使了，此时需要采用回归分析第二式：0-1 回归。

0-1 型的因变量包含了众多"招数"，其实大同小异，较常见的有两种：一种是逻辑回归（logistic regression），另一种是概率回归（probit regression）。相关的重要应用很多，并且都很"时髦"、有趣，如互联网征信、个性化推荐、社交好友推荐等。

第三式：定序回归

定序回归就是因变量 Y 为定序数据的回归分析模型。定序数据是关乎顺序的数据，但是又没有具体的数值意义。例如，某公司出品一款新的矿泉水，现在想知道消费者对它的喜好程度，因此决定请人来品尝，根据其喜好程度，给出一个分值。1 表示非常不喜欢，2 表示有点儿不喜欢，3 表示一般般，4 表示有点儿喜欢，5 表示非常喜欢。这就是人们关心的因变量 Y。这种数据很常见，具有以下两个特点。

1）没有数值意义，不能做任何代数运算。例如，不能做加法，1（非常不喜欢）加上一个 2（有点儿不喜欢）等于 3（一般般），这显然不对。这就是该数据的第一个特点，没有具体的数值意义。

2）顺序很重要。例如，1（非常不喜欢）一定要排在 2（有点儿不喜欢）的前面，而 2（有点儿不喜欢）必须要排在 3（一般般）的前面。这个顺序很重要，这就是称其为"定序数据"的原因。

定序回归常见的应用场景包括：各种关于消费者偏好的市场调研（李克特 1～5 点量表）；豆瓣上对电影的打分评级（1～5 分）；电商平台上对商品或商家的满意程度（1～5 颗星）；在医学应用中，有些重要的心理相关的疾病（如抑郁症）也会涉及定序数据等。

第四式：计数回归

如果因变量 Y 是一个计数数据，那么对应的回归分析模型就是计数回归。什么是计数数据呢？计数数据就是数数的数据。例如，谁家有几个孩子，养了几条狗。这样的数据有什么特点？必须是非负的整数。例如，谁家有负 3 个孩子，这种说法是不对的；这样的数据不能是小数，例如，谁家养了 1.25 只小狗，这种说法显然也是不对的。

计数数据常见的应用有哪些呢？在客户关系管理中，有一个经典的 RFM 模型，其中 F 表示 frequency，指的是一定时间内客户到访的次数。客户到访的次数可以是 0 次，也可以是 1 次、2 次、很多次，但是不能是-2 次，也不能是 2.3 次。在医学研究中，一个癌症病人体内肿瘤的个数可以是没有，也可以是 1 个、2 个，或者很多个。在社会研究中，随着二孩政策的放开，一对夫妻选择生育多少个孩子呢？可以是 0 个、1 个，也可以是 2 个，但是不能是-2 个，也不能是 0.7 个。

第五式：生存回归

生存回归是生存数据回归的简称，是因变量 Y 为生存数据的回归分析模型。生存数据用于刻画一个现象或个体存续生存了多久，也就是常说的生存时间。为此需要清晰定义：什么是"出生"？什么是"死亡"？

以人的自然出生为"出生"，以人的自然死亡为"死亡"，就定义了一个人的寿命，这就是一个典型的生存数据，该数据对寿险精算非常重要；以一个电子产品（如灯泡）第一次使用为"出生"，最后报废为"死亡"，就定义了产品的使用寿命；以一个消费者注册成为会员为"出生"，到某天流失不再登录为"死亡"，就定义了一个消费者的生命周期；以一个企业的工商注册为"出生"，破产注销为"死亡"，就定义了企业的生存时间；以一个创业团队获得 A 轮融资为"出生"，创业板上市为"死亡"（请注意，这是一个开心的死亡），就定义了风险投资回报的周期。由此可见，生存数据无处不在。

生存数据看起来是一个连续型数据，那么为什么不用线性回归呢？如果生存数据是被精确观测到的，那么普通线性回归确实可以用来分析生存数据，但问题是生存数据有可能并未被精确观测到。

以人的寿命为例，在抽样调查过程中，隔壁老王被抽中。老王今年 60 岁，身体倍儿棒，吃嘛嘛香，核心问题是他还健康地活着。因此，他的最终寿命 Y 并不为人所知，但可以确定的是，Y 一定比 60 大。这是一个重要的信息。所以，在数据上把 Y 记作 60+。只要数据后面跟着一个"+"，就表明真实的数值比这个数大，但是大多少不知道。这种数据称作截断的数据（censored data）。这就是生存数据最独特的地方。

9.2.2　简单线性回归

某网店刚刚完成了一波付费流量的推广，并且此网店的运营总监认为，店铺的付费流量投入（用 x 表示）与利润（用 y 表示）是正相关（数据见"相关与回归"工作簿中"付费流量和利润"工作表），也就是说，花越多的钱去购买流量，也会收获更多的利润。利用回归分析，我们能求出一个说明因变量 y 是如何依赖自变量 x 的方程。

1. 回归分析的步骤

回归分析的主要步骤如下。

1）依据经济学理论并且通过对问题的分析判断，将变量分为自变量和因变量。一般情况下，自变量表示原因，因变量表示结果。

2）设法找出合适的数学方程式（回归模型）描述变量间的关系。

3）估计模型的参数，得出样本回归方程。由于涉及的变量具有不确定性，接着还要对回归模型进行统计检验、计量经济学检验、预测检验。

4）当所有检验都通过后即可应用回归模型了。

2. 回归模型

简单线性回归模型为

$$y = \beta_0 + \beta_1 x + \varepsilon$$

相应的参数估计方程为

$$\hat{y} = \widehat{\beta_0} + \widehat{\beta_1} x$$

应用最小二乘法估计回归模型中的回归参数 $\widehat{\beta_0}$、$\widehat{\beta_1}$：

$$\widehat{\beta_1} = \frac{\sum(x-\bar{x})(y-\bar{y})}{\sum(x-\bar{x})^2}$$

$$\widehat{\beta_0} = \bar{y} - \widehat{\beta_1}\bar{x}$$

3. 结果的整理与解读

线性回归模型的估计并不困难，但是 Excel 的（包括其他软件）结果输出并不友好，不适合直接截图放入报告。比较好的做法是，把最重要的结果整理成图表进行展示。必要的展示内容包括变量名、系数估计值、p 值、F 检验的结果、R 方或者调整的 R 方。上述的估计结果可以被整理成表 9-1 的"美丽模样"。

表 9-1 模型回归结果

变量	回归系数	p 值	备注
截距项	-51.5169615445517	0.255912263510825	
付费流量投入	1.03905610236521	0.000035705453043	单位：元
F 检验	0.000035705453043	R 方	0.771622207

具体地，需要做以下方面的解读。

4. 模型的整体评价

（1）F 检验的结果

F 检验的原假设是所有的斜率系数都为 0（不包括截距系数），也就是这么多自变量中没有一个是显著的。我们希望这个检验的原假设被拒绝（p 值小于显著性水平），这意味着至少有一个自变量对因变量有显著影响，或者说模型整体是显著的。在本案例中，F 检验的 p 值小于显著性水平（0.05），因此模型整体是显著的，说明付费流量投入对利润有显著影响。

(2) R 方的大小

R 方是一个介于 0 到 1 之间的数，代表回归模型能够解释因变量变异的程度。一个回归模型的 R 方虽然越大越好，但一味追求精度（较高的 R 方）并不应该成为建模的目标，更不应该过分纠结在 R 方多大才算好这类没有标准答案的问题上。本案例的 R 方约为 0.7716，具体解读为自变量能够解释因变量（利润）变异的 77.16%。

(3) 调整的 R 方

调整的 R 方考虑了模型的复杂程度，也就是自变量的个数。其含义与 R 方非常类似，更多地被用于不同模型拟合优度的比较（因变量必须相同）。这主要是因为，自变量的个数越多，R 方就会越大，但是调整的 R 方不一定越大。因此，想要做模型间的比较，R 方不是一个好的选择，调整的 R 方更加合适。

5. 回归系数的解读

在给出具体的解读之前，需要注意两点：第一，当系数估计显著时（相应的 p 值小于显著性水平），才有解读的必要；第二，在解读某一回归系数的时候，不要忘记写一句"控制其他因素不变"，这样才更加严谨。

以付费流量投入为例：控制其他因素不变，每增加 1 元的付费流量投入，利润便会平均增加 1.0391 元。这里注意到，在实际汇报的时候，利润平均增加 1.0391 元，是一个令人吃惊的数字。这是因为运营投入的取值范围比较大，因此，结果的汇报需要根据实际情况灵活调整。例如，这里可以解读为控制其他因素不变，付费流量投入每增加 100 元，利润平均增加 103.9 元。

总结一下线性回归模型的估计结果，需要关注模型的整体情况（F 检验和 R 方）及回归系数的解读。但这还远远不够，我们需要对模型做一些最基本的诊断与改进，尽可能地使用更加合理的模型。

9.2.3 模型诊断与改进技巧

线性回归模型有很多假设，这里不全部列出，而是重点讲解几个常见的问题和相应的诊断工具。

1. 模型设定偏误、异方差和残差图

通常，线性回归模型要假设误差是 0 均值、同方差的。由于误差是观测不到的，那么需要通过对看得见、摸得着的残差（预测值与真实值之差）进行检验。值得注意的是，误差和残差是两个概念，要注意区分，不可混用。基于残差构造的检验有许多种方法，这里介绍一种常用的图形化方法：残差图。

残差图的横轴通常是预测值，纵轴是残差值。如果误差项服从上述假设，那么残差应该表现出"以 0 为平均水平，无规律地散乱分布"，如图 9-6（a）所示。如果残差图呈现出一定的规律，那么就要怀疑这些假设。具体地，图 9-6（b）所示残差并不以 0 为平均水平波动，而是呈现出抛物线的形状，这说明模型设定出现了偏差（模型设定偏误），很可能遗漏了重要的自变量，尤其是某些自变量的平方项。再如图 9-6（c），残差图呈现喇叭状，残差的波动随着预测值的增加而变得剧烈，这说明模型很可能违背了同方差的假设，出现了异方差的问题。

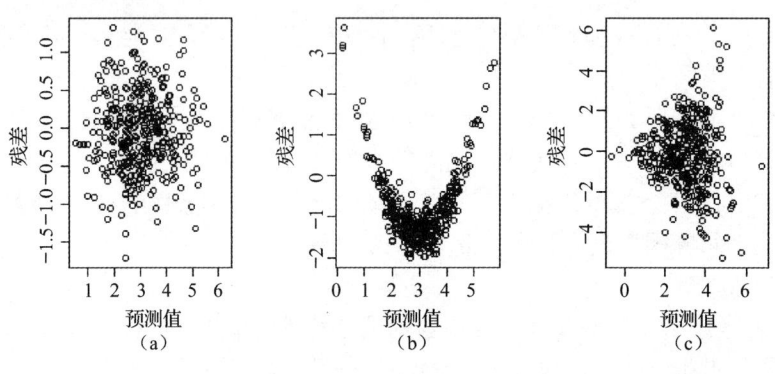

图 9-6　残差图示例

模型设定偏误，需要尝试加入新的自变量，甚至采用非线性模型。最常用且最有效的解决异方差的一个办法就是"对数变换"（前提是因变量取值为正数），如图 9-7 所示。在许多实际数据分析过程中，对数变换能很好地稳定方差，改善分布不对称情况，堪称数据分析界的"整容神器"。需要注意的是，数据分析报告以解决实际问题为目标，在一定的合理范围内，方法越简单越好。对于学术论文，可能需要强调理论方法的难度和创新性，又是另一回事了。

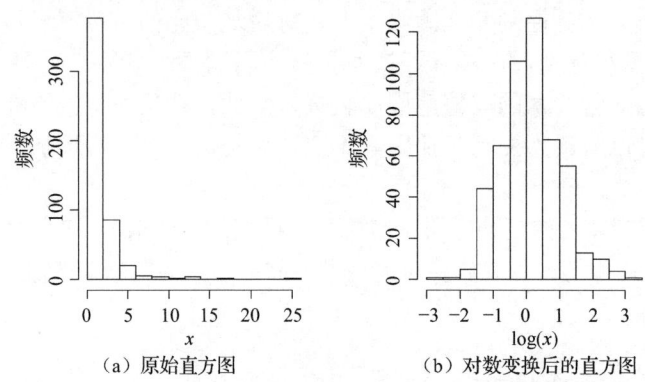

图 9-7　一组原始数据和对数变换之后的直方图

2. 非正态性和 QQ 图

除了 0 均值和同方差，线性回归模型还假设误差服从正态分布（等同于假设因变量服从正态分布）。对于正态性的检验，这里介绍一种常用的图形工具：QQ 图。QQ 图的横轴是理论分位数，纵轴是样本分位数。如果 QQ 图的散点近似成一条直线，那么可以认为样本数据来自正态分布。图 9-8 分别是标准正态分布随机数和自由度为 3 的 t 分布随机数的 QQ 图。可以看到，图 9-8（a）所示的散点几乎在一条直线上；而图 9-8（b）所示的散点在两侧的"尾巴"处已经偏离直线。正态性假设的违背，也可以通过对数变换改善。

3. 强影响点和 Cook 距离

在计算某种指标的时候，如果包含和不包含某个样本点对结果的影响很大，那么这个样本点就可以被理解为强影响点。举一个极端一点儿的例子，假如世界首富在你的班级里，现在要计算你的班级的人均收入，包含和不包含世界首富的人均收入差距肯定极大，那么"世界首富"就是一个强影响点。包含和不包含"你"所计算得到的人均收入，差距不大，那么"你"就不是一个强影响点。

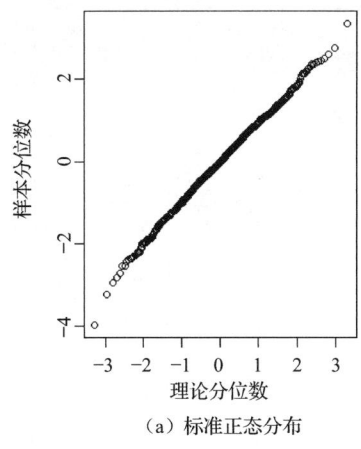 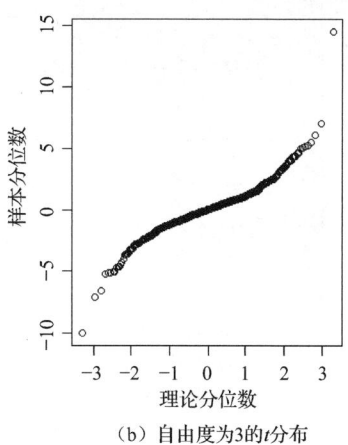

　　（a）标准正态分布　　　　　　　（b）自由度为3的t分布

图 9-8　QQ 图示例

　　对线性回归来说，如果包含和不包含某个样本点对回归系数估计值的影响很大，那么这个样本点就可以视为强影响点。Cook 距离就是基于这样一种思想构造的。先求解基于全样本的系数估计，再计算去掉某一样本之后的系数估计，根据这两种估计可以构造某种距离，最常用的就是 Cook 距离。注意，每一个样本点都能算出一个 Cook 距离。

　　Cook 距离没有标准答案。一个经验性的判断是，如果大多数样本点的 Cook 距离都很小，则其属于 0.01 的水平；而某几个样本点的 Cook 距离达到了 0.1 这个水平，就值得怀疑。对于强影响点，通常采取"删除"的手段。但是，强影响点的出现并不是坏事，我们可以通过强影响点来辅助查看是不是数据搜集等环节出了问题，才导致出现了异常。

9.3　应用 Excel 进行相关与回归分析

　　例：某网店刚刚完成了一波付费流量的推广，并且此网店运营总监认为，店铺的付费流量投入（用 x 表示）与利润（用 y 表示）是正相关的（数据见"相关与回归"工作簿中"付费流量和利润"工作表），也就是说，花更多的钱去购买流量，也会收获更多的利润。请利用 Excel 进行相关与回归分析，并得出相关结论。

9.3.1　计算相关系数

1. 基于公式法

1）打开"相关与回归"工作簿，选择"付费流量和利润"工作表，如图 9-9 所示。

2）选择 B16 单元格，在编辑栏中输入"=AVERAGE(B2:B15)"。

3）选择 C16 单元格，在编辑栏中输入"=AVERAGE(C2:C15)"。

4）选择 D2 单元格，在编辑栏中输入"=B2-$B$16"，用鼠标向下拖曳填充柄至 D15 单元格。

5）选择 E2 单元格，在编辑栏中输入"=C2-$C$16"，用鼠标向下拖曳填充柄至 E15 单元格。

6）选择 F2 单元格，在编辑栏中输入"=D2*E2"，用鼠标向下拖曳填充柄至 F15 单元格。

	A	B	C	D	E
1	日期	付费流量	利润	x-平均值	y-平均值
2	2016/5/1	¥ 130.00	¥ 50.00	¥ -97.21	¥ -134.57
3	2016/5/2	¥ 200.00	¥ 168.00	¥ -27.21	¥ -16.57
4	2016/5/3	¥ 250.00	¥ 178.00	¥ 22.79	¥ -6.57
5	2016/5/4	¥ 240.00	¥ 165.00	¥ 12.79	¥ -19.57
6	2016/5/5	¥ 450.00	¥ 448.00	¥ 222.79	¥ 263.43
7	2016/5/6	¥ 560.00	¥ 475.00	¥ 332.79	¥ 290.43
8	2016/5/7	¥ 120.00	¥ 15.00	¥ -107.21	¥ -169.57
9	2016/5/8	¥ 89.00	¥ 68.00	¥ -138.21	¥ -116.57
10	2016/5/9	¥ 150.00	¥ 160.00	¥ -77.21	¥ -24.57
11	2016/5/10	¥ 78.00	¥ 60.00	¥ -149.21	¥ -124.57
12	2016/5/11	¥ 260.00	¥ 450.00	¥ 32.79	¥ 265.43
13	2016/5/12	¥ 350.00	¥ 287.00	¥ 122.79	¥ 102.43
14	2016/5/13	¥ 156.00	¥ 12.00	¥ -71.21	¥ -172.57
15	2016/5/14	¥ 148.00	¥ 48.00	¥ -79.21	¥ -136.57

图 9-9　打开工作表

7）选择 G2 单元格，在编辑栏中输入 "=D2^2"，用鼠标向下拖曳填充柄至 G15 单元格。

8）选择 H2 单元格，在编辑栏中输入 "=E2^2"，用鼠标向下拖曳填充柄至 H15 单元格。

9）选择 F17 单元格，在编辑栏中输入 "=SUM(F2:F15)"；选择 G17 单元格，在编辑栏中输入 "=SUM(G2:G15)"；选择 F17 单元格，在编辑栏中输入 "=SUM(H2:H15)"。

10）选择 B19 单元格，在编辑栏中输入 "=F17/SQRT(G17*H17)"。

2. 基于工具

1）加载"数据分析"模块。先按 Alt+T 组合键，松开后再单独按 I 键，出现图 9-10 所示"加载宏"对话框，选中"分析工具库"复选框和"分析工具库-VBA 函数"复选框，单击"确定"按钮。

2）单击"数据"选项卡中的"数据分析"按钮，打开"数据分析"对话框，在"分析工具"列表框中选择"相关系数"选项，单击"确定"按钮，如图 9-11 所示。

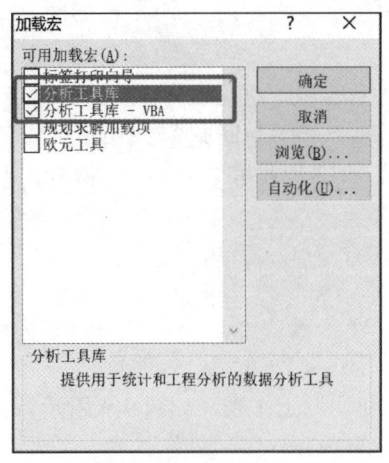

图 9-10　加载"数据分析"模块

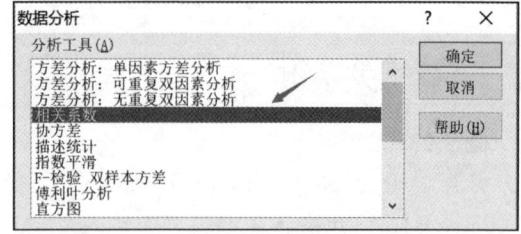

图 9-11　选择"相关系数"

3）在打开的"相关系数"对话框中，单击"输入区域"右边的折叠按钮，在工作表中选择数据区域"$B$2:$C$15"，设置"分组方式"为"逐列"，注意不要选中"标志位于第一行"复选框，单击"输出区域"右边的折叠按钮，在工作表中选择单元格"$B$20"，最后单击"确定"按钮，如图 9-12 所示。

第9章 相关与回归

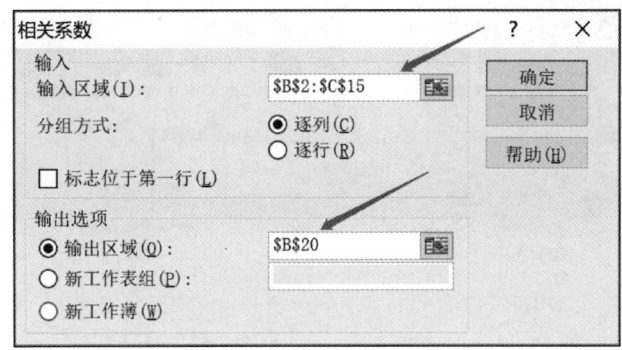

图9-12 设置参数

最终结果如图9-13所示，方框处为求得的相关系数。

19	相关系数（公式）	0.87842029		
20	相关系数（数据分析）		列1	列2
21		列1	1	
22		列2	0.87842029	1

图9-13 最终结果

9.3.2 进行回归分析

1. 利用图表进行回归分析

1）打开"相关与回归"工作簿，选择"付费流量和利润"工作表，如图9-14所示。

	A	B	C	D	E
1	日期	付费流量	利润	x-平均值	y-平均值
2	2016/5/1	¥ 130.00	¥ 50.00	¥ -97.21	¥ -134.57
3	2016/5/2	¥ 200.00	¥ 168.00	¥ -27.21	¥ -16.57
4	2016/5/3	¥ 250.00	¥ 178.00	¥ 22.79	¥ -6.57
5	2016/5/4	¥ 240.00	¥ 165.00	¥ 12.79	¥ -19.57
6	2016/5/5	¥ 450.00	¥ 448.00	¥ 222.79	¥ 263.43
7	2016/5/6	¥ 560.00	¥ 475.00	¥ 332.79	¥ 290.43
8	2016/5/7	¥ 120.00	¥ 15.00	¥ -107.21	¥ -169.57
9	2016/5/8	¥ 89.00	¥ 68.00	¥ -138.21	¥ -116.57
10	2016/5/9	¥ 150.00	¥ 160.00	¥ -77.21	¥ -24.57
11	2016/5/10	¥ 78.00	¥ 60.00	¥ -149.21	¥ -124.57
12	2016/5/11	¥ 260.00	¥ 450.00	¥ 32.79	¥ 265.43
13	2016/5/12	¥ 350.00	¥ 287.00	¥ 122.79	¥ 102.43
14	2016/5/13	¥ 156.00	¥ 12.00	¥ -71.21	¥ -172.57
15	2016/5/14	¥ 148.00	¥ 48.00	¥ -79.21	¥ -136.57

图9-14 打开工作表

2）单击"插入"选项卡中的"散点图"下拉按钮，选择"散点图"→"仅带数据标记的散点图"选项，如图9-15所示。

3）单击"设计"选项卡中的"选择数据"按钮，打开"选择数据源"对话框。单击"图表数据区域"右边的折叠按钮，在工作表中选择数据区域"=付费流量和利润!$B$1:$C$15"，单击"确定"按钮，如图9-16所示。

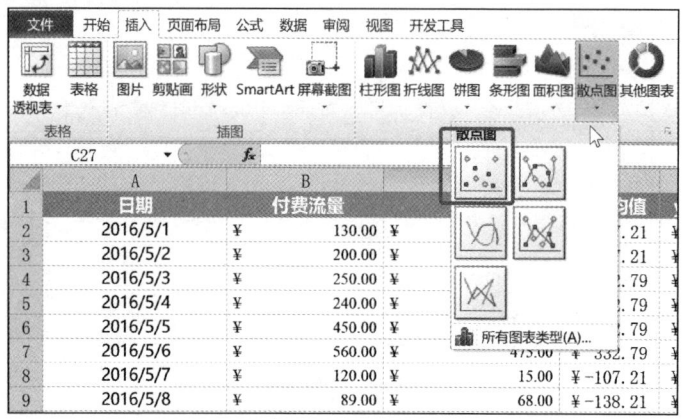

图 9-15 选择散点图

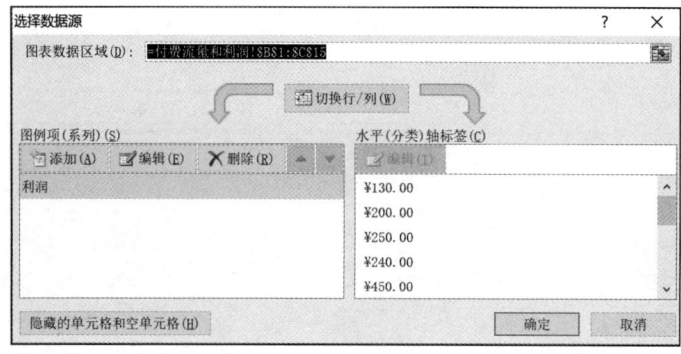

图 9-16 "选择数据源"对话框

4）用鼠标激活散点图。把鼠标指针放在任一数据上，右击，在弹出的快捷菜单中选择"添加趋势线"命令，打开"设置趋势线格式"对话框，如图 9-17 所示。

5）在"设置趋势线格式"对话框中，选择"趋势线选项"选项卡，选中"线性"单选按钮，Excel 将显示一条拟合数据点的直线。在对话框下部选中"显示公式"复选框和"显示 R 平方值"复选框，单击"关闭"按钮，如图 9-18 所示。

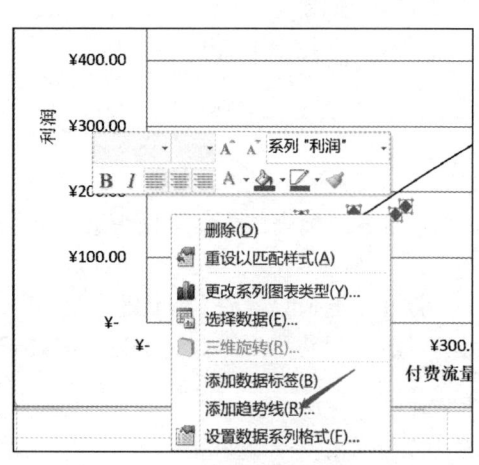

图 9-17 添加趋势线

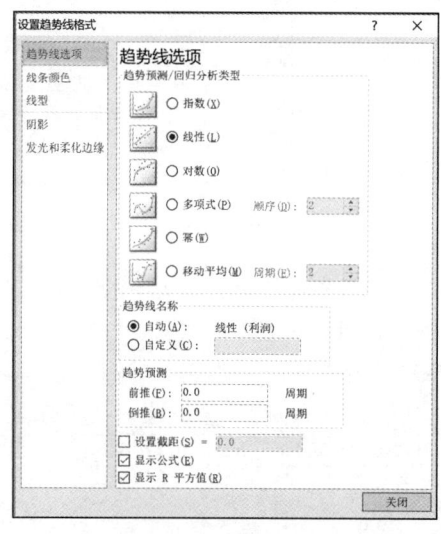

图 9-18 "设置趋势线格式"对话框

6）添加图题和坐标轴标签，最终效果图如图 9-19 所示。图 9-19 所示的回归结果表明，每增加 1 元的付费流量投入，利润便会平均增加 1.0391 元。R^2 等于 0.7716 表明利润的变化中可用付费流量投入的变化来解释 77%。付费流量投入和利润之间存在着明显的正相关关系，即付费流量投入越多，获得的利润就越大。

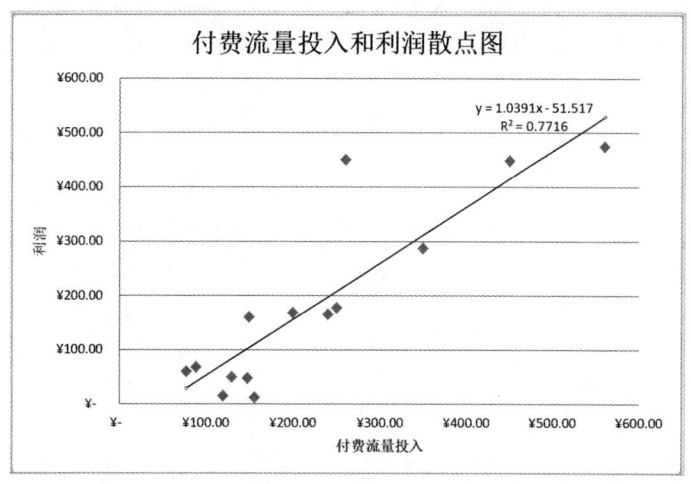

图 9-19 最终效果图

2. 应用函数进行回归分析

1）利用已知的 x 值和 y 值计算回归直线在 y 轴的截距。语法结构为

INTERCEPT（Known_y's, Known_x's）

其中，Known_y's 为所观测的因变量数据或数据组，Known_x's 为所观测的自变量数据或数据组。选择 B25 单元格，在编辑栏中输入"=INTERCEPT(C2:C15,B2:B15)"。

2）返回根据 Known_y's 和 Known_x's 中的数据点拟合的线性回归直线的斜率。语法结构为

SLOPE（Known_y's, Known_x's）

其中，Known_y's 为所观测的因变量数据或数据组，Known_x's 为所观测的自变量数据或数据组。选择 B24 单元格，在编辑栏中输入"=SLOPE(C2:C15,B2:B15)"。

3）返回根据 Known_y's 和 Known_x's 中的数据点计算得出的 Pearson 积矩相关系数的平方。语法结构为

RSQ（Known_y's, Known_x's）

其中，Known_y's 为所观测的因变量数据或数据组，Known_x's 为所观测的自变量数据或数据组。选择 B26 单元格，在编辑栏中输入"=RSQ(C2:C15,B2:B15)"。

利用得到的截距和斜率，回归方程可以表述为

$$\hat{y} = 1.0391x - 51.517$$

3. 应用回归分析工具进行回归分析

1）单击"数据"选项卡中的"数据分析"按钮，打开"数据分析"对话框，在"分析工具"列表框中选择"回归"选项，单击"确定"按钮，如图 9-20 所示。

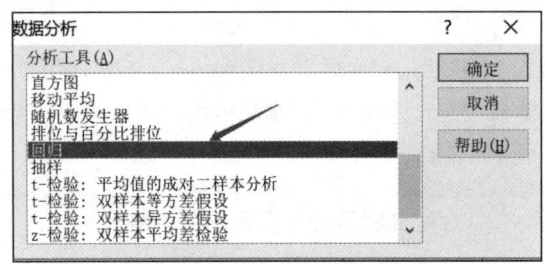

图 9-20 "数据分析"对话框

2)在打开的"回归"对话框中,单击"Y 值输入区域"右边的折叠按钮,在工作表中选择数据区域"$C$2:$C$15",单击"X 值输入区域"右边的折叠按钮,在工作表中选择数据区域"$B$2:$B$15",设置"置信度"为 95%,单击"输出区域"右边的折叠按钮,在工作表中选择单元格"$A$31",最后单击"确定"按钮,如图 9-21 所示。回归分析输出结果如图 9-22 所示。

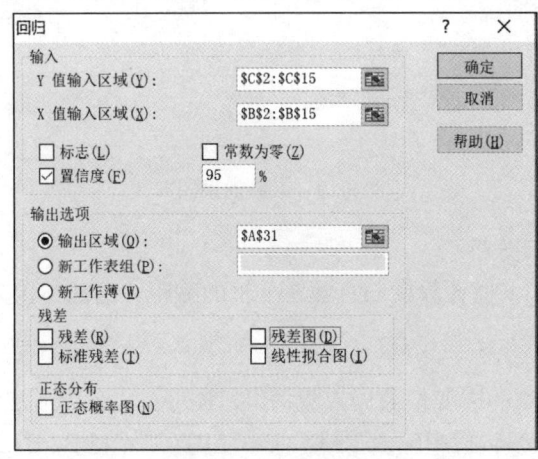

图 9-21 "回归"对话框

SUMMARY OUTPUT								
回归统计								
Multiple R	0.87842029							
R Square	0.771622207							
Adjusted R Square	0.752590724							
标准误差	82.81823103							
观测值	14							
方差分析								
	df	SS	MS	F	Significance F			
回归分析	1	278089.1159	278089.116	40.5445133	3.57055E-05			
残差	12	82306.31269	6858.85939					
总计	13	360395.4286						
	Coefficients	标准误差	t Stat	P-value	Lower 95%	Upper 95%	下限 95.0%	上限 95.0%
Intercept	-51.51696154	43.18156745	-1.1930313	0.25591226	-145.6015147	42.56759161	-145.6015147	42.56759
X Variable 1	1.039056102	0.163182263	6.36745737	3.5705E-05	0.683512494	1.39459971	0.683512494	1.3946

图 9-22 回归分析输出结果

思考与实训

"相关与回归"工作簿中的"店铺数据"工作表展示了某网店的重要运营数据,请完成以下任务。

1）制作商品浏览量和加购次数散点图，并描述两者之间关系。

2）制作平均停留时长和加购次数散点图，并描述两者之间关系。

3）分别采用公式法和相关系数工具计算商品浏览量和加购次数散点图的相关系数，并给出结论。

3）分别采用公式法和相关系数工具计算平均停留时长和加购次数的相关系数，并给出结论。

4）分别采用图表、函数和回归分析工具3种方法制作商品浏览量和加购次数的回归模型，并给出结论。

第10章

时间序列分析与预测

在社会经济现象中,许多现象都随时间的推移而发生变化。将以一定方式收集并按其原有时间顺序排列的一系列数据称为时间序列。研究时间序列,有助于掌握现象的发展趋势,认识其规律性,进而进行各种科学、可靠的预测。

10.1 时间序列的特点与分解

1. 时间序列的特点

从预测角度看,时间序列具有以下4个特点。

1) 时间序列按时间先后顺序排列。

2) 时间序列是按一定方式搜集的一系列数据。具体而言,它应符合两个方面要求:第一,时间序列中的各个数值的间隔应当是相当的;第二,在每一周期内,数据采集的起点应当相同。

3) 时间序列中的观测值具有差异,即时间序列的每个数据都是在某一个时间点上观测到的随机变量,重复的可能性极小。

4) 时间序列中的数据不允许遗漏,哪怕是一次观测数据的遗漏都可能破坏预测等式。

2. 时间序列的分解

时间序列各项发展水平(观测值)的变化是许多复杂因素共同作用的结果。不同性质的因素所起的作用不同,它们运动变化的形式也不同。这些不同的变动形式综合作用的结果形成了现实的时间序列。通常可以把时间序列(Y)分解为以下4种变动。

1) 长期趋势变动(T)。长期趋势变动是时间序列变动的基本形式。它是各个时期普遍的、持续的、决定性的基本因素共同作用的结果,它呈现出各期发展水平沿着一个方向上升或下降的变动趋势。

2) 季节变动(S)。季节变动是指气候、社会制度及风俗习惯等因素,使现象按一定的时间间隔呈现的周期性变化。

3) 周期波动(C)。周期波动是一种以数年为周期的周期性变动。它可能是一种景气变动、经济变动或其他周期变动,也可以代表经济或某个特点产业的波动。

4)不规则变动(I)。不规则变动是由偶然因素引起的随机变动,如故障、罢工、地震、水灾、法令更改等原因造成的变动。

在经济分析中,季节变动和不规则变动的存在干扰了对经济发展趋势及经济发展状态的分析和判断。因此,剔除季节变动和不规则变动的影响非常重要。根据时间序列的4个构成要素及其模型中的相互关系,时间序列分解模型一般分为两类,即乘法模型和加法模型,经常使用的是乘法模型。

乘法模型的一般形式为

$$Y = T \times S \times C \times I$$

式中,Y、T 是总量指标;S、C、I 为比率,用百分数表示。

加法模型的一般形式为

$$Y = T + S + C + I$$

式中,Y、T、S、C、I 都是总量指标。

10.2 折线图

我们可以使用折线图来描述时间序列。时间序列数据的典型特征是带有时间标签,因此折线图的横轴是时间(顺序不能乱),纵轴是某一指标取值。将每个时间点上采集到的指标取值标在图上,相邻的两个点用直线连接起来,就形成了折线图。

图 10-1 展示的是某电视剧初映时百度搜索指数时间序列图。从这张图上能够明显看出"周期"规律,原因是该剧每周一和周二播出,因此周一和周二的搜索会出现一个波峰,呈现出周期规律。

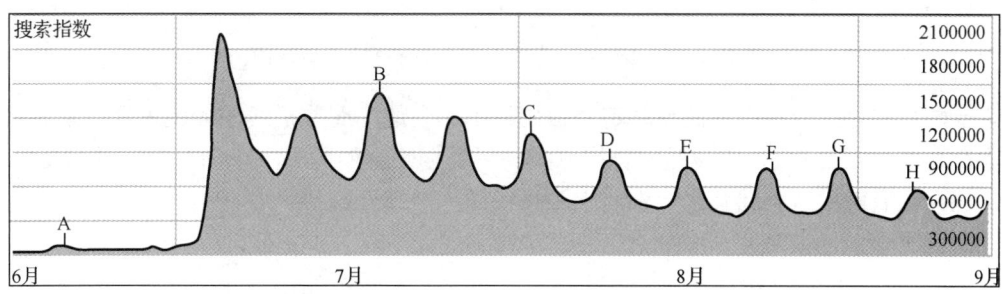

图 10-1 某电视剧百度搜索指数

里约奥运会结束之后,迷妹们忙得不知道选谁当"老公"好。图 10-2 是当时新晋"国民老公"某运动员的百度搜索指数时间序列图。与图 10-1 不同的是,这张图没有明显的周期规律,而是出现了两个非常明显的"波峰"。当时正值奥运会,所以该运动员的搜索量突增。

由图 10-1 和图 10-2 可以看出折线图具有如下三大特点。

1)看趋势。指标随着时间的变化,呈现递增、递减还是持平的趋势。

2)看周期。指标的取值是否呈现一定的周期规律(如某电视剧的搜索指数)。

3)看突发事件。指标的取值是否因为某个事件的发生,出现波峰或者波谷(如某运动员的搜索指数)。

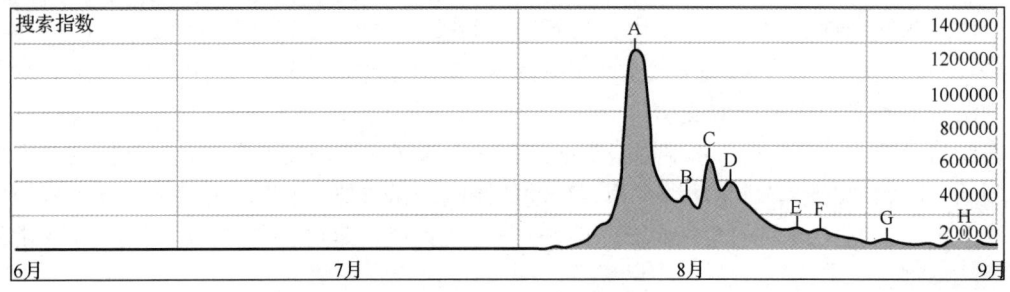

图 10-2　某运动员百度搜索指数

另外，折线图也可以用来对比多个指标的变化，也就是一张图里有多条折线。

图 10-3 是北京市出租车在工作日和周末每小时接单数的时间序列图。从图中可以看出：①工作日和周末出租车每小时接单数变化趋势相同，有两个高峰，分别是上午 9 点到下午 1 点及晚上 18—20 点；②在上午 8 点到下午 14 点的时间段，出租车工作日接单数大于周末接单数；③在凌晨时段，周末的接单数多于工作日。这从一定程度上反映了人们在工作日和周末的出行规律。

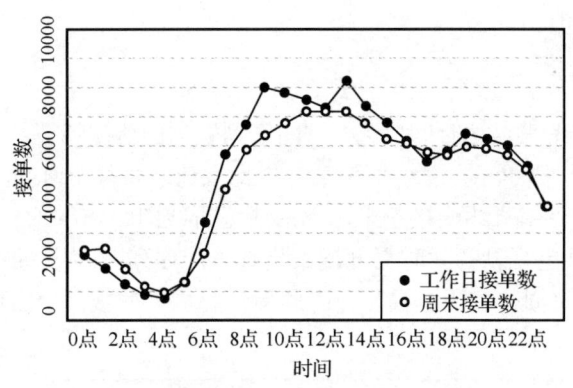

图 10-3　工作日和周末的出租车小时接单数折线图

需要注意的是，经济指标的变化趋势惯用柱形图表达，而非折线图（这里没有孰对孰错，主要看个人使用习惯）。图 10-4 是根据国家统计局数据画出的民用汽车拥有量随时间变化的柱形图，柱高代表民用汽车拥有量，本质上跟折线图一个道理。

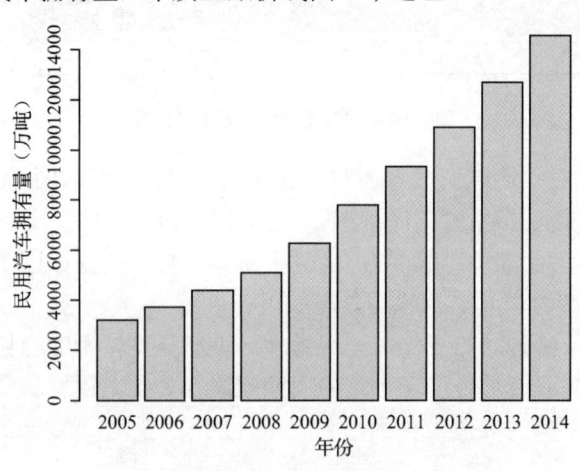

图 10-4　2005—2014 年民用汽车拥有量

最后展示两幅"丑陋"的折线图(见图10-5),并进行点评。

1)图10-5(a):两根线飘在空中,让人不明所以,建议对纵轴展示范围进行调整。

2)图10-5(b):整体比较混乱。如果有太多的信息想要表达,而且非要在一个图中表达,就是这个效果。

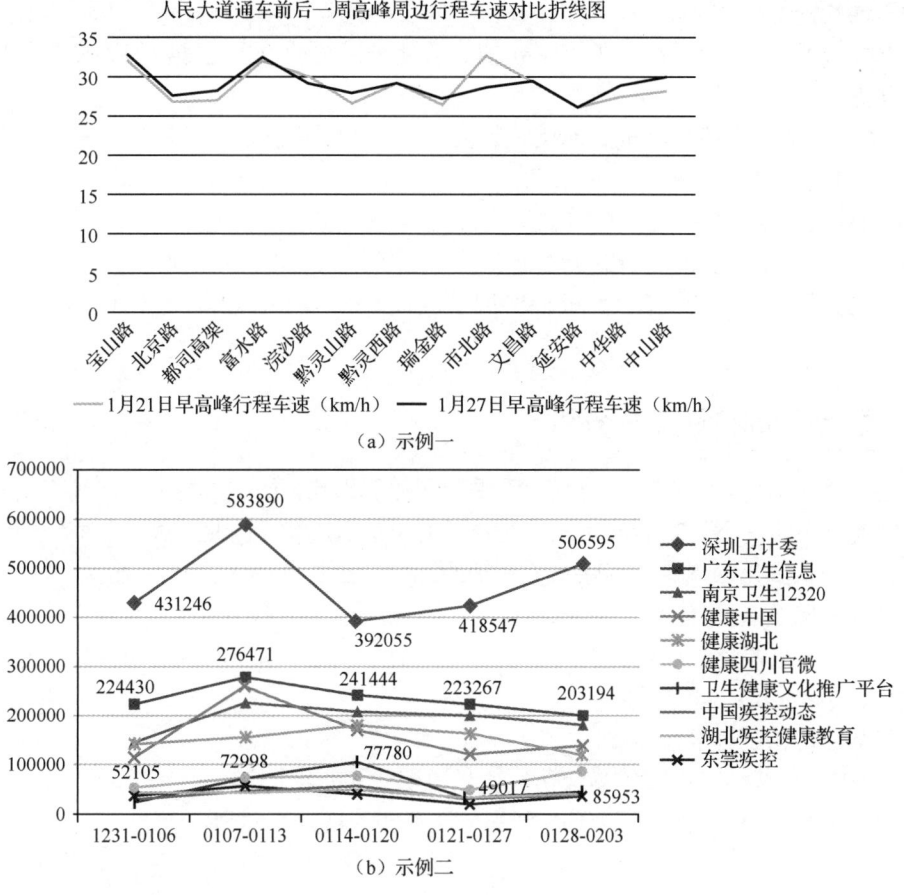

图10-5 两幅不美观的折线图示例

10.3 变动分析与测定

10.3.1 移动平均法分析与预测

长期趋势的测定方法主要有3种:移动平均法、指数平滑法和回归法。本书主要介绍移动平均法。

移动平均法是在算术平均法的基础上发展起来的预测方法。它利用过去若干期实际值的均值来预测现象的发展趋势。

简单移动平均公式为

$$M_{t+1} = \frac{1}{N}\sum_{j=1}^{n} A_{t-j+1}$$

式中，N 为期数；A_{t-j+1} 为 $t-j+1$ 期的实际值；M_{t+1} 为 $t+1$ 期的预测值。

有时为消除季节变动因素的影响，通常对月度数据或季度数据进行 12 项或 4 项移动平均，即项数为偶数。此时，常进行所谓移动平均的中心化，即取连续的两个移动平均值的平均值作为该月或季的值。

移动平均法的特点如下。

1）加大移动平均法的期数（即加大 n 值）会使平滑波动效果更好，但会使预测值对数据的实际变动更不敏感。

2）移动平均值并不能总是很好地反映趋势。由于基于平均值，预测值总是停留在过去的水平上而无法预计将来更高或更低的波动。

3）采用移动平均法要有大量的过去数据的记录。

4）通过引进越来越多的新数据，不断修改平均值，以之作为预测值。

本书主要介绍移动平均法在 Excel 中实现的两种方法，即公式预测法和移动平均分析工具预测法。

10.3.2 季节变动的测定与分析

在社会经济生活中，许多现象的变动受季节变化的影响，如电风扇、空调等商品的销售额变化。这些变化虽然具有一定的波动性，但表现出一定的规律。因此，对季节变动的测定与分析有利于识别现象变化的规律，剔除季节变动的影响，更加准确地分析时间序列。

长期趋势剔除法是在移动平均法的基础上，以乘法模型（$Y = TSCI$）为理论基础的测定季节变动的方法，它能避免长期趋势与周期波动的影响，净化季节变动的规律性，从而实现较为准确的预测。

长期趋势剔除法的计算步骤如下。

1）利用中心化移动平均法计算长期趋势与周期波动要素 TC_i。

2）从时间序列中剔除掉 TC_i，就得到季节波动和不规则变动 SI_i。

$$SI_i = \frac{Y_i}{TC_i}$$

3）按季求 SI_i 的平均数，从而剔除不规则变动 I，得到各季季节指数 S_i^1。计算公式为

$$S_i^1 = \frac{\sum_{j=1}^{N} SI_{i+4(j-1)}}{N} \quad (N \text{ 为年数})$$

4）将初始季节指数 S_i^1 调整为正规化季节指数 S_j。依据的公式为

$$S_j = \frac{4S_i^1}{\sum_{i=1}^{4} S_i^1}$$

5）计算剔除季节变动后的时间序列 TCI_i。

$$TCI_i = \frac{Y_i}{S_i}$$

6）对 TCI_i 序列进行外推预测，得到一组预测值 T_i。

7）计算最终预测值：$Y_i^* = S_j T_i$。

10.3.3 周期波动的测定与分析

周期波动是指在相当长的时期中，现象所呈现的一种有规律的变动。它可能是一种景气变动、经济变动或其他周期变动，也可以代表经济或某个特定行业发展变化中的波动。每一个周期都有大致相同的过程：复苏、扩张、衰退和收缩。它所反映的是经济现象在连续时间内重复出现的涨落情况，强调的是现象的重复再现性。

为了及时、准确地把握周期波动情况，一般采用月度/季度数据来进行分析和预测。长期趋势剔除法的缺点是把长期趋势和周期波动视为一个分量，不能分开。

10.4 应用 Excel 进行时间序列分析与预测

例：已知 2012 年第一季度到 2016 年第四季度的某天猫店铺的季度零售额资料（见"时间序列分析与预测"工作簿中的"天猫销售"工作表），请分别测定长期趋势变动和季节变动，并对 2017 年的销售额进行预测。

10.4.1 制作折线图

1）打开"时间序列分析与预测"工作簿，选择"天猫销售"工作表，如图 10-6 所示。

	A	B	C	D	E	F	G	H
1	年份	季度	年季	销售额（万元）	3项移动平均	3项移动平均（工具）	4项移动平均	中心化移动平均
2	2012	1	12012	254.0				
3		2	2	292.4				
4		3	3	297.8				
5		4	4	330.3				
6	2013	1	12013	291.1				
7		2	2	327.6				
8		3	3	321.2				
9		4	4	354.3				
10	2014	1	12014	304.6				
11		2	2	348.4				
12		3	3	350.8				
13		4	4	374.2				
14	2015	1	12015	319.5				
15		2	2	361.5				
16		3	3	369.4				
17		4	4	395.2				
18	2016	1	12016	332.6				
19		2	2	383.5				
20		3	3	383.8				
21		4	4	407.4				
22	2017	1	12017					
23		2	2					
24		3	3					
25		4	4					

图 10-6 "天猫销售"工作表

2）单击"插入"选项卡中的"折线图"下拉按钮，选择"二维折线图"→"折线图"选项，如图 10-7 所示。

3）单击"设计"选项卡中的"选择数据"按钮，打开"选择数据源"对话框。单击"图表数据区域"右边的折叠按钮，在工作表中选择数据区域"=天猫销售!$C$1:$D$21"，单击"确定"按钮,如图 10-8 所示。

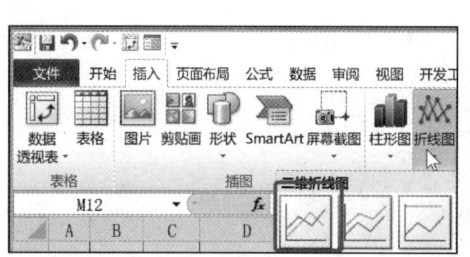

图 10-7　选择"折线图"　　　　　图 10-8　"选择数据源"对话框

4)在"设计"选项卡中选择图表布局"布局 3"和图表样式"样式 2",如图 10-9 所示。

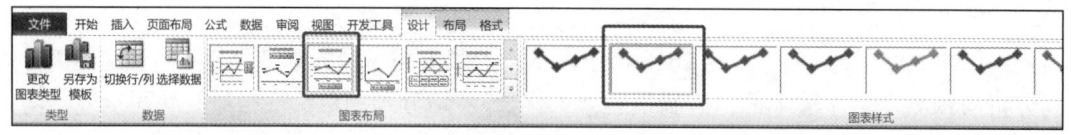

图 10-9　选择布局和样式

5)将折线图标题设置为"2012—2016 年天猫店铺季度销售额",最终效果图如图 10-10 所示。

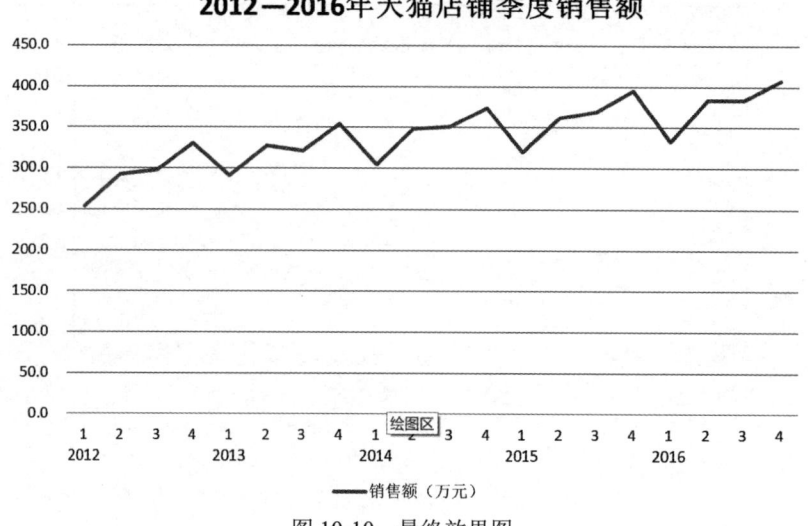

图 10-10　最终效果图

10.4.2　利用 Excel 创建公式测定 T

1)打开"时间序列分析与预测"工作簿,选择"天猫销售"工作表,如图 10-11 所示。

2)选择 E3 单元格,在编辑栏中输入"=AVERAGE(D2:D4)",用鼠标向下拖曳填充柄至 E20 单元格。

3)选择 G4 单元格,在编辑栏中输入"=AVERAGE(D2:D5)",用鼠标向下拖曳填充柄至 G20 单元格。

4）选择 H4 单元格，在编辑栏中输入"=AVERAGE(G4:G5)"，用鼠标向下拖曳填充柄至 H19 单元格。最终效果图如图 10-12 所示。

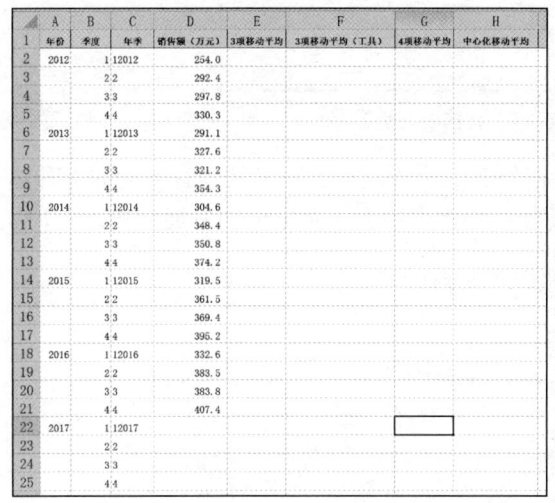

图 10-11 "天猫销售"工作表　　　　　　　图 10-12 "公式法"最终效果图

5）单击"设计"选项卡中的"选择数据"按钮，打开"选择数据源"对话框。在打开的"选择数据源"对话框中单击"添加"按钮，如图 10-13 所示。

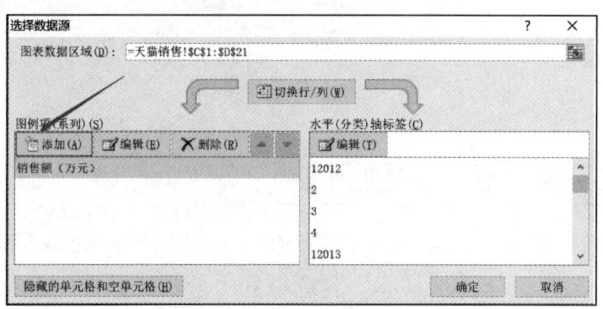

图 10-13 单击"添加"按钮

6）在打开的"编辑数据系列"对话框中，单击"系列名称"右边的折叠按钮，在工作表中选择单元格"=天猫销售!$E$1"，单击"系列值"右边的折叠按钮，在工作表中选择数据区域"=天猫销售!$E$2:$E$21"，最后单击"确定"按钮，如图 10-14 所示。

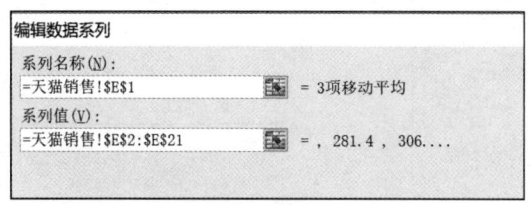

图 10-14 "编辑数据系列"对话框（一）

7）再次在"选择数据源"对话框中单击"添加"按钮。在打开的"编辑数据系列"对话框中，单击"系列名称"右边的折叠按钮，在工作表中选择单元格"=天猫销售!$H$1"，单击"系列值"右边的折叠按钮，在工作表中选择数据区域"=天猫销售!$H$2:$H$21"，最后单击"确定"按钮，如图 10-15 所示。

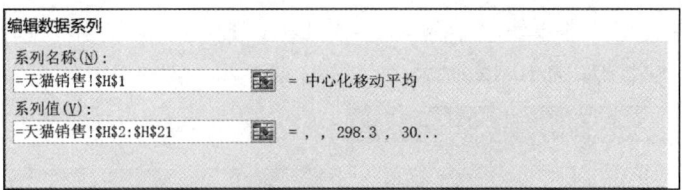

图 10-15 "编辑数据系列"对话框（二）

最终效果图如图 10-16 所示。该店铺的季度销售额的原始数据显示出其具有波动的上升趋势，利用移动平均法可以剔除这种波动性，从而使销售额表现为一种单纯的发展趋势。

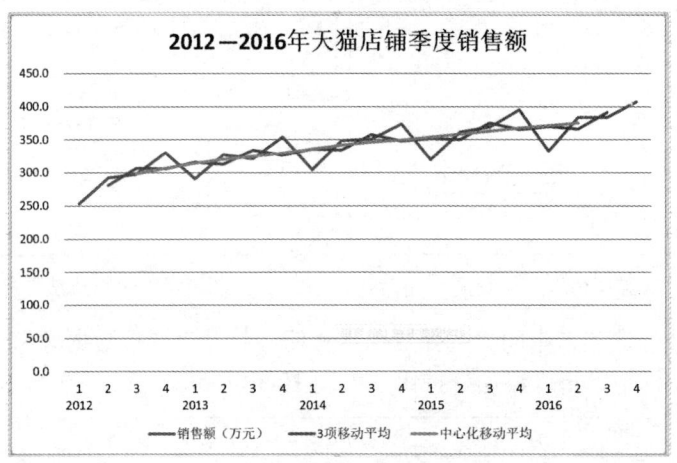

图 10-16 最终效果图

10.4.3 利用移动平均分析工具预测 T

1）加载"数据分析"模块。先按 Alt+T 组合键，松开后再单独按 I 键，出现图 10-17 所示的"加载宏"对话框，选中"分析工具库"复选框和"分析工具库-VBA 函数"复选框，单击"确定"按钮。

2）单击"数据"选项卡中的"数据分析"按钮，打开"数据分析"对话框，在"分析工具"列表框中选择"移动平均"选项，单击"确定"按钮，如图 10-18 所示。

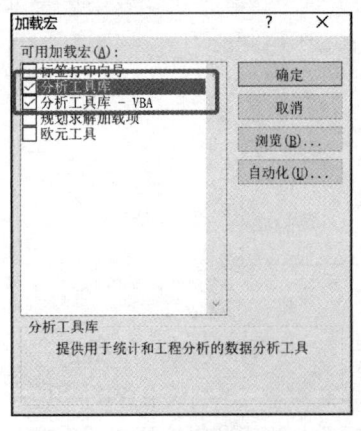

图 10-17 加载"数据分析"模块

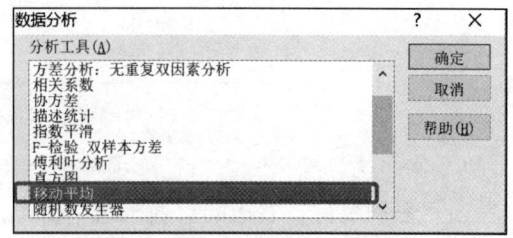

图 10-18 "数据分析"对话框

3）在打开的"移动平均"对话框中，单击"输入区域"右边的折叠按钮，在工作表中选择数据区域"\$D\$1:\$D\$21"，选中"标志位于第一行"复选框，单击"输出区域"右边的折叠按钮，在工作表中选择单元格"\$F\$1"，最后单击"确定"按钮，如图 10-19 所示。

"工具法"最终效果图如图 10-20 所示。

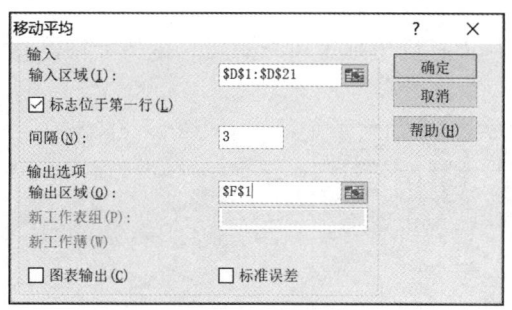

图 10-19 "移动平均"对话框

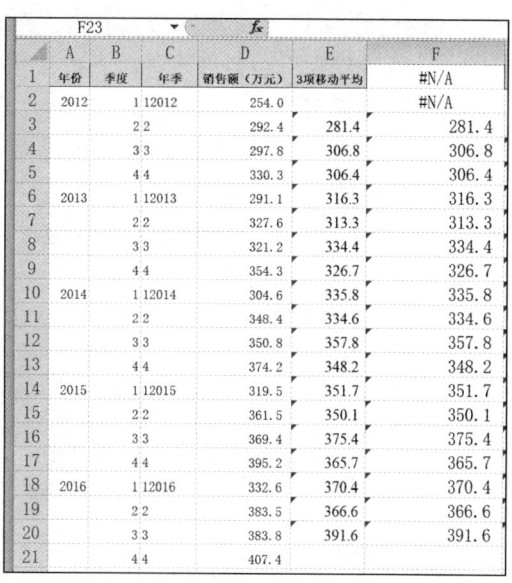

图 10-20 "工具法"最终效果图

10.4.4　长期趋势剔除法测定 S

1）选择 I4 单元格，在编辑栏中输入"=D4/H4"，用鼠标向下拖曳填充柄至 I19 单元格。

2）选择 J2 单元格，在编辑栏中输入"=AVERAGE(I6,I10,I14,I18)"，用鼠标向下拖曳填充柄至 J3 单元格，分别计算第一、第二季度的季节比率。

3）选择 J4 单元格，在编辑栏中输入"=AVERAGE(I4,I8,I12,I16)"，用鼠标向下拖曳填充柄至 J5 单元格，分别计算第三、第四季度的季节比率。

4）选择 J6 单元格，在编辑栏中输入"=SUM(J2:J5)"。

5）选择 K2 单元格，在编辑栏中输入"=4*J2/\$J\$6"，用鼠标向下拖曳填充柄至 K5 单元格。

6）选择 K6 单元格，在编辑栏中输入"=SUM(K2:K5)"，如图 10-21 所示。

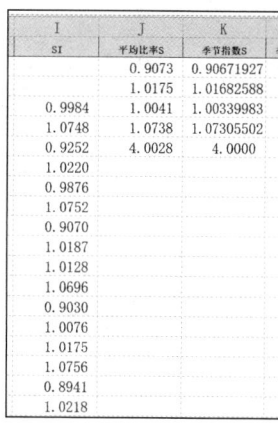

图 10-21　计算季节指数

10.4.5　基于回归模型进行预测

得到各季的季节指数后，就可以根据公式剔除季节变动因素的影响，并利用回归模型结合季节指数进行预测。

1）选择 K2:K5 单元格区域，单击"开始"选项卡中的"复制"按钮。选中 L2:L25 单元格区域，右击，在弹出的快捷菜单中选择"选择性粘贴"命令，在打开的"选择性粘贴"对话框中选中"数值"单选按钮，单击"确定"按钮。

2）在单元格 M2 中输入公式"=D2/L2"，用鼠标向下拖曳填充柄至 M21 单元格。

3）选中 M2:M21 单元格区域，右击，在弹出的快捷菜单中选择"选择性粘贴"命令，在打开的"选择性粘贴"对话框中选中"数值"单选按钮，单击"确定"按钮。把 M2:M21 中的公式形式变为数值形式。

4）选中 M2:M21 单元格区域，单击单元格 M21 右下角的填充柄并向下拖曳至单元格 M25。当 Excel 采用这种方式自动填充时，M2:M21 单元格区域中的数列自动用线性趋势预测的数据对 M22:M25 单元格区域进行拓展预测。这种方法相当于用 TREND() 函数做简单线性回归，对序列 21～24 进行预测。

5）在单元格 N22 中输入公式"=L22*M22"，用鼠标向下拖曳填充柄至 N25 单元格，最终结果如图 10-22 所示。

J	K	L	M	N
平均比率S	季节指数S	季节指数S序列	TCI*	预测值
0.9073	0.90671927	0.9067	280.130806	
1.0175	1.01682588	1.0168	287.561523	
1.0041	1.00339983	1.0034	296.790962	
1.0738	1.07305502	1.0731	307.812735	
4.0028	4.0000	0.9067	321.047549	
		1.0168	322.179053	
		1.0034	320.111676	
		1.0731	330.178783	
		0.9067	335.936391	
		1.0168	342.634866	
		1.0034	349.611382	
		1.0731	348.723964	
		0.9067	352.369261	
		1.0168	355.518094	
		1.0034	368.148359	
		1.0731	368.294256	
		0.9067	366.816953	
		1.0168	377.15405	
		1.0034	382.499568	
		1.0731	379.663664	
		0.9067	393.462981	356.7605
		1.0168	398.587152	405.2937
		1.0034	403.711322	405.0839
		1.0731	408.835492	438.703

图 10-22　最终结果

思考与实训

"时间序列分析与预测"工作簿中的"淘宝退货率"工作表为某网店 2006—2014 年的季度退货率数据，请完成以下任务。

1）制作折线图分析 2006—2014 年的季度退货率原数据。

2）采用移动平均公式法和工具法分析季度退货率长期趋势变动，并体现在上述折线图中。

3）采用长期趋势剔除法分析季度退货率季节变动。

4）对 2015 年第一季度和第二季度的退货率进行预测。

第11章 机器学习

11.1 决策树

决策树是根据数据的属性采用树状结构建立的决策模型，常常用来解决分类和回归问题。决策树是在已知各种情况发生概率的基础上，通过求取净现值的期望值大于等于零的概率，评价项目风险，判断其可行性的决策分析方法，是一种直观运用概率分析的图解法。由于这种决策分支画成图形很像一棵树的枝干，故称其为决策树。例如，随着2016年3月5日李克强总理在政府工作报告中提到要"活跃二手车市场"，以及3月25日取消二手车"限迁"政策，二手车市场必将迎来新一波的增长。那么选择什么样的指标来衡量二手车的保值现状？哪些因素影响二手车保值现状？利用决策树分析过程如下。

使用决策树建模后可以得到图 11-1 的结果。这里，决策树选择了上牌时间、里程作为先分裂的两个变量。这说明，上牌时间、里程与保值率有密不可分的关系。由此可见，汽车的保值率主要与其使用状况有关，上牌时间越早、里程越多，表明汽车使用越多，因此折损也越多。

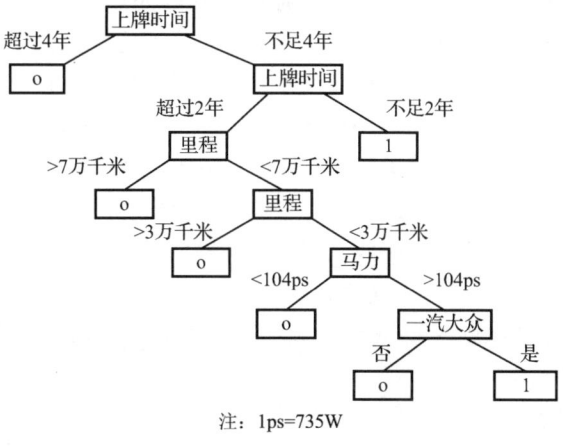

图 11-1 决策树分析实例

决策树的常见算法包括 CART（Classification And Regression Tree）、ID3、C4.5、随机森林（random forest）等，通常需要借助编程语言来实现。

11.2 聚类算法

聚类是把各不相同的个体划分为有更多相似性的子群或者簇的工作。聚类中没有预定义的类和样本。记录完全依靠其自相似性被归为一类。如果簇有意义的话，那么结果完全由使用者确定赋予该簇何种意义。

聚类通常作为市场营销的前奏。例如，不是对"客户对哪些促销反映最好"提出一个统一的适合所有人的标准，而是首先将客户划分为簇，即划分为有相似购物习惯的人群，然后提问对每个簇哪种促销反映最好。聚类在商务数据分析中的应用实例包括客户细分、客户价值分析等。

聚类算法用于将物理或抽象对象集合分组成为由类似的对象组成的多个类。聚类是将数据分类到不同的类或者簇的过程，所以同一个簇中的对象有很大的相似性，而不同簇之间的对象有很大的相异性。聚类主要解决的是"物以类聚、人以群分"。例如，按收入分群，高富帅 VS 矮穷丑；又如，按职场分群，职场精英 VS 职场小白；等等。

聚类的方法层出不穷，基于用户彼此间的距离来对用户进行聚类划分的方法是当前最流行的方法。大致思路如下：首先确定选择哪些指标对用户进行聚类；然后在选择的指标上计算用户彼此间的距离，距离的计算公式很多，最常用的是直线距离（把选择的指标当成维度，用户在每个指标下都有相应的取值，可以看作多维空间中的一个点，用户彼此间的距离就可理解为两者之间的直线距离）；最后把彼此间距离比较短的用户聚为一类，类与类之间的距离相对比较长。聚类的常见算法包括 K 均值（K-means）、分层、FCM 等。

11.3 神经网络

神经网络是一种应用类似于大脑神经突触连接的结构进行信息处理的数学模型，由人工建立的以有向图为拓扑结构的动态系统，通过对连续或断续的输入做状态响应而进行信息处理。神经网络可以充分逼近任意复杂的非线性关系；所有定量或定性的信息都等势分布储存于网络内的各神经元中，故具有很强的鲁棒性和容错性；采用分布处理方法，使得快速进行大量运算成为可能；可以学习和自适应不知道或不确定的系统；能够处理定量、定性的知识。

通俗地说，神经网络就像一个爱学习的孩子——对于教给他的知识，他是不会忘记而且会学以致用的。可以将学习集（learning set）中的内容都输入神经网络中，并指出神经网络输出应该怎么分类。在全部学习集都运行完成之后，神经网络就会根据这些例子进行总结，到底怎么归纳，过程就在一个"黑盒"中。之后就可以把测试集（testing set）中的测试例子用神经网络来分别做测试，如果测试通过（如80%或90%的正确率），那么神经网络就构建成功了。之后就可以用这个神经网络来判断事物的分类了。

神经网络在商业中的典型应用包括客户信用评估、新产品分析、客户特征分类、销售预测、在线货物和包装货物监测、配送路线规划等。

思考与实训

请通过调研并结合个人经验,谈谈决策树、聚类算法、神经网络等机器学习方法的实际应用案例。

模块四
电子商务数据化运营

　　本模块主要讲解如何利用 Excel 对电子商务数据进行更加全面、深入的实用分析。"进销存"部分主要是对商品的采购、销售和库存的数据进行分析，帮助用户在正确的时间采购商品，以高效的方式进行销售，以科学的方式进行商品库存管理。客户分析（第 14 章）、商品分析（第 15 章）主要从商品本身方面（命名、价格定位）、顾客购买习惯和同类商品竞争对手的情况进行分析和讲解。案例配有丰富多彩的示例数据供读者借鉴，目的是使读者更好地了解线上经营之道，把握买卖时机和规律，做出正确的经营决策。

第12章 供应链分析

作为电商经营者，要想获得更多的收益，就必须考虑前期的投入。其中，占有较大比例的是商品采购成本。所以，我们需要对其进行有效的控制并对其进行相应的分析，使其投入更加有效。

12.1 采购成本数据分析

对于电商经营者而言，采购成本是一个很值得关心的问题，因为它直接影响投入成本、利润及采购渠道的选择等。这也要求我们需要对采购成本数据进行相应的分析，得出科学的依据，为我们制定或采取的措施提供数据支持。

12.1.1 商品采购成本走势分析

在进行商品采购时，由于商品的价格会受各种因素的影响，如交通、气候等，我们可以在商品价格走低时进行大量采购，节省成本，赚取更大差价，从而获得更多利润。

分析价格走势，一般是根据已有数据构成的走势折线来进行的。若只关心价格最近时间段的走势，以选择最佳的采购时间，则可让折线图表只描绘最近时间的最新价格走势，如一周或半月。这时，我们可以借助于定义的名称结合折线图来实现。

下面以"供应链分析"工作簿中的"进货成本分析"工作表为例，制作最近一周动态图表，其具体操作如下。

1）打开"供应链分析"工作簿中的"进货成本分析"工作表，如图 12-1 所示。

2）单击"公式"选项卡中的"定义名称"按钮，打开"新建名称"对话框，如图 12-2 所示。

3）设置"名称"为"DATA"，在"引用位置"文本框中输入函数"=OFFSET(进货成本分析!$D$1,COUNTA(进货成本分析!$D:$D)-1,0,-7,1)"，单击"确定"按钮，如图 12-3 所示。

第12章 供应链分析

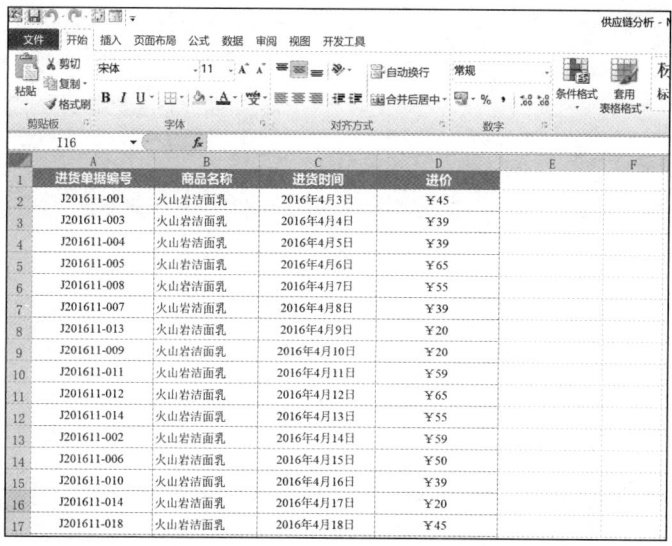

图 12-1 "进货成本分析"工作表

图 12-2 单击"定义名称"按钮

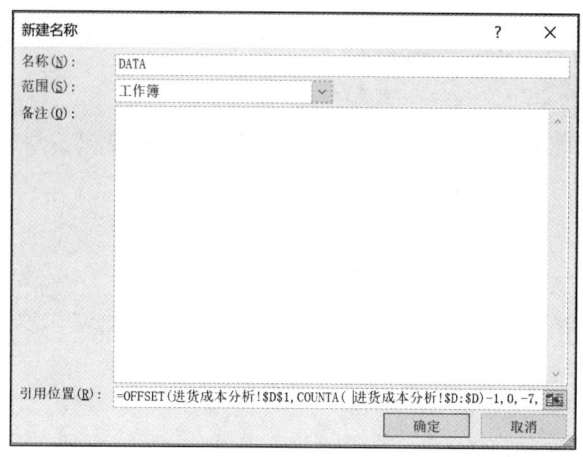

图 12-3 新建名称"DATA"

4）再次单击"公式"选项卡中的"定义名称"按钮，打开"新建名称"对话框，设置"名称"为"DATE"，在"引用位置"文本框中输入函数"=OFFSET(进货成本分析!$C$1,COUNTA(进货成本分析!$C:$C)-1,0,-7,1)"，单击"确定"按钮，如图12-4所示。

5）选择C2:D8单元格区域，单击"插入"选项卡中的"折线图"下拉按钮，选择"二维折线图"→"折线图"选项，如图12-5所示。

169

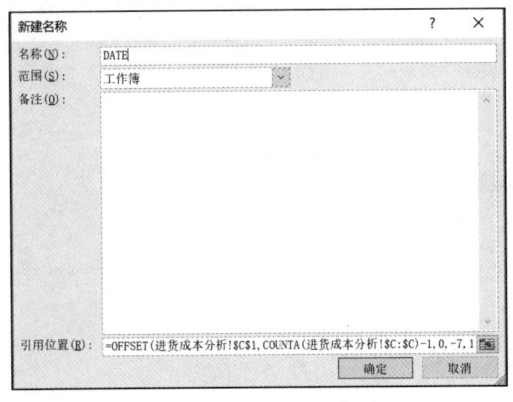

图 12-4 新建名称"DATE"

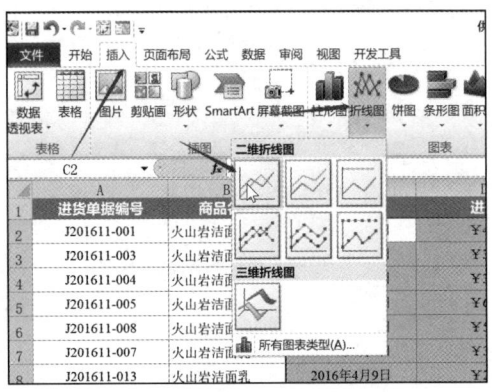

图 12-5 选择"二维折线图"

6）将图表移到合适位置，并输入图表标题"最近一周价格走势"，在"设计"选项卡的"图表布局"功能组中选择"布局 2"选项，如图 12-6 所示。

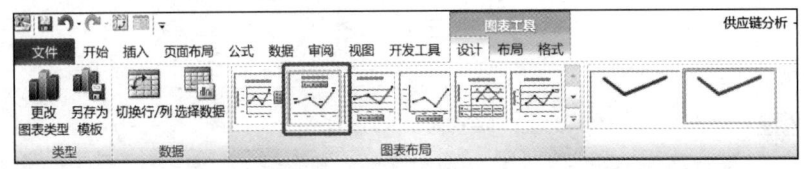

图 12-6 选择"布局 2"

7）在图表的任意位置处右击，在弹出的快捷菜单中选择"选择数据"命令，打开"选择数据源"对话框，在"图例项（系列）"列表框中选择"系列 1"选项，单击"编辑"按钮，如图 12-7 所示。

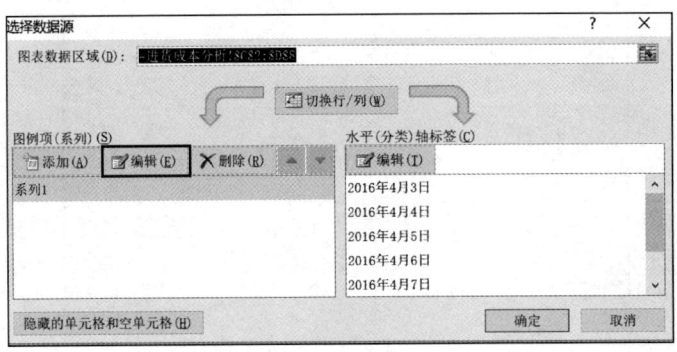

图 12-7 "选择数据源"对话框

8）打开"编辑数据系列"对话框，在"系列名称"文本框中输入"=进货成本分析!$D$1"，在"系列值"文本框中输入"=进货成本分析!DATA"，单击"确定"按钮，如图 12-8 所示。

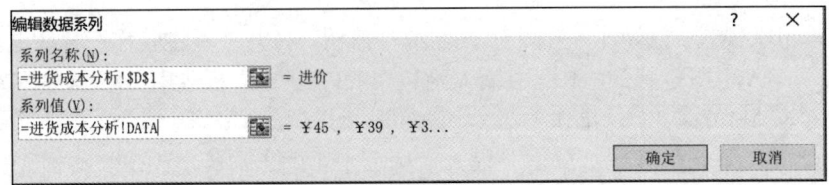

图 12-8 "编辑数据系列"对话框

9）返回"选择数据源"对话框，单击"水平（分类）轴标签"列表框中的"编辑"按钮，如图12-9所示。

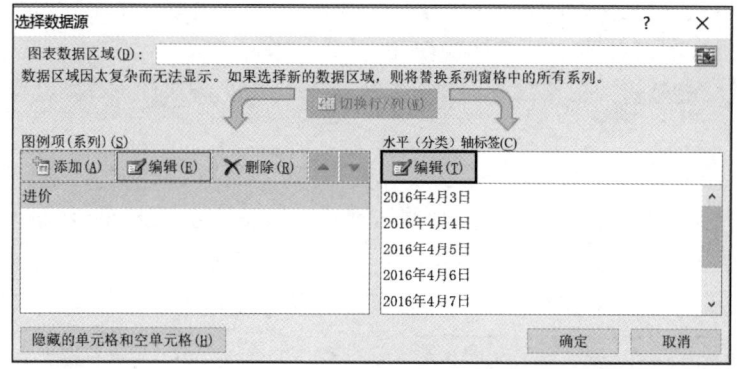

图12-9　选择"编辑轴标签"

10）打开"轴标签"对话框，在"轴标签区域"文本框中输入"=进货成本分析!DATE"，单击"确定"按钮，如图12-10所示。

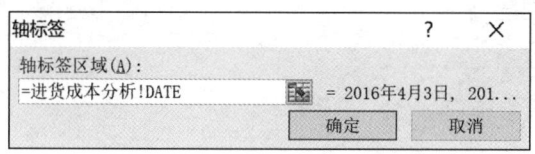

图12-10　"轴标签"对话框

返回表格中即可查看最近一周价格走势折线图表效果，如图12-11所示。

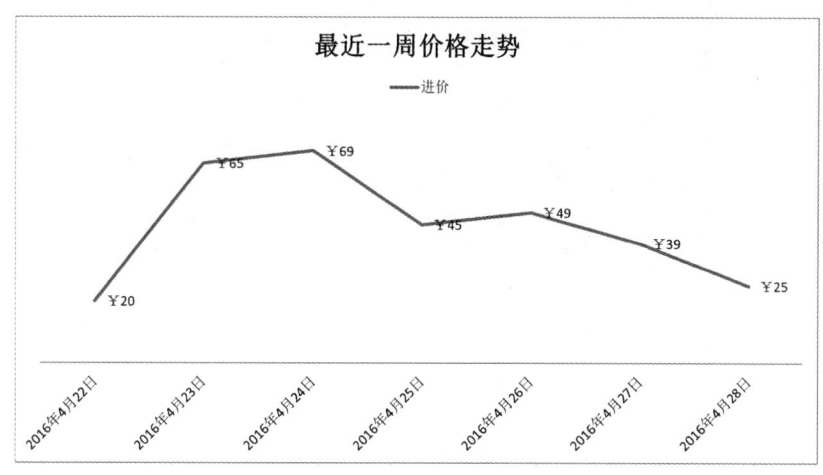

图12-11　效果图

12.1.2　采购平均价指导采购时机分析

商品采购价格变动是常有的事情，怎样在变动的采购单价中获取最佳采购时机，较大幅度地降低投入成本，是很多卖家都希望掌握的，因为，这样可以让自己处于更有利的地位，无论是在促销或让利活动等方面，都有发挥的空间，同时还能有不错的利润。其实，这种方法很容易获取，将波动价格与平均价格进行划分和对比即可。

下面以“供应链分析”工作簿中的“分析采购平均价指导采购时机”工作表为例，创建带有价格平均线的折线组合图表，其具体操作如下。

1）打开“供应链分析”工作簿中的“分析采购平均价指导采购时机”工作表，如图 12-12 所示。

2）选择 E2 单元格，在编辑栏中输入“=AVERAGE($D$2:$D$15)”。将鼠标指针移到 E2 单元格右下角，待其鼠标指针变成“+”形状时双击，将函数填充到 E15 单元格，如图 12-13 所示。

	A	B	C	D	E	F
1	进货单据编号	进货日期	货物名称	单价	平均价	
2	J201611-001	2016/4/1	跑步鞋	¥ 200.00		
3	J201611-003	2016/4/4	跑步鞋	¥ 200.00		
4	J201611-004	2016/4/5	跑步鞋	¥ 300.00		
5	J201611-005	2016/4/6	跑步鞋	¥ 550.00		
6	J201611-008	2016/4/7	跑步鞋	¥ 200.00		
7	J201611-007	2016/4/8	跑步鞋	¥ 300.00		
8	J201611-013	2016/4/11	跑步鞋	¥ 200.00		
9	J201611-009	2016/4/12	跑步鞋	¥ 300.00		
10	J201611-011	2016/4/13	跑步鞋	¥ 300.00		
11	J201611-012	2016/4/14	跑步鞋	¥ 320.00		
12	J201611-014	2016/4/15	跑步鞋	¥ 600.00		
13	J201611-002	2016/4/18	跑步鞋	¥ 400.00		
14	J201611-006	2016/4/19	跑步鞋	¥ 280.00		

图 12-12 “分析采购平均价指导采购时机”工作表

	A	B	C	D	E
1	进货单据编号	进货日期	货物名称	单价	平均价
2	J201611-001	2016/4/1	跑步鞋	¥ 200.00	¥ 321.43
3	J201611-003	2016/4/4	跑步鞋	¥ 200.00	¥ 321.43
4	J201611-004	2016/4/5	跑步鞋	¥ 300.00	¥ 321.43
5	J201611-005	2016/4/6	跑步鞋	¥ 550.00	¥ 321.43
6	J201611-008	2016/4/7	跑步鞋	¥ 200.00	¥ 321.43
7	J201611-007	2016/4/8	跑步鞋	¥ 300.00	¥ 321.43
8	J201611-013	2016/4/11	跑步鞋	¥ 200.00	¥ 321.43
9	J201611-009	2016/4/12	跑步鞋	¥ 300.00	¥ 321.43
10	J201611-011	2016/4/13	跑步鞋	¥ 300.00	¥ 321.43
11	J201611-012	2016/4/14	跑步鞋	¥ 320.00	¥ 321.43
12	J201611-014	2016/4/15	跑步鞋	¥ 600.00	¥ 321.43
13	J201611-002	2016/4/18	跑步鞋	¥ 400.00	¥ 321.43
14	J201611-006	2016/4/19	跑步鞋	¥ 280.00	¥ 321.43
15	J201611-010	2016/4/20	跑步鞋	¥ 350.00	¥ 321.43

图 12-13 计算“平均价”

3）单击“插入”选项卡中的“折线图”下拉按钮，选择“二维折线图”→“带数据标记的折线图”选项，如图 12-14 所示。

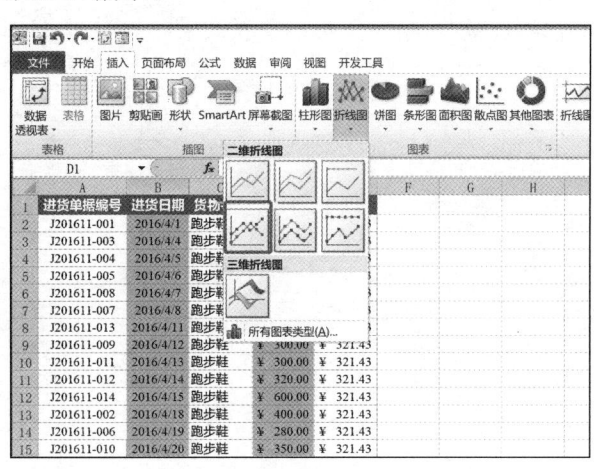

图 12-14 插入“折线图”

4）在图表的任意位置处右击，在弹出的快捷菜单中选择“选择数据”命令，打开“选择数据源”对话框，单击“图表数据区域”文本框右侧的折叠按钮，选择数据区域“分析采购平均价指导采购时机!$B$2:$B$15，分析采购平均价指导采购时机!$D$2:$D$15”，单击“确定”按钮，如图 12-15 所示。

5）移动图表到合适位置，输入图表标题“商品采购价格分析”，应用图表布局“布局 2”，调整图表的宽度到合适大小，如图 12-16 所示。

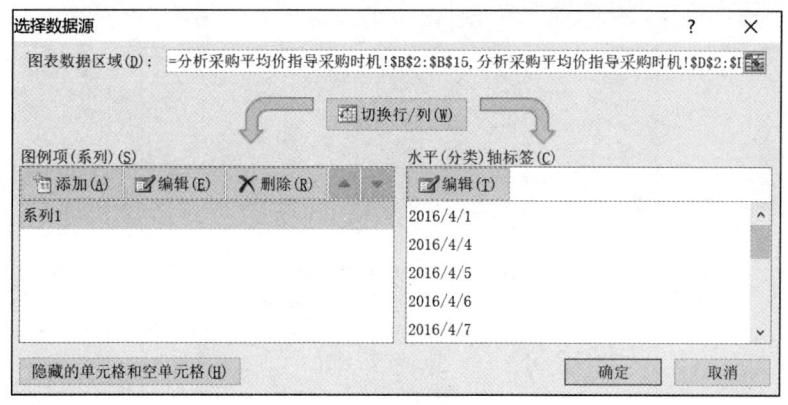

图 12-15 "选择数据源"对话框

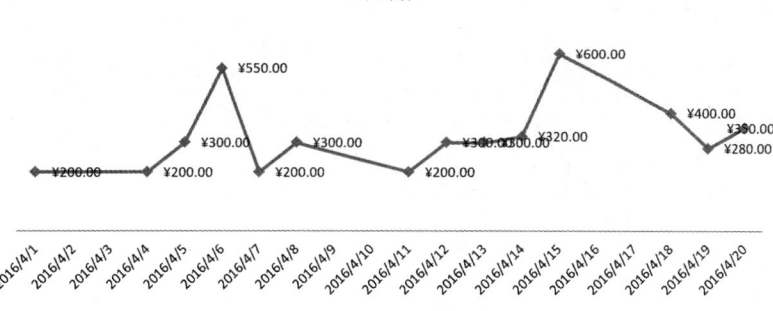

图 12-16 初始效果图

6）在图表的任意位置处右击，在弹出的快捷菜单中选择"选择数据"命令，打开"选择数据源"对话框，单击"添加"按钮。打开"编辑数据系列"对话框，单击"系列名称"右侧的折叠按钮，选择单元格"分析采购平均价指导采购时机!$E$1"，单击"系列值"右侧的折叠按钮，选择数据区域"分析采购平均价指导采购时机!$E$2:$E$15"，单击"确定"按钮，如图 12-17 所示。

7）右击"平均价"数据系列，在弹出的快捷菜单中选择"设置数据系列格式"命令，打开"设置数据系列格式"对话框，如图 12-18 所示。

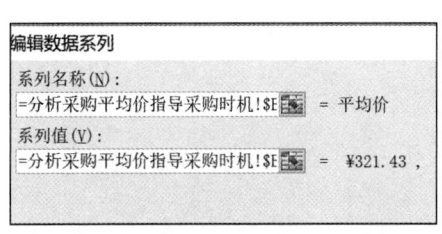

图 12-17 "编辑数据系列"对话框

图 12-18 打开"设置数据系列格式"

8）单击"线型"选项卡，设置"宽度"为"0.75 磅"。单击"箭头设置"选项组中的"后端类型"下拉按钮,选择"燕尾箭头"选项,设置箭头方向,如图 12-19 所示。

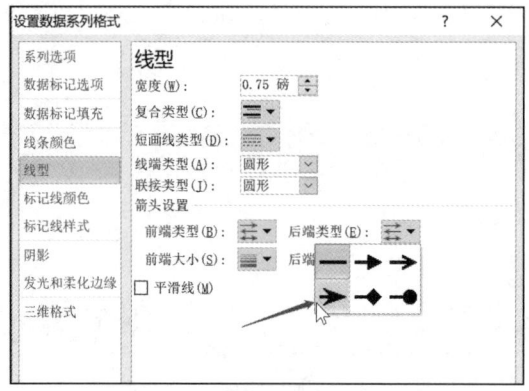

图 12-19　设置箭头后端类型

9)单击"箭头设置"选项组中的"后端大小"下拉按钮,选择"右箭头 8"选项,设置箭头大小,如图 12-20 所示。

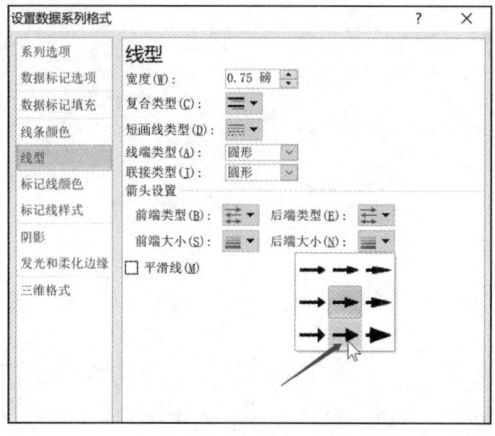

图 12-20　设置箭头后端大小

10)单击"短画线类型"下拉按钮,选择"圆点"选项,单击"关闭"按钮,如图 12-21 所示。

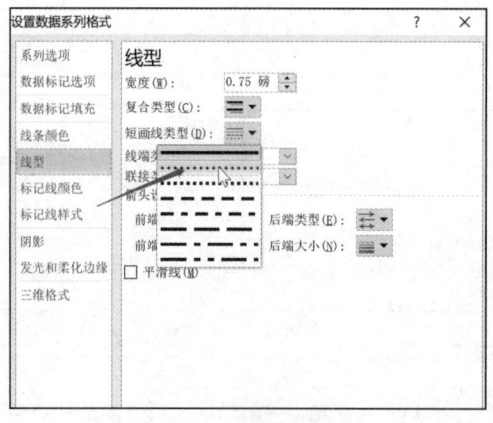

图 12-21　设置短画线类型

11)右击"平均价"数据系列,在弹出的快捷菜单中选择"设置数据标签格式"命令,打开"设置数据标签格式"对话框,如图12-22所示。

12)单击"标签选项"选项卡,"标签包括"选项组中的复选框都不要选中,如图12-23所示。

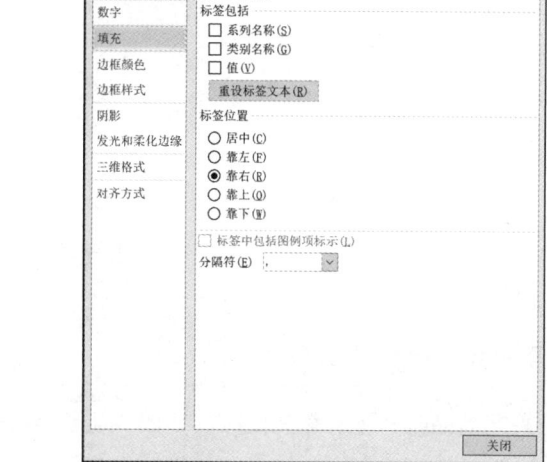

图12-22 打开"设置数据标签格式"　　　图12-23 设置"平均价"数据标签

13)右击"单价"数据系列,在弹出的快捷菜单中选择"设置数据标签格式"命令,打开"设置数据标签格式"对话框。单击"标签选项"选项卡,设置"标签位置"为"靠上",如图12-24所示。

14)右击"数字标签"位置,设置其字体大小为"8",如图12-25所示。

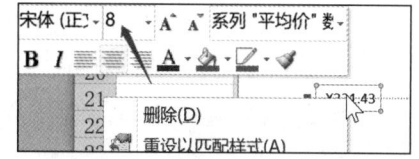

图12-24 设置"单价"数据标签　　　图12-25 设置字体大小

最终效果图如图12-26所示。

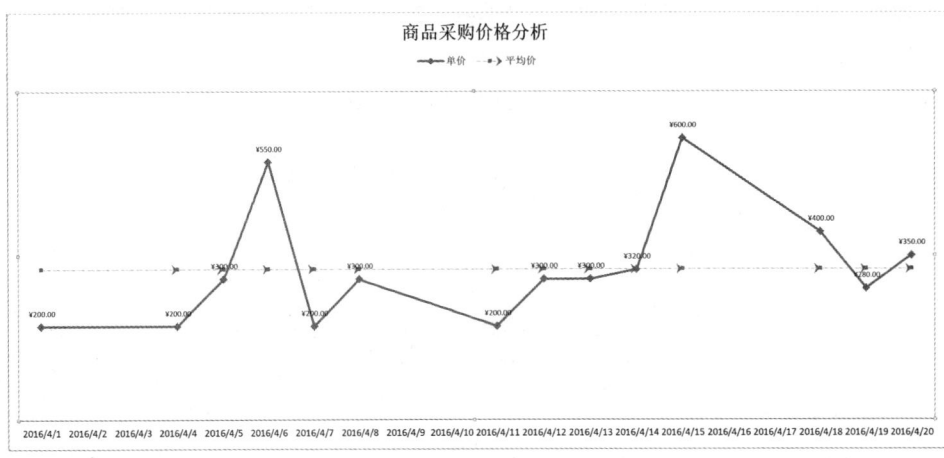

图 12-26　最终效果图

12.1.3　采购金额比例分析

我们在采购商品时，基本都会按照一定的大类进行采购，它们之间的区别就是型号和颜色等。所以，在按类对商品进行统计时，只需要大类的商品数据就可直接进行操作。最直接、有效的方式就是分类汇总，对各类商品的采购成本、数量和总和进行快速统计。

下面以"供应链分析"工作簿中的"分析采购金额的比例"工作表为例，其具体操作如下。

1）打开"供应链分析"工作簿中的"分析采购金额的比例"工作表，选择 A1 单元格，单击"数据"选项卡中的"排序"按钮，打开"排序"对话框，如图 12-27 所示。

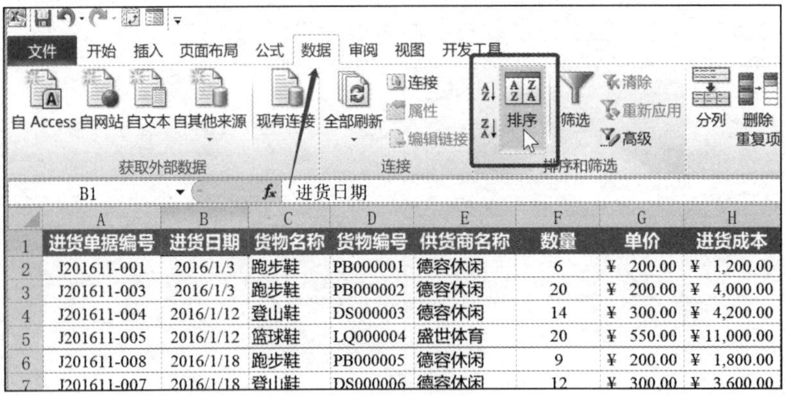

图 12-27　单击"排序"按钮

2）单击"主要关键字"下拉按钮，选择"货物名称"选项，单击"添加条件"按钮，单击"次要关键字"下拉按钮，选择"进货成本"选项，单击"确定"按钮，如图 12-28 所示。

3）保持单元格选择状态，单击"分类汇总"按钮，打开"分类汇总"对话框。单击"分类字段"下拉按钮，选择"货物名称"选项。在"选定汇总项"选项组中选中"进货成本"复选框，单击"确定"按钮，创建第一重商品类汇总，如图 12-29 所示。

4）返回表格中保持原有单元格选择状态，再次单击"分类汇总"按钮，打开"分类汇总"对话框。单击"汇总方式"下拉按钮，选择"平均值"选项，取消选中"替换当前分类汇总"

复选框。在"选定汇总项"选项组中选中"单价"复选框,取消选中"进货成本"复选框,单击"确定"按钮,创建第二重分类汇总,如图12-30所示。

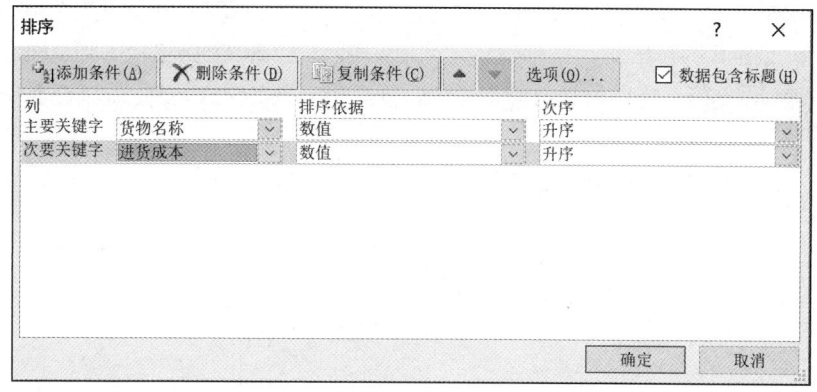

图12-28 设置"排序"

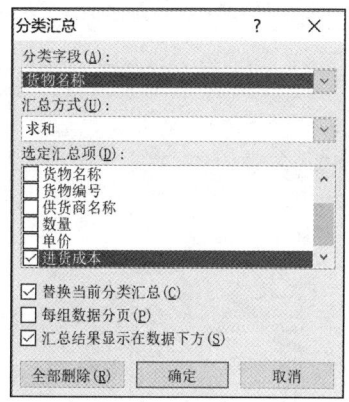 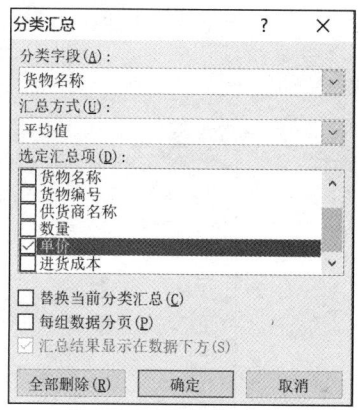

图12-29 设置第一重"分类汇总"　　　图12-30 设置第二重"分类汇总"

在表格中即可查看各类商品采购成本和平均价格的分类汇总效果,如图12-31所示。

图12-31 分类汇总效果图

在电子商务中，我们对商品的采购行为基本上是按照市场导向性进行的。在采购活动中，可以根据同类商品的采购金额来判断此类型商品所占比例，为调整采购行为提供数据支持。下面以"供应链分析"工作簿中的"分析采购金额的比例"工作表为例，其具体操作如下。

1）选择单元格 B31，在编辑栏中输入"=SUMIF($C$2:$C$21,A31,$H$2:$H$21)"。将鼠标指针移到 B31 单元格右下角，待鼠标指针变成"+"形状时双击，将函数填充到 B34 单元格，如图 12-32 所示。

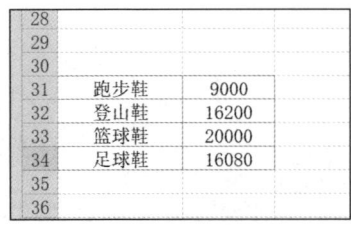

图 12-32 利用 SUMIF()函数计算分类汇总

2）选择 A31:B34 单元格区域，单击"插入"选项卡中的"饼图"下拉按钮，选择"三维饼图"→"三维饼图"选项，如图 12-33 所示。

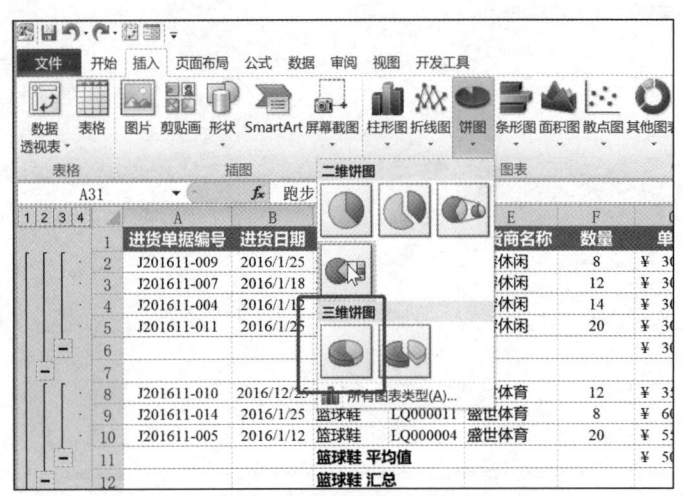

图 12-33 插入三维饼图

3）移动图表至合适位置，输入图表标题"各类商品采购成本占比情况分析"，应用图表布局"布局 2"，调整图表的宽度到合适大小，如图 12-34 所示。

4）在"饼图"上右击，在弹出的快捷菜单中选择"设置数据标签格式"命令，打开"设置数据标签格式"对话框。单击"标签选项"选项卡，在"标签包括"选项组中选中"百分比"单选按钮和"值"单选按钮，设置"标签位置"为"数据标签内"，设置"分隔符"为"（分行符）"，如图 12-35 所示。

5）在"饼图"上右击，在弹出的快捷菜单中选择"设置数据系列格式"命令，打开"设置数据系列格式"对话框。单击"系列选项"选项卡，在"饼图分离程度"数值框中输入"4%"，如图 12-36 所示。

在表格中即可查看设置的饼图效果，如图 12-37 所示。

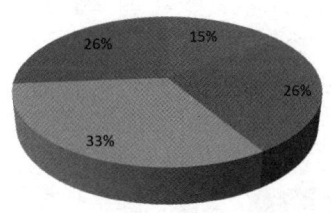

图 12-34　初始效果图

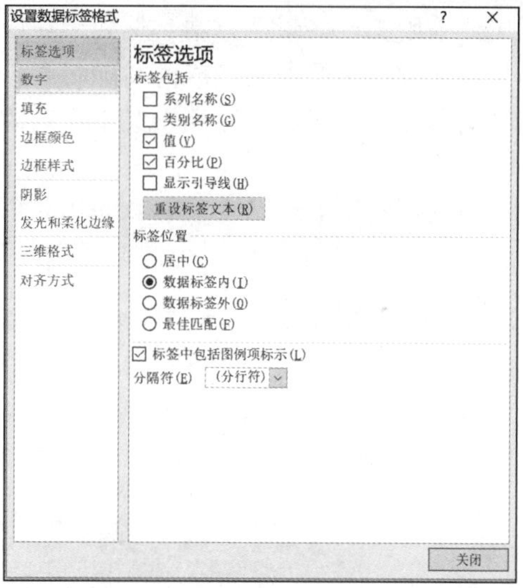

图 12-35　"设置数据标签格式"对话框

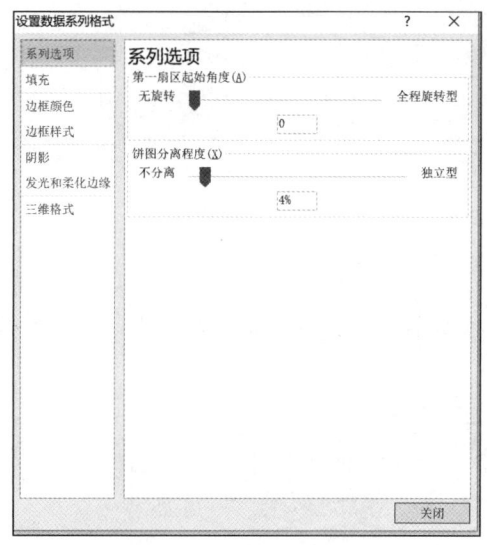

图 12-36　设置数据系列格式

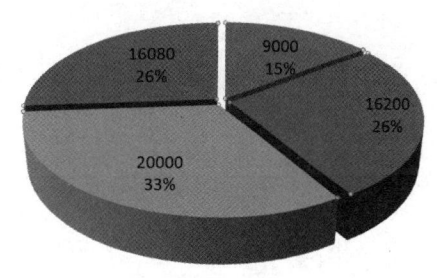

图 12-37　最终效果图

12.2　根据生命周期控制采购商品

我们在采购商品时，不仅要根据店铺商品库存情况、价格进行判断，而且要考虑到商品的生命周期，在成长期和成熟期多采购商品，在衰退期少采购或不采购商品，从而减少不合理的采购投入，下面进行详细介绍。

12.2.1　根据成交量和利润分析商品的生命周期

商品的生命周期可分为 4 个阶段：导入期/培育期、成长期、成熟期和衰退期。在不同的阶段中，采用不同的采购方案。例如，在成长期进行大量采购，在成熟期进行适度采购，在衰退期不采购，从而不会造成商品的积存，同时保证成交量（销量）与利润成正比，否则就会出现商品库存增多，同时卖力又不挣钱的困局。在这里我们使用折线图配合文本框和形状来制作。

下面以"商品生命周期"工作簿中的"生命周期"工作表为例，其具体操作如下。

1）打开"商品生命周期"工作簿中的"生命周期"工作表，如图 12-38 所示。

图 12-38　打开"生命周期"工作表

2）选择 B1:D30 单元格区域，单击"插入"选项卡中的"折线图"下拉按钮，选择"二维折线图"→"折线图"选项，如图 12-39 所示。

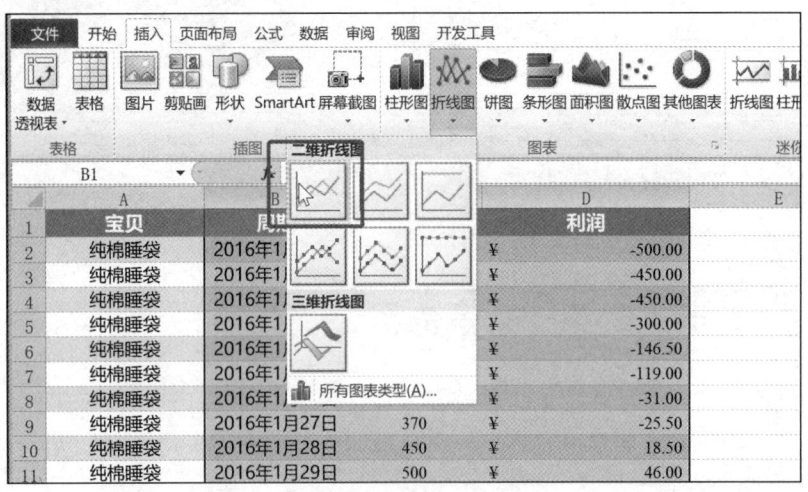

图 12-39　插入折线图

3）移动图表位置，更改图表标题为"商品生命周期分析"，应用图表布局"布局 3"，初始效果图如图 12-40 所示。

图 12-40　初始效果图

4）调整图表的高度和宽度（成交量和利润走势线条间隔距离合适），在横坐标轴上右击，在弹出的快捷菜单中选择"设置坐标轴格式"命令，如图 12-41 所示。

5）打开"设置坐标轴格式"对话框，单击"坐标轴选项"选项卡，单击"坐标轴标签"下拉按钮，选择"低"选项，如图 12-42 所示。

图 12-41　选择"设置坐标轴格式"命令　　　　图 12-42　"设置坐标轴格式"对话框

6）在图表中选择"成交量"数据系列，右击，在弹出的快捷菜单中选择"设置数据系列格式"命令，打开"设置数据系列格式"对话框，单击"线型"选项卡，选中"平滑线"复选框，如图 12-43 所示。

7）在图表中选择"利润"数据系列，右击，在弹出的快捷菜单中选择"设置数据系列格式"命令，打开"设置数据系列格式"对话框，单击"线型"选项卡，选中"平滑线"复选框。

8）单击"插入"选项卡中的"形状"下拉按钮，选择"直线"选项，如图 12-44 所示。

9）在"利润"数据系列与坐标轴交汇 0 值点处绘制直线，以同样的方法在合适位置处绘制其他两条直线（第二条直线在成交量与销量数据明显增长点处，第三条直线在利润下降点处），如图 12-45 所示。

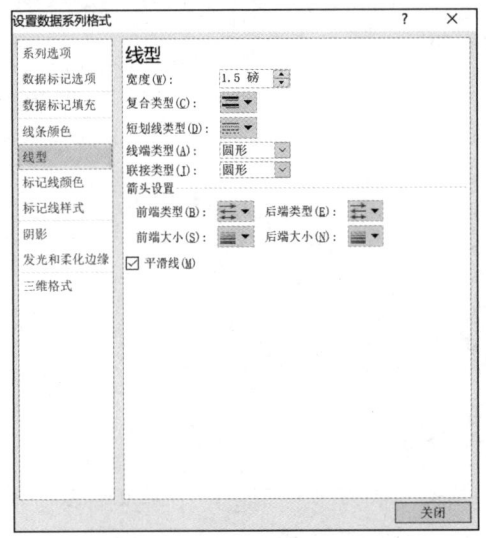

图12-43 "设置数据系列格式"对话框

图12-44 插入"直线"

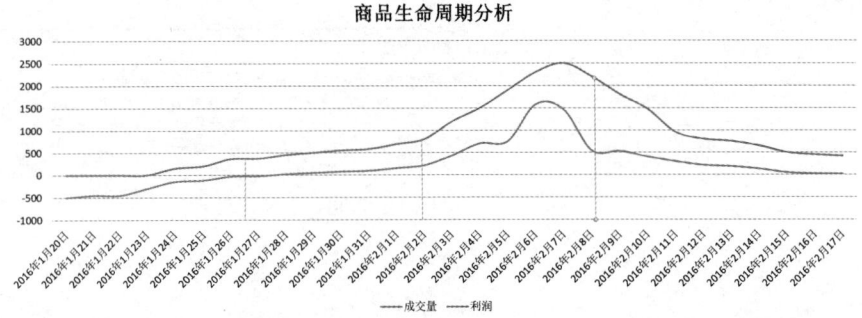

图12-45 绘制"直线"

10）单击"文本框"下拉按钮，选择"横排文本框"选项，在图表中绘制的第一条直线左侧，按住鼠标左键拖出一个文本框。在文本框中输入"导入期"，选择整个文本档，单击"居中"按钮，调整文本框大小使其最合适地包含文本内容（将鼠标指针移到边框的控制柄上，按住鼠标左键进行拖动）。以同样的方法添加和设置其他文本框对象来对商品的不同阶段进行说明，最终效果图如图12-46所示。

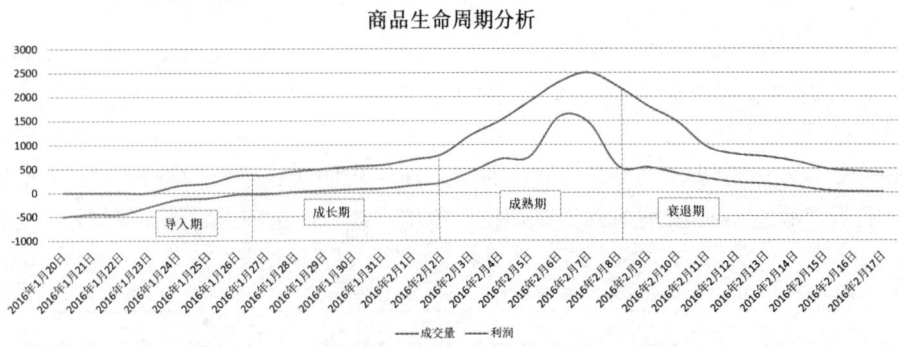

图12-46 最终效果图

12.2.2 用阿里指数分析商品的生命周期

商品的生命周期不仅可以从本店的销量和利润数据来分析,而且可以从行业的搜索量来分析,也就是从人们的关心或关注程度走势来分析。对于电商用户而言,阿里指数是非常准确和权威的,我们可以从其中搜索到不同阶段的商品搜索量,从而进行走势分析。

下面以"商品生命周期"工作簿中的"阿里指数"工作表为例,其具体操作如下。

1)打开"商品生命周期"工作簿中的"阿里指数"工作表,如图 12-47 所示。

2)选择 B1:C114 单元格区域,单击"插入"选项卡中的"折线图"下拉按钮,选择"二维折线图"→"折线图"选项,如图 12-48 所示。

	A	B	C
1	宝贝	日期	搜索量
2	626手表电池	2015年12月1日	180
3	626手表电池	2015年12月2日	460
4	626手表电池	2015年12月3日	730
5	626手表电池	2015年12月4日	900
6	626手表电池	2015年12月5日	1100
7	626手表电池	2015年12月6日	1200
8	626手表电池	2015年12月7日	1300
9	626手表电池	2015年12月8日	1350
10	626手表电池	2015年12月9日	1450
11	626手表电池	2015年12月10日	1500
12	626手表电池	2015年12月11日	1650
13	626手表电池	2015年12月12日	1750

图 12-47 "阿里指数"工作表

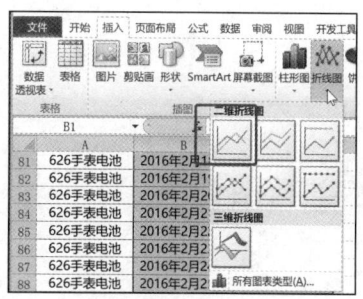

图 12-48 插入"二维折线图"

3)在横坐标轴上右击,在弹出的快捷菜单中选择"设置坐标轴格式"命令,打开"设置坐标轴格式"对话框。单击"坐标轴选项"选项卡,设置"主要刻度单位"为"固定",横坐标轴的日期数据间隔显示为"月",如图 12-49 所示。

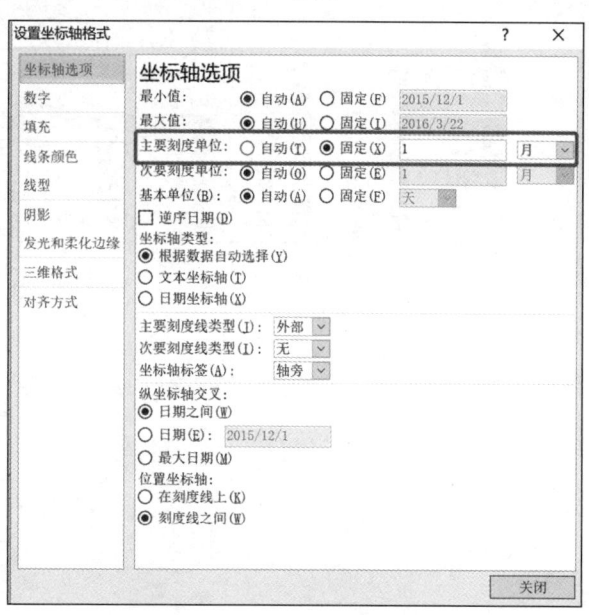

图 12-49 设置"主要刻度单位"

4)调整图表的高度和宽度,使各个生命周期阶段的分界点显示更加明显,更改图表标题,添加生命周期的分界线和说明文本，最终效果图如图 12-50 所示。

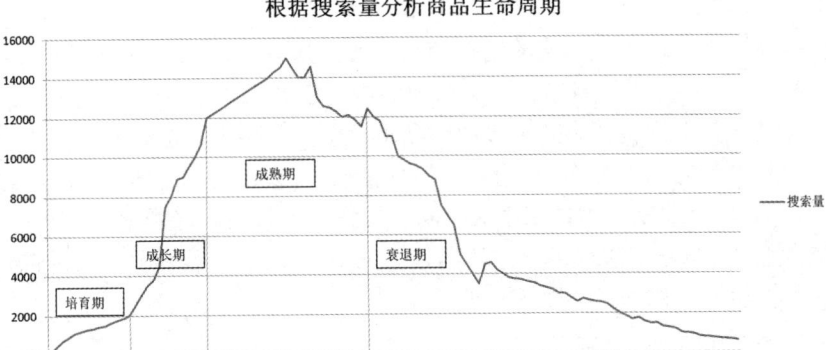

图 12-50　最终效果图

思考与实训

成交与利润走势分析

某网店主要销售纯棉睡袋，每日具体的成交量与利润记录于"供应链分析"工作簿中的"睡袋数据"工作表中，请制作合适的动态图展示近七天成交量与利润的关系，如图 12-51 所示。

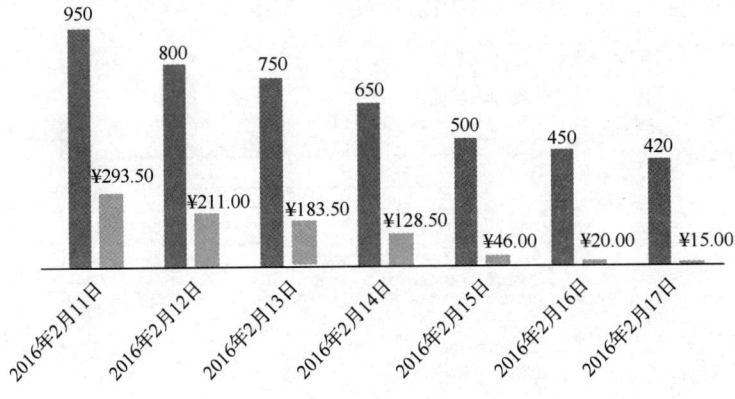

图 12-51　近七天成交量与利润的关系

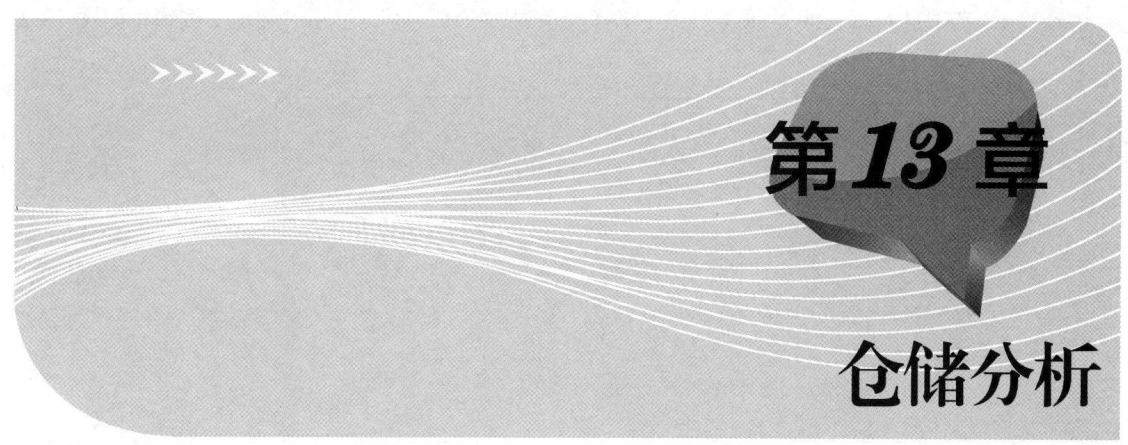

第13章 仓储分析

库存是电子商务中的重要一环，它能保证商品的供应，防止商品短缺和供应中断。所以，鉴于其重要性，我们需要对仓库中的商品数据进行相应的管理和分析，并以直观和简洁的方式进行展示、分析和处理。

13.1 商品库存统计与分析

电商卖家一定要了解清楚仓库中有多少商品，不仅要进行信息的准确登记和管理，使其井井有条，而且应对各类商品数据进行统计和分析，如现有的库存是否需要及时补货，从而保证商品供应的平衡。

13.1.1 制作动态产品库存统计表

生产管理部负责库存的管理统计工作。由于公司每天都会有大量的产品入库和出库，生产管理部每天需要对数千种产品的库存余额进行统计，如何能够随时知道每种产品的库存余额？我们可以通过制作动态产品库存统计表实现。

在"仓储分析"工作簿中，"入库表"工作表显示产品入库信息，"出库表"工作表显示产品出库信息。首先将定义区域名称作为数据透视表的动态数据源，然后给数据透视表设置一个动态数据源，让其在刷新后自动更新数据源，其具体操作如下。

1）打开"仓储分析"工作簿中的"入库表"工作表。单击"公式"选项卡中的"定义名称"按钮，打开"新建名称"对话框，如图13-1所示。

图13-1 单击"定义名称"按钮

2)打开"新建名称"对话框,在"名称"文本框中输入"入库",在"引用位置"文本框中输入"=OFFSET(入库表!$C$2,0,0,COUNTA(入库表!$C:$C),4)",单击"确定"按钮,如图13-2所示。

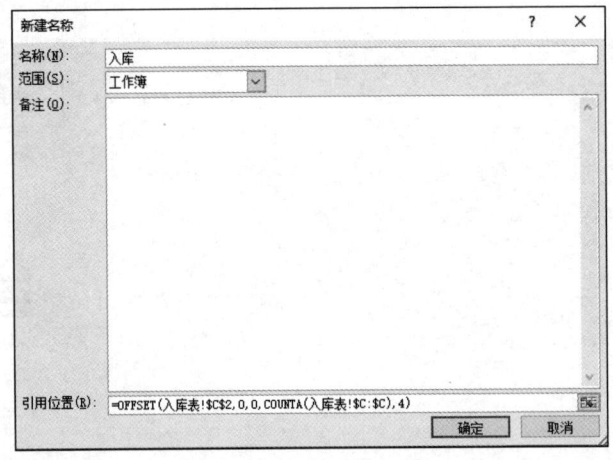

图13-2 定义"入库"

3)同样在"出库表"中,定义一个名称"出库",在"引用位置"文本框中输入"=OFFSET(出库表!$C$2,0,0,COUNTA(出库表!$C:$C),4)"。

4)单击"文件"选项卡中的"选项"按钮,打开"Excel选项"对话框,单击"快速访问工具栏"选项卡,单击"从下列位置选择命令"下拉按钮,选择"不在功能区中的命令"选项,选择"数据透视表和数据透视图向导"选项,单击"添加"按钮将其添加到右侧的快速访问工具栏列表框中,单击"确定"按钮,如图13-3所示。

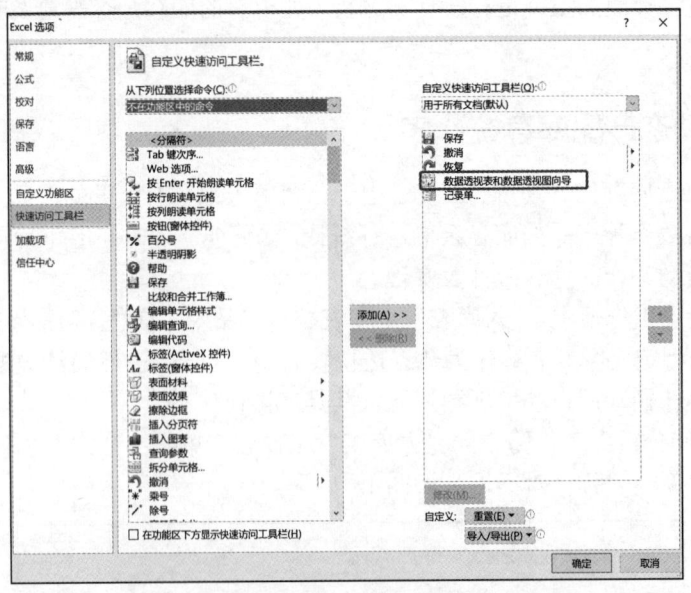

图13-3 添加"数据透视表和数据透视图向导"

5)单击"动态产品库存统计表"工作报表中需要放置数据透视表的某个单元格,单击"数据透视表和数据透视图"按钮,如图13-4所示。

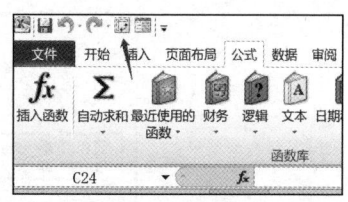

图 13-4　单击"数据透视表和数据透视图向导"按钮

6）打开"数据透视表和数据透视图向导--步骤 1（共 3 步）"对话框，选中"多重合并计算数据区域"单选按钮，然后单击"下一步"按钮，如图 13-5 所示。

7）在"数据透视表和数据透视图向导--步骤 2a（共 3 步）"对话框中，选中"创建单页字段"单选按钮，单击"下一步"按钮。打开"数据透视表和数据透视图向导--步骤 2b（共 3 步）"对话框，在"选定区域"文本框中分别输入上述所定义的区域名称，并分别单击"添加"按钮添加上述两个区域，单击"下一步"按钮，如图 13-6 所示。

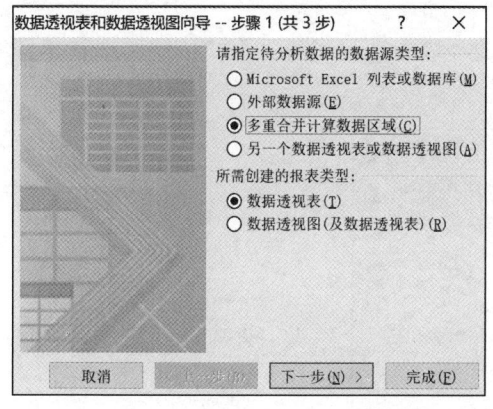

图 13-5　步骤 1

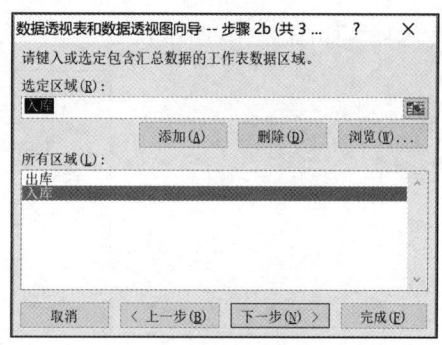

图 13-6　步骤 2

8）打开"数据透视表和数据透视图向导--步骤 3（共 3 步）"对话框，在"数据透视表显示位置"选项组中选中"现有工作表"单选按钮，并选择相应的单元格位置，如图 13-7 所示。

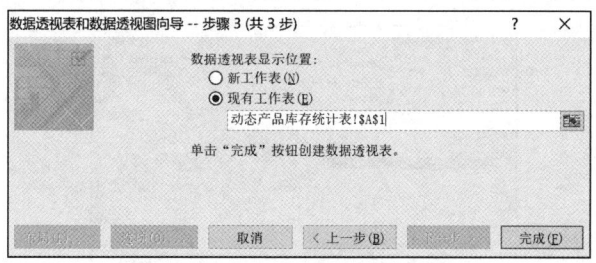

图 13-7　步骤 3

9）单击"完成"按钮，在"动态产品库存统计表"中建立数据透视表。打开"列"右边的下拉列表，取消选中"价格"复选框和"品名"复选框，然后单击"确定"按钮，如图 13-8 所示。

10）右击透视表中的任意单元格，在弹出的快捷菜单中选择"数据透视表选项"命令，打开"数据透视表选项"对话框。单击"汇总和筛选"选项卡，然后取消选中"显示行总计"复选框和"显示列总计"复选框，最后单击"确定"按钮，如图 13-9 所示。

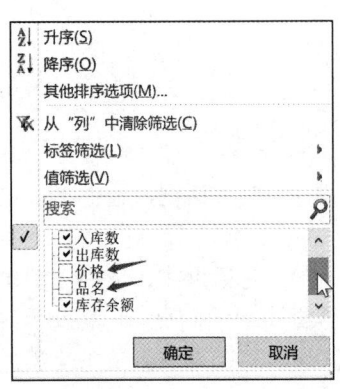

图 13-8　设置显示内容

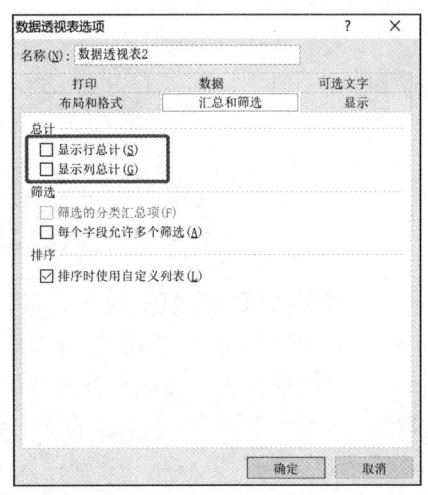

图 13-9　设置"格式选项"区域

11）选择 D4 单元格，单击"选项"选项卡中的"域、项目和集"下拉按钮，选择"计算项"选项，如图 13-10 所示。

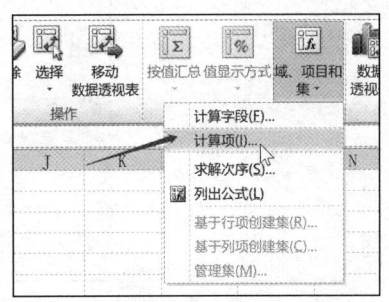

图 13-10　选择"计算项"选项

12）打开"在'列'中插入计算字段"对话框，在"名称"下拉列表中选择"库存余额"选项，在"公式"文本框中输入公式"=入库数-出库数"，然后单击"添加"按钮，如图 13-11 所示。

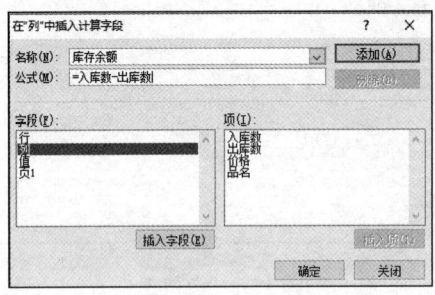

图 13-11　设置插入字段的名称

13）调整"入库数"项和"出库数"项的位置，使数据透视表看上去更加直观。右击 C4 单元格，在弹出的快捷菜单中选择"移动"→"将'入库数'左移"命令，如图 13-12 所示。

14）最终的数据透视表如图 13-13 所示，当在"入库表"或"出库表"中添加数据后，在"动态产品库存统计表"的"数据透视表"工具栏中单击"刷新"按钮即可更新数据。

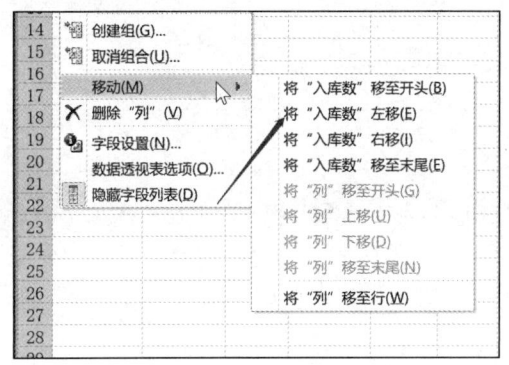

图 13-12 选择向左移选项　　　　　图 13-13 最终的数据透视表

13.1.2 ABC 库存管理法

1．ABC 库存管理法的基本原理

ABC 分析法源于帕累托曲线。意大利经济学家帕累托在 1879 年研究米兰城市财富的社会分配时得出一个重要结论：80%的财富掌握在 20%人的手中，即"关键的少数和次要的多数"规律。这一普遍规律存在于社会的各个领域，称为帕累托现象。一般来说，企业的库存物资种类繁多，每个品种的价格不同，且库存数量也不等。有的物资品种不多但价值很高，而有的物资品种很多但价值不高。由于企业的资源有限，因此在进行存货控制时，要求企业将注意力集中在比较重要的库存物资上，依据库存物资的重要程度分别管理，这就是 ABC 分类管理的思想。

ABC 库存管理法将企业的全部存货分为 A、B、C 三类。管理时，将金额高的 A 类物资（这类存货出库的金额大约要占到全部存货出库总金额的 70%）作为重点加强管理与控制对象；B 类物质按照通常的方法进行管理和控制（这类存货出库的金额大约要占到全部存货出库总金额的 20%）；C 类物资品种数量繁多（这类存货出库的金额大约要占到全部存货出库总金额的 10%），但价值不大，可以采用最简便的方法加以管理和控制。

2．ABC 库存管理法的基本方法

下面以"仓储分析"工作簿中的"ABC 库存管理法"工作表为例，演示如何应用 ABC 库存管理法对库存进行科学管理，其具体操作如下。

1）打开"仓储分析"工作簿中的"ABC 库存管理法"工作表，如图 13-14 所示。

编号	产品	单价	数量
产品1	华为C8600	1648	460
产品2	电瓶车	2100	109
产品3	自行车	368	200
产品4	鼠标	123	260
产品5	小白菜	3.5	8628
产品6	香蕉	2.8	8622
产品7	口香糖	2.5	3560
产品8	康师傅矿泉水	1	7578
产品9	四级词汇	16.8	420
产品10	台灯	58	98
产品11	衬衣	108	3245
产品12	VS洗发露	23	3658
产品13	饼干	8	6352
产品14	螃蟹	54	2450
产品15	银项链	1300	45
产品16	唐师傅方便面	4.5	3109

图 13-14 打开"ABC 库存管理法"工作表

2）在第一行输入表头信息，如图 13-15 所示。

编号	产品	单价	数量	金额	累计金额	比例	累计比例	ABC分类

图 13-15　输入表头

3）单击快速访问工具栏中的下拉按钮，选择"其他命令"选项，打开"Excel 选项"对话框，单击"从下列位置选择命令"下拉按钮，选择"不在功能区中的命令"选项，选择"记录单"选项，单击"添加"按钮将其添加到右侧的快速访问工具栏列表框中，单击"确定"按钮，如图 13-16 所示。

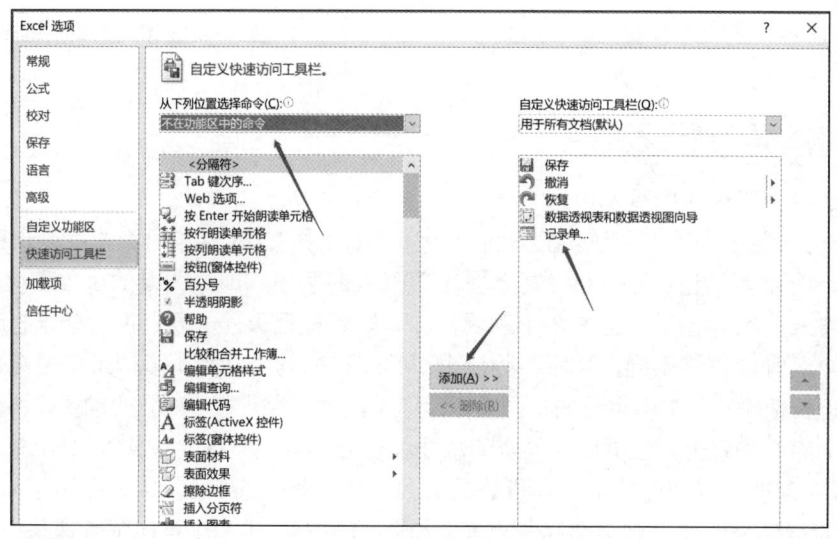

图 13-16　添加记录单功能

4）返回工作表中，选择任意单元格，在快速访问工具栏中单击添加的"记录单"按钮，打开记录单对话框，单击"新建"按钮，在对应文本框中输入相应的库存资料数据，输入完成后再次单击"新建"按钮便可继续添加下一条供应商信息，如图 13-17 所示。完成后返回工作表中，即可查看所添加的库存资料信息。

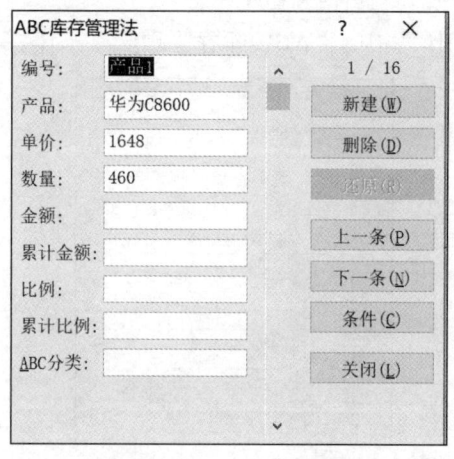

图 13-17　输入"库存"数据

5）右击 C 列，在弹出的快捷菜单中选择"设置单元格格式"命令，打开"设置单元格格式"对话框。设置"分类"为"货币"，"小数位数"为"2"，单击"确定"按钮，如图 13-18 所示。

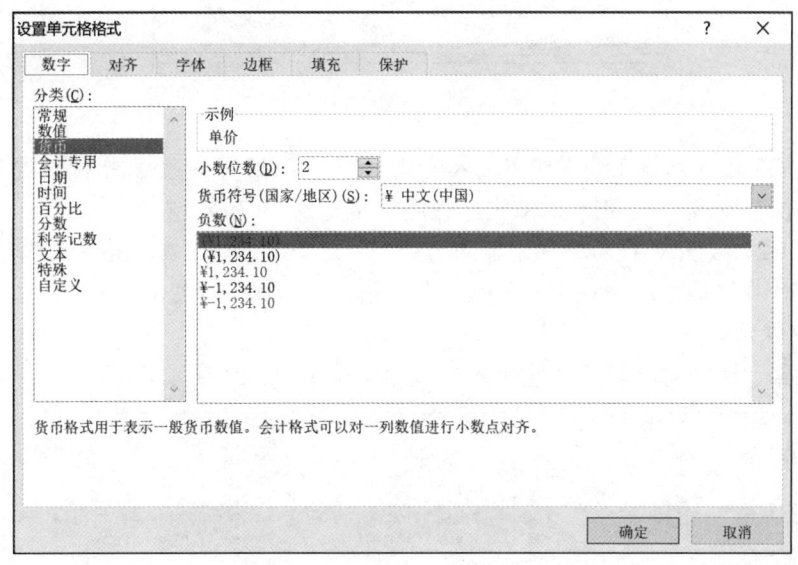

图 13-18 "设置单元格格式"对话框

6）选择 E2 单元格，在编辑栏中输入公式"=C2*D2"，将鼠标指针移到 E2 单元格右下角，待鼠标指针变成"+"形状时双击，将函数填充到 E17 单元格。

7）选择工作表所有数据，复制并进行选择性粘贴，选中"数值"单选按钮，如图 13-19 所示。

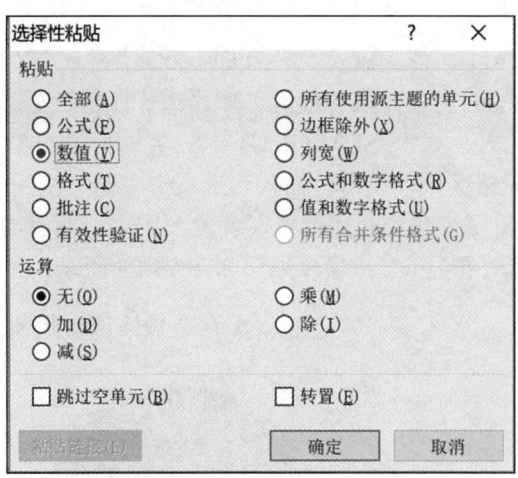

图 13-19 选择性粘贴

8）右击 E1 单元格，在弹出的快捷菜单中选择"排序"→"降序"命令，如图 13-20 所示。

9）选择 F2 单元格，在编辑栏中输入公式"=E2"。选择 F3 单元格，在编辑栏中输入公式"=F2+E3"，将鼠标指针移到 F3 单元格右下角，待鼠标指针变成"+"形状时双击，将函数填充到 F17 单元格。

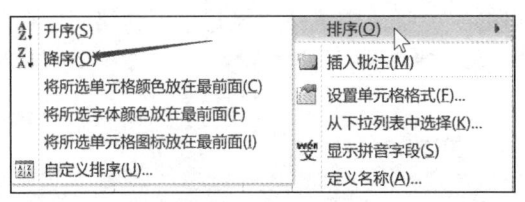

图 13-20 设置"排序"

10）选择 G2 单元格，在编辑栏中输入公式"=E2/$F$17"。将鼠标指针移到 G2 单元格右下角，待鼠标指针变成"+"形状时双击，将函数填充到 G17 单元格。

11）选择 H2 单元格，在编辑栏中输入公式"=G2"。选择 H3 单元格，在编辑栏中输入公式"=H2+G3"，将鼠标指针移到 H3 单元格右下角，待鼠标指针变成"+"形状时双击，将函数填充到 H17 单元格。

12）根据累计比例对库存商品进行 ABC 分类，如图 13-21 所示。

	A	B	C	D	E	F	G	H	I
1	编号	产品	单价	数量	金额	累计金额	比例	累计比例	ABC分类
2	产品1	华为C8600	¥1,648.00	460	¥758,080.00	758080	0.40619	0.40619	A
3	产品11	衬衣	¥108.00	3245	¥350,460.00	1108540	0.187781	0.593972	A
4	产品2	电瓶车	¥2,100.00	109	¥228,900.00	1337440	0.122648	0.71662	A
5	产品14	螃蟹	¥54.00	2450	¥132,300.00	1469740	0.070888	0.787508	A
6	产品12	VS洗发露	¥23.00	3658	¥84,134.00	1553874	0.04508	0.832588	B
7	产品3	自行车	¥368.00	200	¥73,600.00	1627474	0.039436	0.872024	B
8	产品15	银项链	¥1,300.00	45	¥58,500.00	1685974	0.031345	0.903369	B
9	产品13	饼干	¥8.00	6352	¥50,816.00	1736790	0.027228	0.930597	B
10	产品4	鼠标	¥123.00	260	¥31,980.00	1768770	0.017135	0.947732	B
11	产品5	小白菜	¥3.50	8628	¥30,198.00	1798968	0.016181	0.963913	C
12	产品6	香蕉	¥2.80	8622	¥24,141.60	1823109.6	0.012935	0.976848	C
13	产品16	唐师傅方便面	¥4.50	3109	¥13,990.50	1837100.1	0.007496	0.984345	C
14	产品7	口香糖	¥2.50	3560	¥8,900.00	1846000.1	0.004769	0.989113	C
15	产品8	康师傅矿泉水	¥1.00	7578	¥7,578.00	1853578.1	0.00406	0.993174	C
16	产品9	四级词汇	¥16.80	420	¥7,056.00	1860634.1	0.003781	0.996954	C
17	产品10	台灯	¥58.00	98	¥5,684.00	1866318.1	0.003046	1	C

图 13-21 ABC 分类结果

13）在单元格 L2 至 L6 中，依次输入"华为 C8600"、"衬衣"、"电瓶车"、"螃蟹"和"其他"，复制单元格区域 G2:G5 内容并以"数值"形式选择性粘贴至单元格区域 M2:M5。选择 M6 单元格，在编辑栏内输入公式"=SUM(G6:G17)"。数据列表如图 13-22 所示。

14）选择 L2:M6 单元格区域，单击"插入"选项卡中的"饼图"下拉按钮，选择"二维饼图"→"饼图"选项。将图表移到合适位置，并输入图表标题"库存金额比例饼状图"，在"图表布局"功能组中选择"布局 6"选项，结果如图 13-23 所示。

L	M
华为C8600	0.40619
衬衣	0.187781
电瓶车	0.122648
螃蟹	0.070888
其他	0.212492

图 13-22 数据列表

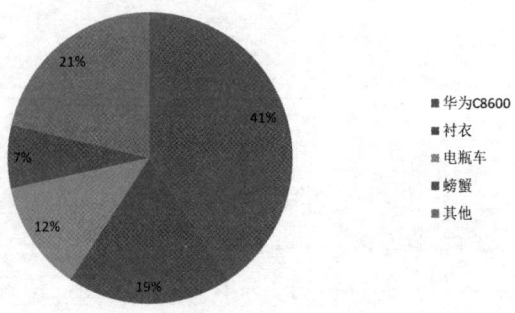

图 13-23 库存饼图

13.1.3 统计分析某月库存数据

库存是采购与销售的中转站，用于商品存取、周转和调度。所以，为了保证库存的适当，也就是让现有库存量与标准库存量保持适度，保障商品够用的同时，不能有太多积存。怎样做到这一点呢？我们可以从最近的库存情况（或需要的时间段）着手，对库存数据信息进行直观的分析，从而得出结果，为后面的入库情况提供数据支持和经验总结。

下面以“仓储分析”工作簿中的“商品库存 1”工作表为例，筛选当月最新商品库存数据，然后通过簇状柱形图对现有库房结存量和库存标准量进行直观对比为例来讲解相关操作，其具体操作如下。

1）打开“仓储分析”工作簿中的“商品库存 1”工作表，如图 13-24 所示。

宝贝	品牌	类型/尺寸	颜色	单位	单价	期初数量	入库数量	入库时间
平板电脑	华硕	6英寸	白色	台	¥1,502.00	6	8	2016/5/1
平板电脑	华硕	7英寸	灰色	台	¥1,502.00	10	6	2016/5/1
平板电脑	华硕	11英寸	红色	台	¥1,502.00	7	7	2016/5/1
平板电脑	华硕	7英寸	紫色	台	¥5,002.00	6	8	2016/5/1
平板电脑	华硕	7英寸	粉色	台	¥5,002.00	6	9	2016/5/1
智能手机	华硕	6.0英寸	金色	台	¥2,502.00	5	6	2016/5/2
智能手机	华硕	5.6英寸	黑色	台	¥2,502.00	6	10	2016/5/2
智能手机	华硕	5.6英寸	青色	台	¥6,802.00	5	9	2016/5/2
智能手机	华为	5.4英寸	白色	台	¥2,502.00	7	6	2016/5/2
智能手机	华为	5.5英寸	红色	台	¥2,502.00	10	5	2016/5/2
智能手机	华为	6.0英寸	青色	台	¥1,652.00	6	6	2016/5/2

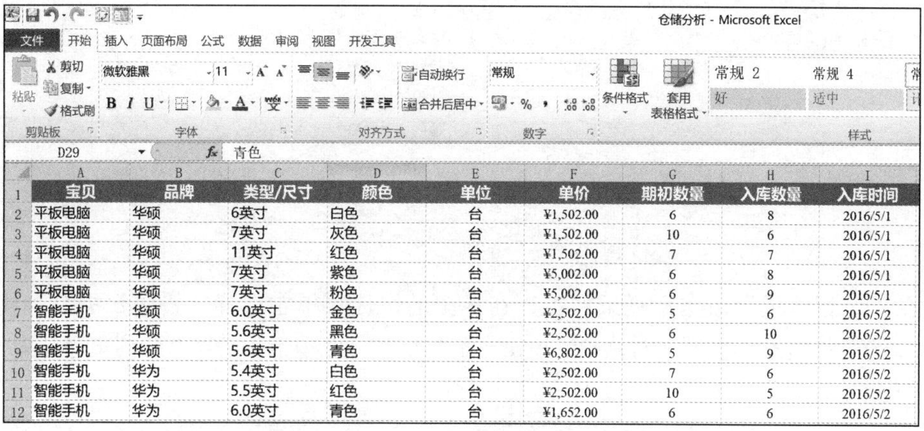

图 13-24 打开“商品库存 1”工作表

2）单击“数据”选项卡中的“筛选”按钮，工作表进入自动筛选状态。单击“入库时间”下拉按钮，选中“六月”复选框，如图 13-25 所示。

3）选择 F41 单元格，在编辑栏中输入公式“=A32&"("&D32&")"”，使用填充柄功能填充公式到 F48 单元格，将六月库存商品的名称与颜色字符串合并在一起，如图 13-26 所示。

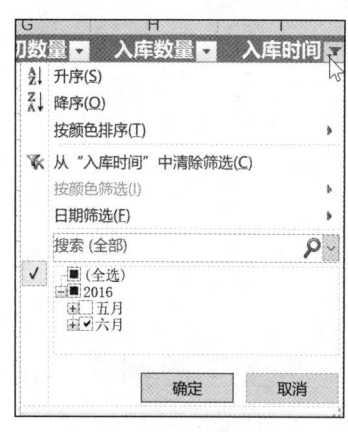

图 13-25 筛选

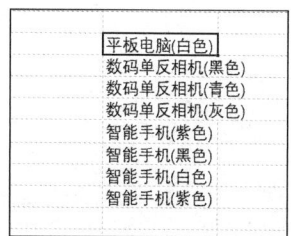

图 13-26 合并名称和颜色

4）选择 K1:L39 单元格区域，单击“插入”选项卡中的“柱形图”下拉按钮，选择“二维柱形图"→"簇状柱形图"选项。单击"设计"选项卡，选择布局"布局 1"。将图表移到合适位置，在图表标题文本框中输入"六月份店铺采购入库与标准库存关系"。

5）在图表空白位置处右击，在弹出的快捷菜单中选择"选择数据"命令，打开"选择数据源"对话框。单击"水平（分类）轴标签"列表框中的"编辑"按钮，打开"轴标签"对话框，在表格中选择 F41:F48 单元格区域，单击"确定"按钮，如图 13-27 所示。

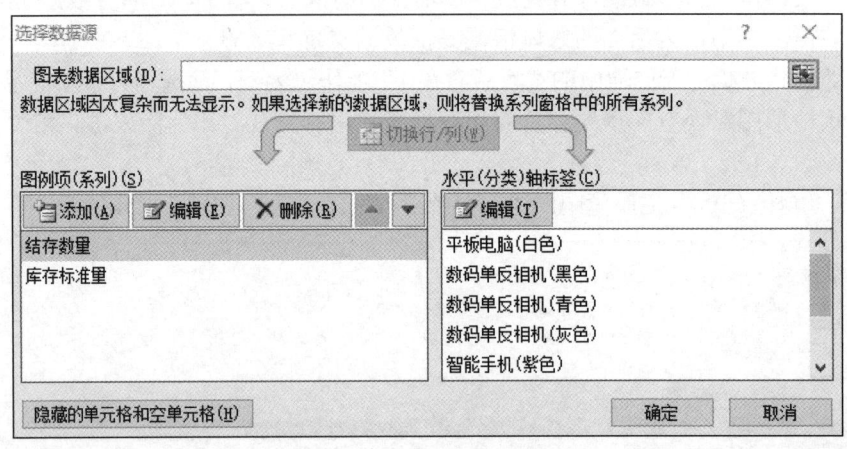

图 13-27　选择"轴标签"

6）在"结存数量"数据系列上右击，在弹出的快捷菜单中选择"设置数据系列格式"命令，打开"设置数据系列格式"对话框。单击"系列选项"选项卡，设置"系列重叠"为"53%"，如图 13-28 所示。

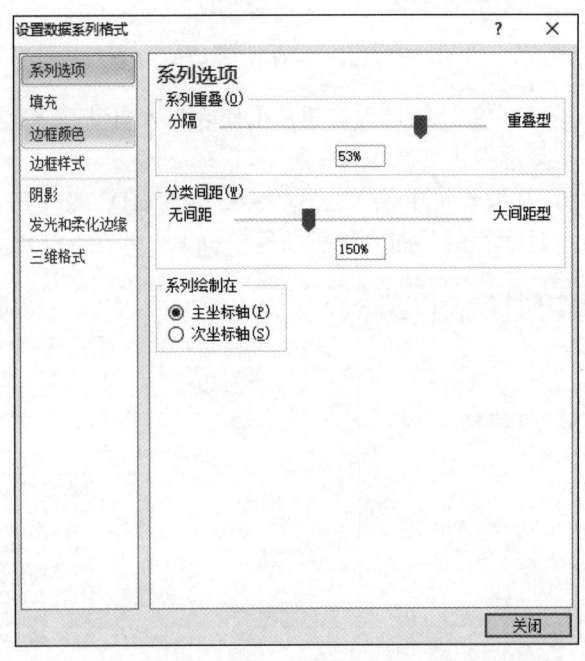

图 13-28　"设置数据系列格式"对话框

在图表中可明显看出每一类型商品的结存数量与库存标准量的差距，如图 13-29 所示。

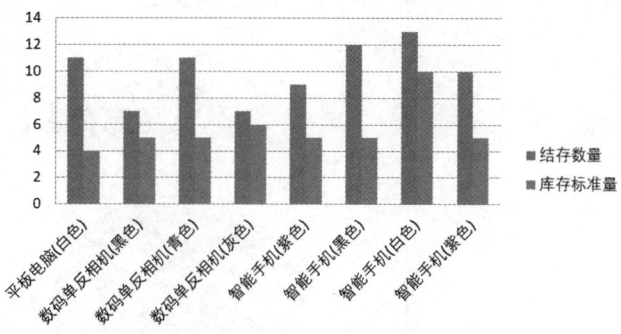

图 13-29　最终效果图

13.1.4　各类商品库存占比情况

在较多库存数据中，我们不仅要知道各种商品当前的库存情况，而且应知道各类商品在整个库存中占有的比例，从而从整体上对库存商品的比例结构进行科学调整（将过多的商品库存比例调小，将过少的商品库存比例调大），使其更好地适应采购和销售的需要，发挥其应有的作用和功能。要实现各类商品库存比例展示和分析，首先需要借助 SUMIF() 函数对各类商品的库存数据进行计算、统计，然后使用二维饼图进行展示和分析。

下面以"仓储分析"工作簿中的"商品库存 1"工作表为例，统计和分类各品类电子产品的库存量和比例，其具体操作如下。

1）打开"仓储分析"工作簿中的"商品库存 1"工作表。选择 B41 单元格，在编辑栏中输入"=SUMIF($A$2:$A$39,A41,$K$2:$K$39)"，使用填充柄填充函数到 B43 单元格，结果如图 13-30 所示。

2）选择 B41:B43 单元格区域，单击"插入"选项卡中的"饼图"下拉按钮，选择"二维饼图"→"饼图"选项，如图 13-31 所示。

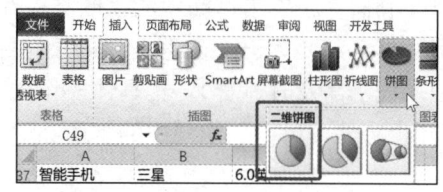

图 13-30　SUMIF 函数应用　　　　图 13-31　插入"饼图"

3）更改图表标题为"各类商品库存占比情况"，单击"设计"选项卡，选择布局"布局 6"。双击任意数据标签，打开"设置数据标签格式"对话框，单击"标签选项"选项卡，选中"值"复选框和"百分比"复选框，单击"分隔符"下拉按钮，选择"分行符"选项，如图 13-32 所示。

在图表中即可查看各类商品的库存数据的比例情况，可以看出各类商品的占比情况较为均衡，如图 13-33 所示。

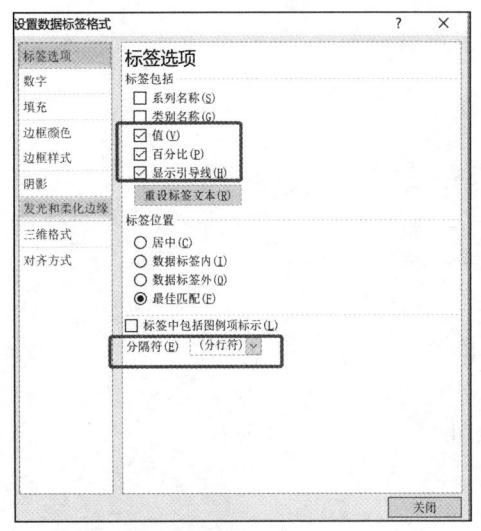

图 13-32 设置"标签选项"

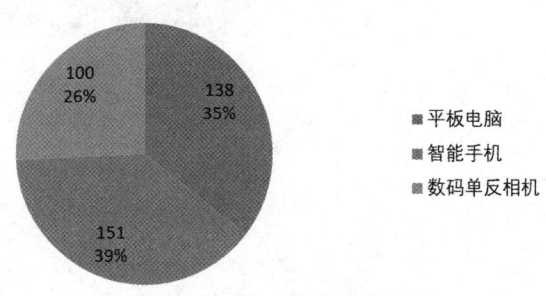

图 13-33 最终效果图

13.2 统计库存商品状态

在库存管理中,我们不仅要对库存的整体情况进行统计分析,而且要对商品的个体情况进行整理、统计和分析,如损坏、维修或积压等。下面我们分别了解。

13.2.1 根据库存情况标记库存状态

在管理商品库存时,我们要让库存变得智能起来,也就是自动"提示"我们哪些商品库存过多,哪些商品不足需要及时补货,使商品入库或采购计划更加适用和及时。当然,Excel 程序无法实现语音智能提示,只能用智能显示方式来提示,如信号灯。

下面以"仓储分析"工作簿中的"商品库存 2"工作表为例,使库存差异(实际库存数据与标准库存数据之差)大于 7 的数据显示绿灯标识(表示库存充足),使小于等于 2 的数据显示红灯标识(表示需及时补货),其具体操作如下。

1)打开"仓储分析"工作簿中的"商品库存 2"工作表,如图 13-34 所示。

	A	B	C	D	E	F
1	宝贝	品牌	类型/尺寸	颜色	单位	单价
2	平板电脑	华硕	6英寸	白色	台	¥1,502.00
3	平板电脑	华硕	7英寸	灰色	台	¥1,502.00
4	平板电脑	华硕	11英寸	红色	台	¥1,502.00
5	平板电脑	华硕	7英寸	紫色	台	¥5,002.00
6	平板电脑	华硕	7英寸	粉色	台	¥5,002.00
7	智能手机	华硕	6.0英寸	金色	台	¥2,502.00
8	智能手机	华硕	5.6英寸	黑色	台	¥2,502.00
9	智能手机	华硕	5.6英寸	青色	台	¥6,802.00
10	智能手机	华为	5.4英寸	白色	台	¥2,502.00
11	智能手机	华为	5.5英寸	红色	台	¥2,502.00
12	智能手机	华为	6.0英寸	青色	台	¥1,652.00
13	智能手机	华为	5.4英寸	黑色	台	¥5,002.00
14	数码单反相机	佳能	高端	红色	台	¥1,502.00

图 13-34 打开"商品库存 2"工作表

2）选择 M2 单元格，在编辑栏中输入"=K2-L2"，将鼠标指针移到 M2 单元格右下角，待鼠标指针变成"+"形状时双击，填充公式到数据末行。

3）选择 M2:M39 单元格区域，单击"开始"选项卡中的"条件格式"下拉按钮，选择"新建规则"选项，打开"新建格式规则"对话框。单击"样式格式"下拉按钮，选择"图标集"选项。单击"图标样式"下拉按钮，选择"三色交通灯（有边框）"选项。单击"黄色交通灯"下拉按钮，选择"无单元格图标"选项，设置"类型"为"数字"，在"值"文本框中分别输入"7"和"2"，单击"确定"按钮，如图 13-35 所示。

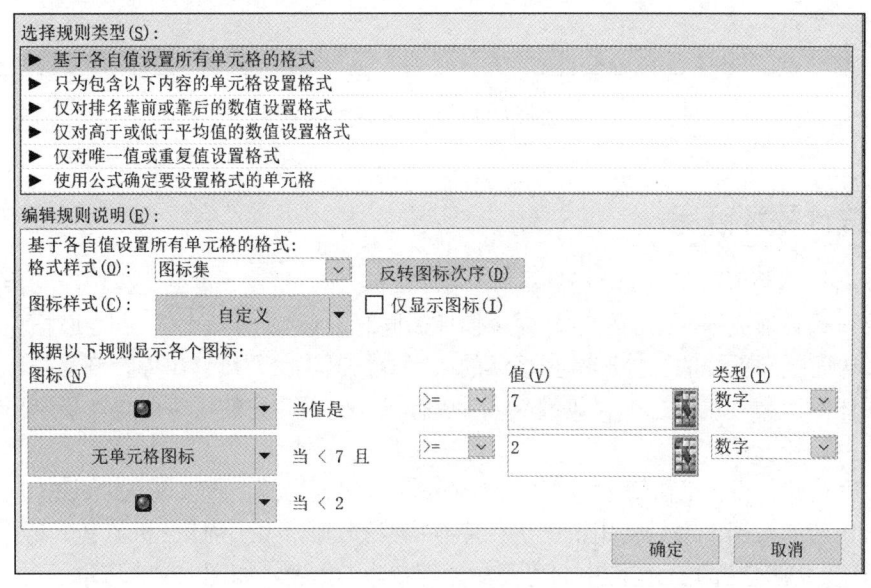

图 13-35　设置"条件格式"

4）单击"插入"选项卡中的"形状"下拉按钮，选择"文本框"选项。在表格中按住鼠标左键不放，绘制文本框，并将光标定位在文本框中输入相应的内容（"红灯"标识表示的含义及"绿灯"标识表示的含义，中间分行隔开），如图 13-36 所示。

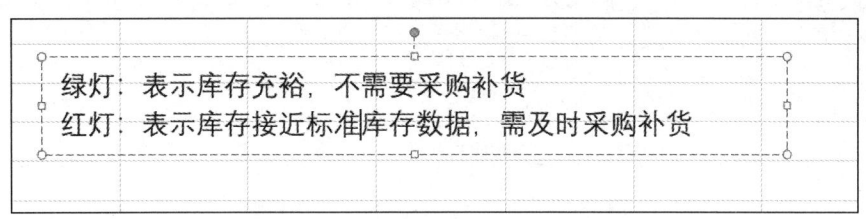

图 13-36　输入"含义"

5）选择文本框中输入的说明文本，在"开始"选项卡中分别设置"字体"和"字号"为"微软雅黑"和"10"，单击"垂直居中"按钮，单击表格任意位置退出文本编辑设置状态，最终效果图如图 13-37 所示。库存表格不仅可以直观展示库存数据的相关状态，而且明确标注了各标记的含义。

	F	G	H	I	J	K	L	M	N	O	P	Q	R
1	单价	期初数量	入库数量	入库时间	出库数量	结存数量	库存标准	库存差异					
2	¥1,502.00	6	8	2016/5/1	6	8	5	3					
3	¥1,502.00	10	6	2016/5/1	6	10	8	2					
4	¥1,502.00	7	7	2016/5/1	4	10	5	5					
5	¥5,002.00	6	8	2016/5/1	3	11	5	6		绿灯：表示库存充裕，不需要采购补货			
6	¥5,002.00	6	9	2016/5/1	4	11	4	7		红灯：表示库存接近标准库存数据，需及时采购补货			
7	¥2,502.00	5	6	2016/5/2	2	9	6	3					
8	¥2,502.00	6	10	2016/5/2	5	11	7	4					
9	¥6,802.00	5	9	2016/5/2	7	7	6	1					
10	¥2,502.00	7	6	2016/5/2	6	7	5	2					
11	¥2,502.00	10	5	2016/5/2	4	11	4	7					
12	¥1,652.00	6	6	2016/5/2	5	7	6	1					
13	¥5,002.00	6	8	2016/5/2	6	8	8	0					
14	¥1,502.00	4	7	2016/5/13	4	7	6	1					
15	¥1,502.00	8	6	2016/5/13	3	11	4	7					
16	¥2,002.00	8	8	2016/5/13	5	11	9	2					
17	¥1,502.00	7	9	2016/5/15	4	12	8	4					
18	¥4,002.00	5	11	2016/5/15	4	12	5	7					

图 13-37 最终效果图

13.2.2 统计损坏商品

库存商品损坏是不可避免的，但这种损坏必须在可控范围内，也就是我们能够接受或承担的范围，否则就必须加强商品的管理，减少损坏。同时，必须统计、分析出造成损坏的各种因素的比例，从而找到更好的管控和减少损坏的入手点。其中，要统计出库存商品损坏率，必须先统计出损坏的商品数量和总库存数量，然后进行除法计算，并使用饼图直观展示出造成各种商品损坏的占比情况。

下面以"仓储分析"工作簿中的"商品库存 3"工作表为例，通过 SUM()、IF()和 SUMIF()函数计算出相应的数据，最后使用饼图进行库存商品损坏原因的占比分析，其具体操作如下。

1）打开"仓储分析"工作簿中的"商品库存 3"工作表，如图 13-38 所示。

	A	B	C	D	E	F	G	H	I
1	宝贝	品牌	类型/尺寸	颜色	单位	单价	期初数量	入库数量	入库时间
2	平板电脑	华硕	6英寸	白色	台	¥1,502.00	6	8	2016/5/1
3	平板电脑	华硕	7英寸	灰色	台	¥1,502.00	10	6	2016/5/1
4	平板电脑	华硕	11英寸	红色	台	¥1,502.00	7	7	2016/5/1
5	平板电脑	华硕	7英寸	紫色	台	¥5,002.00	6	8	2016/5/1
6	平板电脑	华硕	7英寸	粉色	台	¥5,002.00	6	9	2016/5/1
7	智能手机	华硕	6.0英寸	金色	台	¥2,502.00	5	6	2016/5/2
8	智能手机	华硕	5.6英寸	黑色	台	¥2,502.00	6	10	2016/5/2
9	智能手机	华硕	5.6英寸	青色	台	¥6,802.00	5	9	2016/5/2
10	智能手机	华为	5.4英寸	白色	台	¥2,502.00	7	6	2016/5/2
11	智能手机	华为	5.5英寸	红色	台	¥2,502.00	10	5	2016/5/2
12	智能手机	华为	6.0英寸	青色	台	¥1,652.00	6	6	2016/5/2
13	智能手机	华为	5.4英寸	黑色	台	¥5,002.00	6	8	2016/5/2
14	数码单反相机	佳能	高端	红色	台	¥1,502.00	4	7	2016/5/13
15	数码单反相机	佳能	高端	红色	台	¥1,502.00	8	6	2016/5/13
16	数码单反相机	佳能	入门	紫色	台	¥2,002.00	8	8	2016/5/13
17	智能手机	酷派	5.9英寸	灰色	台	¥1,502.00	7	9	2016/5/15

图 13-38 打开"商品库存 3"工作表

2）选择 A45 单元格，在编辑栏中输入公式"=SUM(K2:K39)"。选择 B45 单元格，在编辑栏中输入公式"=SUM(N2:N39)"。选择 C45 单元格，在编辑栏中输入公式"=B45/A45"，单击"开始"选项卡中"数字"功能组中的数据类型下拉按钮，选择"百分比"选项。选择 D45 单元格，在编辑栏中输入公式"=IF(C45<10%,"可控范围内，属正常","超出可控范围，须加强管理")"，如图 13-39 所示。

3）选择 B51 单元格，在编辑栏中输入公式"=SUMIF($O$2:$O$39,A51,$N$2:$N$39)"，将鼠标指针移到 B51 单元格右下角，待鼠标指针变成"+"形状时双击，填充公式到 B53 单元格，如图 13-40 所示。

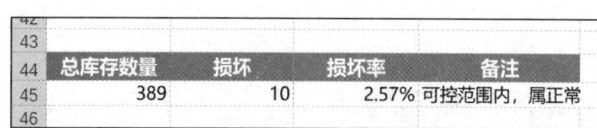
图 13-39 统计数据

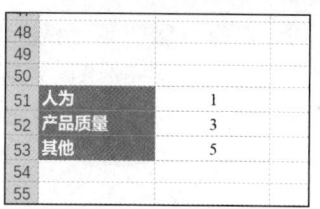
图 13-40 统计损坏数据

4)选择 A51:B53 单元格区域,单击"插入"选项卡中的"饼图"下拉按钮,选择"二维饼图"→"饼图"选项。将图表移到合适位置,并输入图表标题"商品库存损坏原因分析",在"设计"选项卡的"图表布局"功能组中选择"布局 6"选项。损坏原因分析饼图效果如图 13-41 所示。

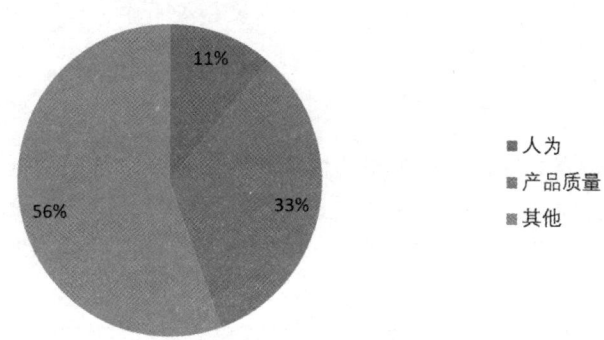

图 13-41 损坏原因分析饼图效果

13.2.3 分析与预测商品库存状态

由于入库和出库的不均衡,仓库中的商品会出现供不应求,或刚好合适,或入库大于出库(积压)的状态。我们可以对商品的这种库存状态进行直观展示,并对未来的情况进行预测,从而对该商品的入库和出库进行调整。要达到这种库存状态的直观展示,必须获取当前的库存数据(当然它是需要动态计算获得的,因为入库数据和出库数据在不断变化),然后用带有次要坐标轴的组合图表就能进行轻松展示和分析。

下面以"仓储分析"工作簿中的"商品库存 4"工作表为例,展示和分析 2016 年 5 月上半月的库存状态,同时预测该商品未来是否可能成为积压商品,其具体操作如下。

1)打开"仓储分析"工作簿中的"商品库存 4"工作表。选择 C2 单元格,在编辑栏中输入公式"=B2+B3-B4",使用填充柄横向填充公式到 P2 单元格,自动计算出当前库存数据,结果如图 13-42 所示。

	A	B	C	D	E	F	G	H	I	J	K	L	M	N	O	P
1	日期	2016/5/1	2016/5/2	2016/5/3	2016/5/4	2016/5/5	2016/5/6	2016/5/7	2016/5/8	2016/5/9	2016/5/10	2016/5/11	2016/5/12	2016/5/13	2016/5/14	2016/5/15
2	库存	5	6	7	11	14	18	20	21	20	21	20	19	17	18	16
3	入库	2	3	4	7	6	5	4	3	2	4	1	3	4	5	2
4	出库	1	2	0	4	2	3	3	4	1	5	2	5	6	7	3
5	库存积压值	15	15	15	15	15	15	15	15	15	15	15	15	15	15	15

图 13-42 计算当前库存数据

2）选择 A1:P3 单元格区域，单击"插入"选项卡中的"柱形图"下拉按钮，选择"二维柱形图"→"簇状柱形图"选项。将图表移到合适位置，并输入图表标题"商品库存状态分析"，在"设计"选项卡的"图表布局"功能组中选择"布局 1"选项，如图 13-43 所示。

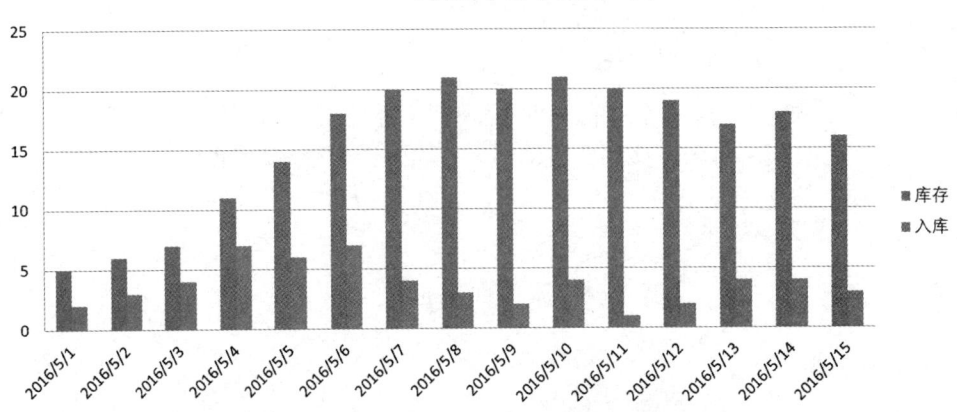

图 13-43　制作柱状图

3）在图表的任意位置处右击，在弹出的快捷菜单中选择"选择数据"命令，打开"选择数据源"对话框。单击"添加"按钮，打开"编辑数据系列"对话框。在"系列名称"文本框中输入"=商品库存 4!$A$2"，在"系列值"文本框中输入"=商品库存 4!$B$2:$P$2"，单击"确定"按钮，如图 13-44 所示。

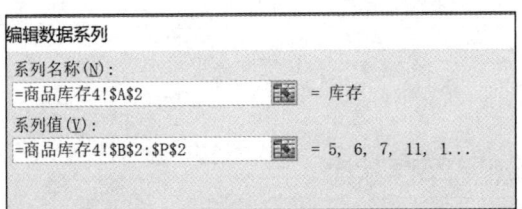

图 13-44　添加"库存"数据系列

4）返回"选择数据源"对话框，再次单击"添加"按钮，打开"编辑数据系列"对话框。在"系列名称"文本框中输入"=商品库存 4!$A$5"，在"系列值"文本框中输入"=商品库存 4!$B$5:$P$5"，单击"确定"按钮，如图 13-45 所示。

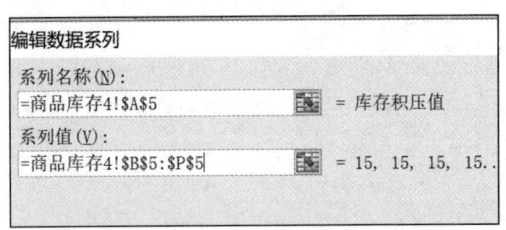

图 13-45　添加"库存积压值"数据系列

5）右击"库存"数据系列，在弹出的快捷菜单中选择"更改系列图表类型"命令，在打开的"更改图表类型"对话框中选择"带数据标记的折线图"选项。同样，右击"库存积压值"

数据系列，在弹出的快捷菜单中选择"更改系列图表类型"命令，在打开的"更改图表类型"对话框中选择"带数据标记的折线图"选项，如图13-46所示。

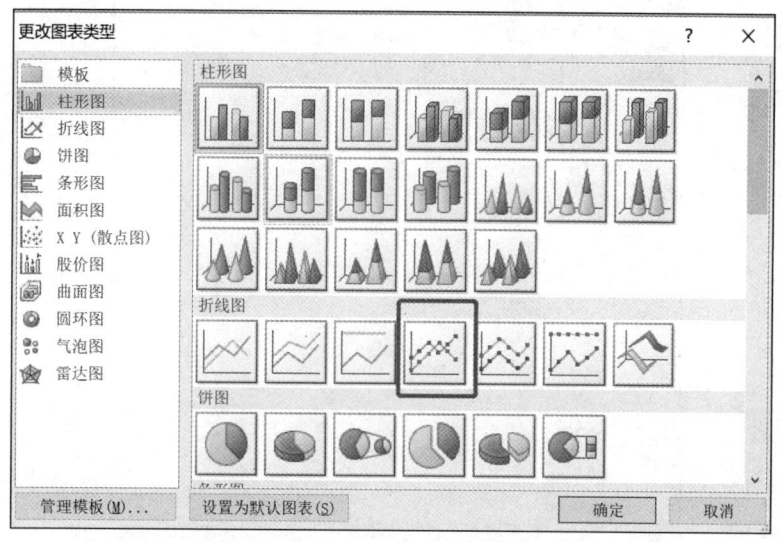

图13-46　更改图表类型

6）右击"库存积压值"数据系列，在弹出的快捷菜单中选择"设置数据系列格式"命令，打开"设置数据系列格式"对话框。单击"系列选项"选项卡，选中"次坐标轴"单选按钮，单击"关闭"按钮，如图13-47所示。

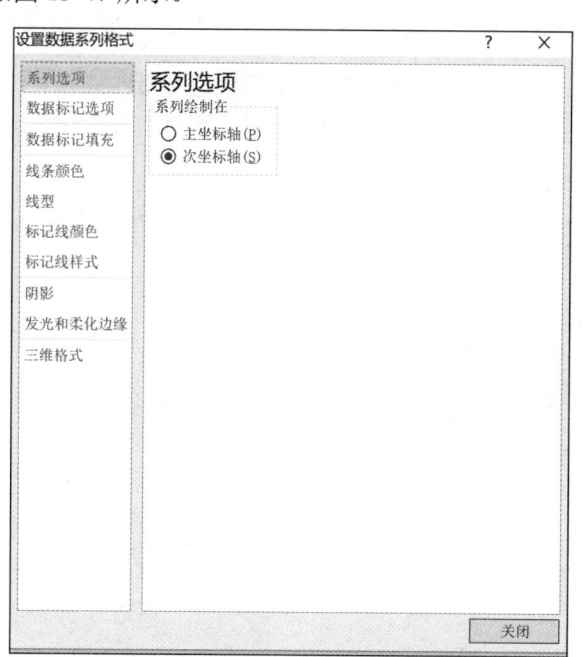

图13-47　"设置数据系列格式"对话框

7）双击添加的次坐标轴，打开"设置坐标轴格式"对话框，单击"坐标轴选项"选项卡，设置"最大值"为"25"，然后单击"关闭"按钮，如图13-48所示。

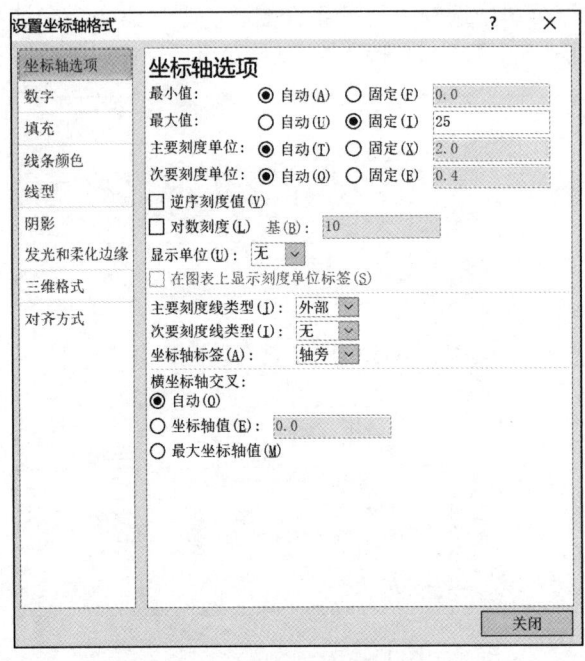

图 13-48 "设置坐标轴格式"对话框

在表格中即可查看图表的最终形态样式,如图 13-49 所示。在图表中可以明显看出 2016/5/5 以后库存量越过"库存积压值"数据系列,进入 10 天的挤压期,虽有下行的趋势,但未越过"库存积压值"数据系列线,未来一段时间商品库存可能还会处于积压状态。

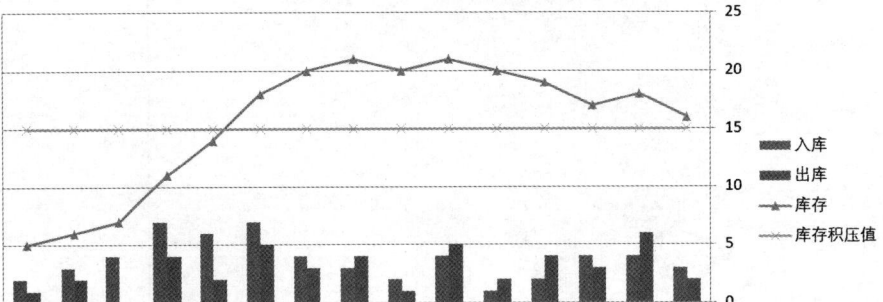

图 13-49 最终效果图

思考与实训

仓储分析

1)基于"仓储分析"工作簿中的"商品库存 1"工作表,筛选 5 月最新商品库存数据,然后制作簇状柱形图对现有库房结存数量和库存标准量数据进行直观对比。

2）基于"仓储分析"工作簿中的"商品库存 2"工作表，使用二维饼图分析不同品牌库存占比情况。

3）基于"仓储分析"工作簿中的"商品库存 3"工作表，根据不同的产品类型，计算损坏率，评估损坏情况，并制作饼图分析商品库存损坏原因。

第14章 客户分析

作为电商卖家,我们的"目标"是客户或潜在的客户,所以,我们需要对他们进行全方位、多视角的了解,做到"知己知彼",达到产品销售的目的,实现获利。

14.1 客户总体购买情况分析

在网店经营的过程中,我们需要对自己店铺的客户消费情况进行分析,以了解线上店铺的经营情况,从而制定出相应的应对措施和方案,使网店发展得更好。

14.1.1 新老客户人数变化走势分析

店铺经营一段时间后,我们可以对客户数量的走势情况进行分析,从而判断店铺生意的好坏,以及对客户的吸引力。当然,其中最为简单的分析方法就是对客户人数的变化进行分析:如新客户人数不断增加,则表示店铺经营不错,受到人们的欢迎;老客户人数不断增加,则表示店铺的商品、服务得到了老客户的肯定。在分析过程中要更加直观地展示和分析出这些信息,使用折线图是最佳选择。

下面以"客户分析"工作簿中的"新老客户数量"工作表为例,对6月份店铺新老客户人数走势进行展示和分析,其具体操作如下。

1)打开"客户分析"工作簿中的"新老客户数量"工作表。选择 A2:C32 单元格区域,单击"插入"选项卡中的"折线图"下拉按钮,选择"二维折线图"→"折线图"选项,如图 14-1 所示。

2)将图表移到合适位置,在图表标题文本框中输入"新老客户人数走势"。将鼠标指针移到图表的右侧控制柄上,待鼠标指针变成水平双向箭头时,按住鼠标左键不放进行拖动以调整宽度,将水平坐标轴上的所有日期显示出来。

3)选择整个图表,单击"设计"选项卡,在"图表布局"功能组中选择"布局 3"选项,在"图表样式"功能组框中选择"样式 4"选项,如图 14-2 所示。

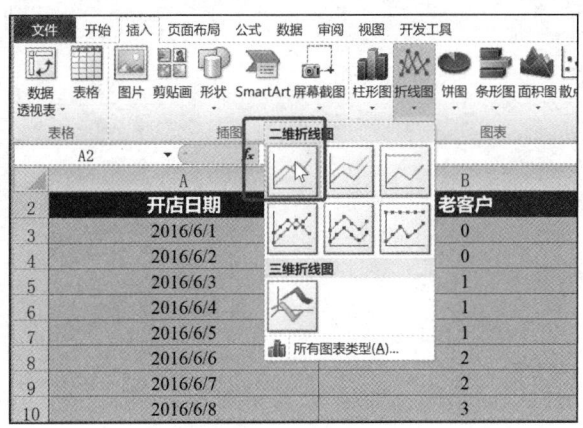

图 14-1　插入折线图

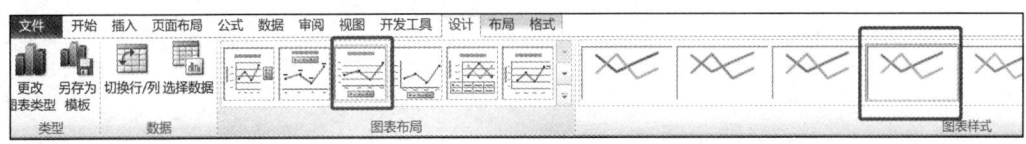

图 14-2　选择布局和样式

4）右击"老客户"数据系列，在弹出的快捷菜单中选择"设置数据系列格式"命令，打开"设置数据系列格式"对话框。单击"系列选项"选项卡，选中"次坐标轴"单选按钮，如图 14-3 所示。

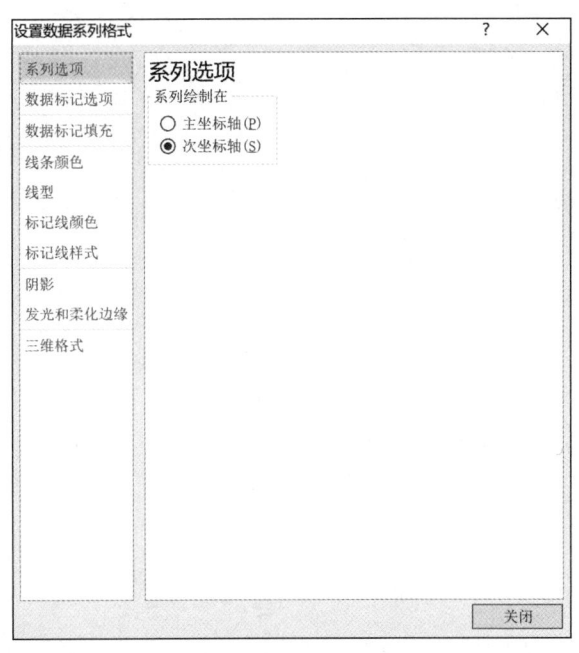

图 14-3　选择"次坐标轴"

5）单击"标记线样式"选项卡，选中"平滑线"复选框，使"老客户"数据系列线条平滑显示，单击"关闭"按钮，如图 14-4 所示。对"新客户"数据系列进行同样的操作。

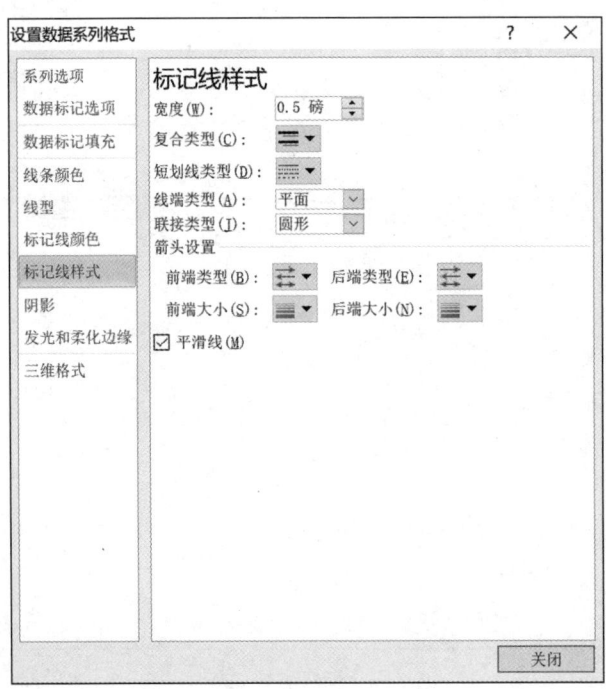

图 14-4　设置"标记线样式"

6）双击添加的次坐标轴，打开"设置坐标轴格式"对话框，单击"坐标轴选项"选项卡，设置"最小值"为"0.0"，然后单击"关闭"按钮，如图 14-5 所示。

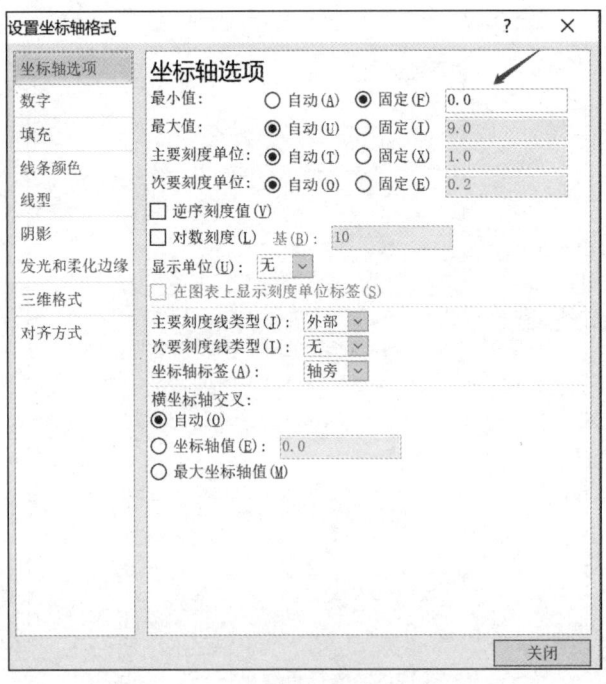

图 14-5　"设置坐标轴格式"对话框

在图表中即可查看新老客户的人数走势（同步走高），如图 14-6 所示。

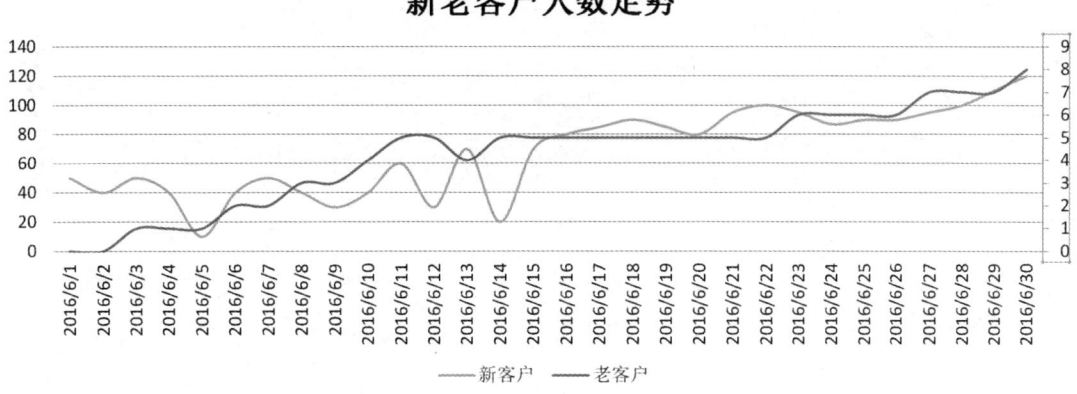

图 14-6 最终效果图

14.1.2 老客户销量和销售额所占比例分析

新客户和老客户都是店铺的重要资源，是店铺生意得以生存发展的保证，同时，新客户和老客户的存在也并不冲突，而且我们希望更多的新客户能变成老客户，最终变成忠实客户。在经营过程中，老客户的维护不是一个必选项，而是要根据老客户对店铺的销量和销售额的重要性来选择。若其占有比例较大，则必须维护；若其占有比例太小，则顺其自然。在统计过程中，销售记录较多，新老客户的数据可用条件规则和筛选功能进行归类，用 SUBTOTAL() 函数进行统计，最后用饼图进行比例展示和分析。

下面以"客户分析"工作簿中的"新老客户购物数据"工作表为例，对 2016 年 5 月的前 8 天的新老客户购物数量和金额进行统计和分析，其具体操作如下。

1）打开"客户分析"工作簿中的"新老客户购物数据"工作表，选择 B2:B20 单元格区域，单击"开始"选项卡中的"条件格式"下拉按钮，选择"突出显示单元格规则"→"重复值"选项，如图 14-7 所示。

图 14-7 设置"条件格式"

2）打开"重复值"对话框，保持默认设置不变，单击"确定"按钮，如图14-8所示。

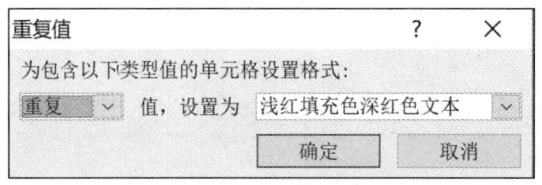

图14-8 设置"重复值"

3）选择B2单元格，单击"数据"选型卡中的"筛选"按钮，工作表进入自动筛选状态。单击"买家会员名"下拉按钮，选择"按颜色排序"选项，选择浅红色，如图14-9所示。

图14-9 设置筛选

4）选择B23单元格，在编辑栏中输入公式"=SUBTOTAL(109,H2:H20)"，如图14-10所示。

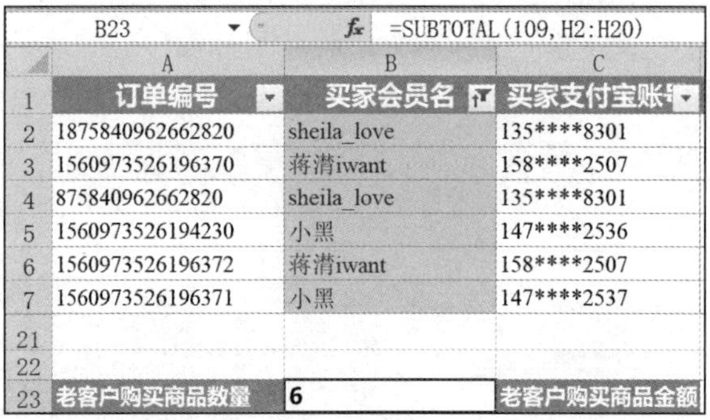

图14-10 SUBTOTAL()函数应用

5）复制B23单元格中的函数（按Ctrl+C组合键复制），右击，在弹出的快捷菜单中选择"选择性粘贴"命令，打开"选择性粘贴"对话框。在"粘贴"选项组中选中"数值"单选按钮，将函数转换为数值（避免随着筛选的切换，数据会随着发生变化），单击"确定"按钮，如图14-11所示。

6）选择D23单元格，在编辑栏中输入公式"=SUBTOTAL(109,J2:J20)"，按照步骤5）同样的方法复制、粘贴成"数值"形式。

7）单击"买家会员名"下拉按钮，选择"按颜色筛选"→"无填充"选项，如图14-12所示。

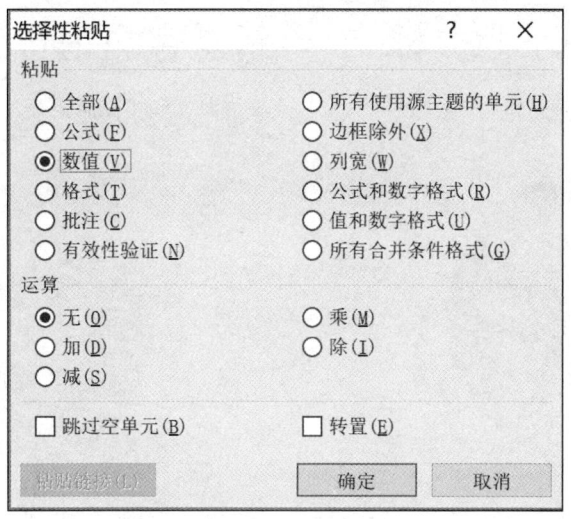

图 14-11 粘贴成"数值"形式

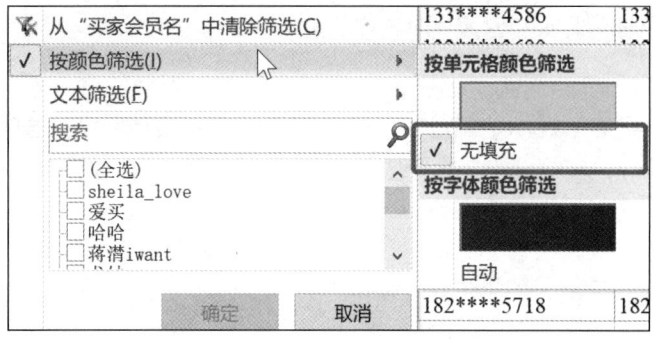

图 14-12 设置筛选

8)选择 B24 单元格,在编辑栏中输入公式"=SUBTOTAL(109,H3:H20)",并复制、粘贴成"数值"形式。选择 D24 单元格,在编辑栏中输入公式"=SUBTOTAL(109,J3:J20)",并复制、粘贴成"数值"形式,统计结果如图 14-13 所示。

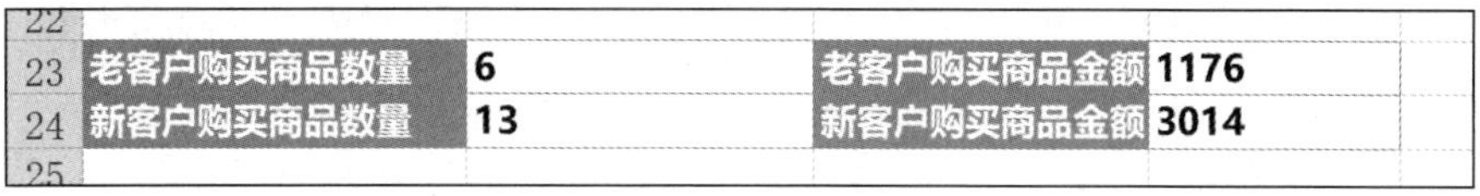

| 23 | 老客户购买商品数量 | 6 | 老客户购买商品金额 | 1176 |
| 24 | 新客户购买商品数量 | 13 | 新客户购买商品金额 | 3014 |

图 14-13 统计结果

9)选择 A23:B24 单元格区域,单击"插入"选项卡中的"饼图"下拉按钮,选择"二维饼图"→"饼图"选项,移动图表位置,更改图表标题为"新老客户销量占比分析",应用"样式 11"图表样式和"布局 2"图表布局,如图 14-14 所示。

10)选择 C23:D24 单元格区域,单击"插入"选项卡中的"饼图"下拉按钮,选择"二维饼图"→"饼图"选项,移动图表位置,更改图表标题为"新老客户销售金额占比分析",应用"样式 11"图表样式和"布局 2"图表布局,如图 14-15 所示。

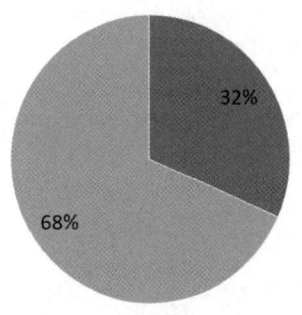

图 14-14 销量饼图

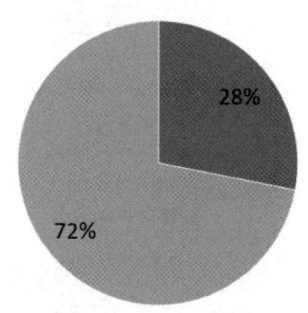

图 14-15 销售金额饼图

14.2 客户的需求情况分析

作为电商卖家，我们的目标是将自家的商品售卖给客户实现获利，这就意味着客户是我们要"拿下的目标"，因此要求我们必须了解这个"目标"，掌握客户的喜好、习惯和需求，进行迎合，从而让他们高高兴兴地来购买商品。下面就对客户的常规需求情况进行分析。

14.2.1 访问和成交客户的性别分析

在网店经营一段时间后，可以根据已有的访问和成交数据信息来对客户对象进行分析，其中，最直接的就是对性别进行分析，这样我们就可以有针对性地采购和上架指定类型的商品。若女性客户较多，则可多上架或促销一些女性需要的商品；若男性客户较多，则多上架或促销一些男性需要的商品，从而提高访问量和成交量，增加人气和收益。对于访问和成交的客户性别占比，我们可用圆环图表来直观展示和分析。

下面以"客户分析"工作簿中的"性别分析"工作表为例，对成交客户的男女比例进行分析，其具体操作如下。

1）打开"客户分析"工作簿中的"性别分析"工作表，选择 D15 单元格，在编辑栏中输入公式"=SUM(D13:D14)"，将鼠标指针移到 D15 单元格右下角，待鼠标指针变成"+"形状时双击，将函数填充到 E15 单元格。

2）按住 Ctrl 键，选择 D12:E12 单元格区域和 D15:E15 单元格区域，单击"插入"选项卡中的"其他饼图"下拉按钮，选择"圆环图"→"圆环图"选项。移动图表到合适位置并更改图表标题为"成交客户性别占比"，单击"设计"选项卡，在"图表布局"功能组中选择"布局 6"选项，在"图表样式"功能组中选择"样式 2"选项。圆环图效果如图 14-16 所示。

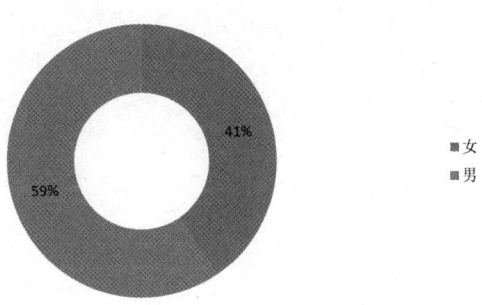

图 14-16 圆环图效果

3）单击"插入"选项卡中的"形状"下拉按钮，选择"箭头总汇"→"燕尾形"选项，如图 14-17 所示。

4）按住鼠标左键不放，在图表上绘制"燕尾形"形状，将鼠标指针移到形状的旋转控制柄上，按住鼠标左键不放进行方向和角度的调整，直到合适位置释放鼠标左键，如图 14-18 所示。

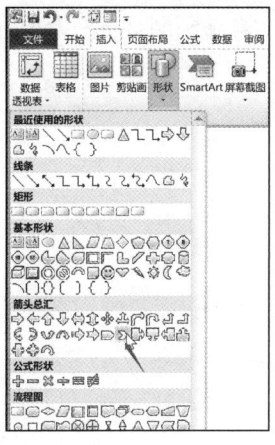

图 14-17 选择"燕尾形"

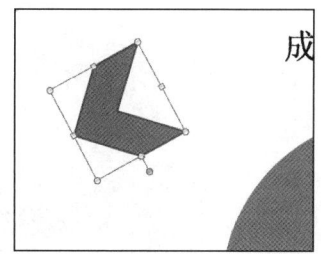

图 14-18 绘制"燕尾形"形状

5）单击"形状"下拉按钮，选择"矩形"→"矩形"选项，如图 14-19 所示。

6）在"燕尾形"形状的右侧绘制矩形并进行旋转，如图 14-20 所示。

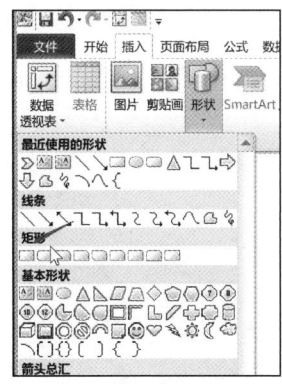

图 14-19 选择"矩形"

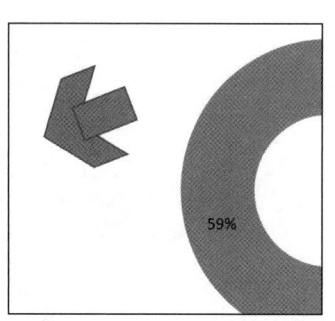

图 14-20 绘制"矩形"形状

7）按住 Ctrl 键，选择绘制的"燕尾形"形状和"矩形"形状，并右击，在弹出的快捷菜单中选择"组合"命令，如图 14-21 所示。

8）右击组合图形，单击"格式"选项卡中的"形状填充"下拉按钮，选择"橙色"选项。单击"形状轮廓"下拉按钮，选择"无轮廓"选项，如图 14-22 所示。

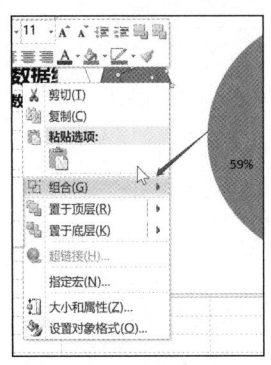

图 14-21　设置"组合"

图 14-22　设置"底色"和"边框"

9）将鼠标指针移到旋转控制柄上，按住鼠标左键不放调整组合形状的方向和角度。将鼠标指针移到组合形状上，按住鼠标左键不放进行移动，将其移到圆环的外环边上，如图 14-23 所示。

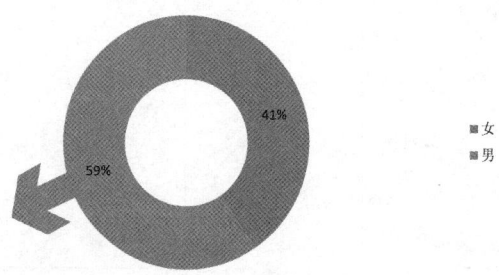

图 14-23　调整位置

10）以同样的方法绘制和设置女性的标识（它由两个矩形组成），并将其移到合适位置，如图 14-24 所示。我们发现男性客户在成交占比中占有较大比例，可针对男性客户上架一些商品。

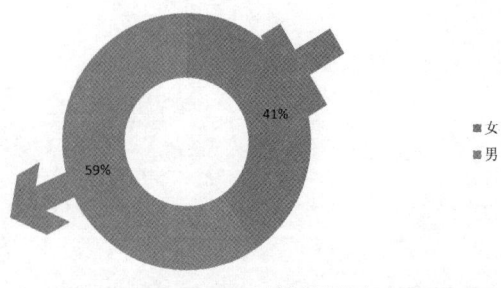

图 14-24　最终效果图

14.2.2 访问和成交客户的年龄分析

要对线上店铺访客和成交客户进行分析,不仅要对性别进行分析,而且需要对其年龄段进行分析,从而更好地定位店铺的主要客户人群,做到"对症下药",增加访问量和成交量,吸引回头客和增加收益。对电商客户的年龄段分布进行分析,可使用气泡图。

下面以"客户分析"工作簿中的"年龄段分析"工作表为例,对访问客户的年龄进行分析,其具体操作如下。

1)打开"客户分析"工作簿中的"年龄段分析"工作表。单击"插入"选项卡中的"其他图表"下拉按钮,选择"气泡图"→"三维气泡图"选项,如图14-25所示。

2)在插入的空白图表上右击,在弹出的快捷菜单中选择"选择数据"命令,打开"选择数据源"对话框。单击"添加"按钮,打开"编辑数据系列"对话框,设置系列名称为"=年龄段分析!$A$1"。单击"X轴系列值"文本框后的折叠按钮,在表格中选择数据区域"年龄段分析!$A$3:$A$9"。单击"Y轴系列值"文本框后的折叠按钮,在表格中选择数据区域"年龄段分析!$B$3:$B$9"。单击"系列气泡大小"文本框后的折叠按钮,在表格中选择数据区域"年龄段分析!$C$3:$C$9"。最后单击"确定"按钮,如图14-26所示。

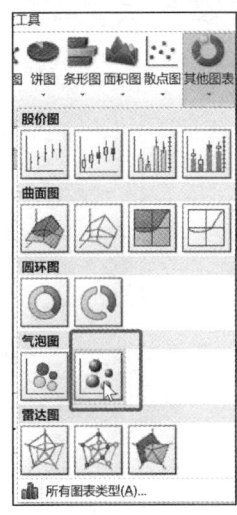
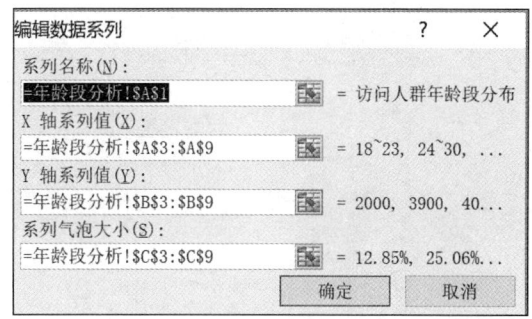

图14-25 选择"三维气泡图"　　　　图14-26 "编辑数据系列"对话框

3)将图表移到合适位置,选择图表标题文本框,输入标题"访问人群年龄段分布",在"字体"下拉列表中选择"微软雅黑"选项,单击"加粗"按钮,如图14-27所示。

图14-27 设置"标题"

4)右击数据系列,在弹出的快捷菜单中选择"设置数据系列格式"命令,打开"设置数据系列格式"对话框。单击"填充"选项卡,选中"依数据点着色"复选框,如图14-28所示。

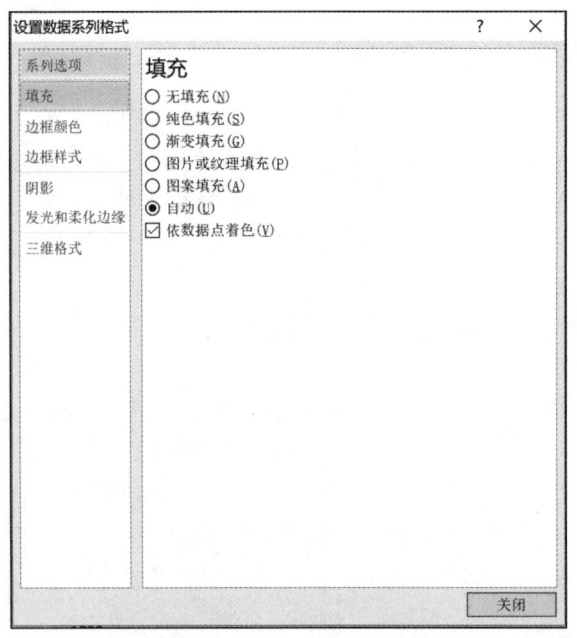

图14-28 设置"填充"

5）单击"三维格式"选项卡，单击"顶端"下拉按钮，选择"棱台"→"圆"选项。设置"宽度"为"13磅"，设置"高度"为"11.5磅"，单击"关闭"按钮，如图14-29所示。

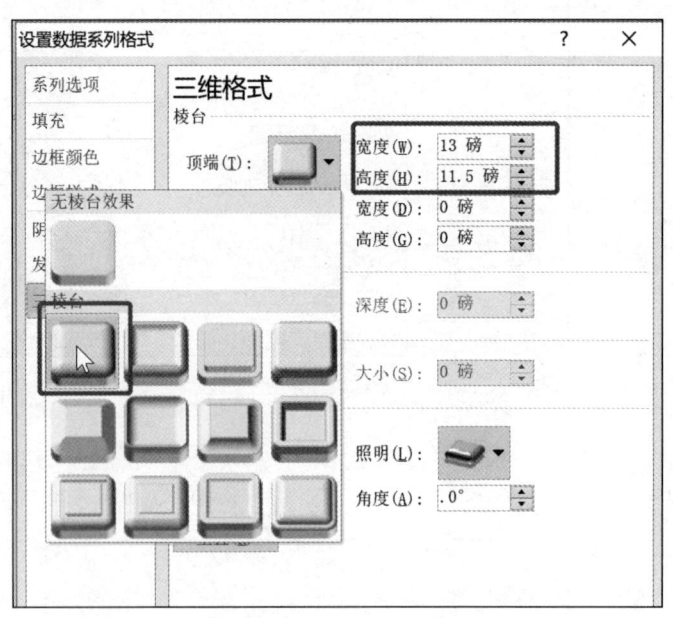

图14-29 设置"三维格式"

6）在任意气泡上右击，在弹出的快捷菜单中选择"设置数据标签格式"命令，打开"设置数据标签格式"对话框。单击"标签选项"选项卡，选中"X值"复选框和"气泡大小"复选框，取消选中"Y值"复选框。单击"分隔符"下拉按钮，选择"分行符"选项，选中"居中"单选按钮，单击"关闭"按钮，如图14-30所示。

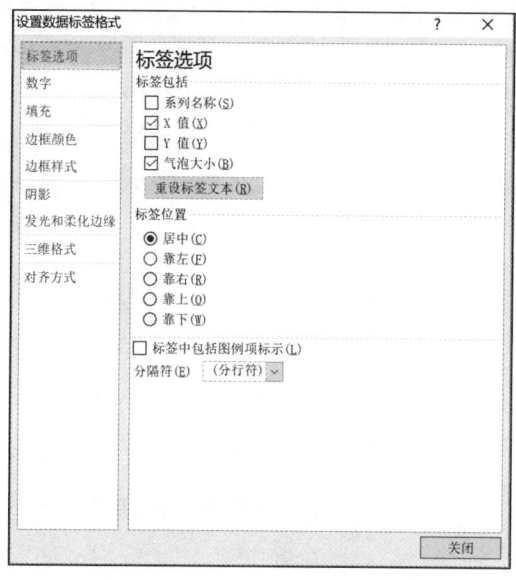

图 14-30 设置"标签选项"

7)在图表最右边的两个数据标签上双击,将其单一选择,并将其拖动到合适位置,最终效果图如图 14-31 所示。

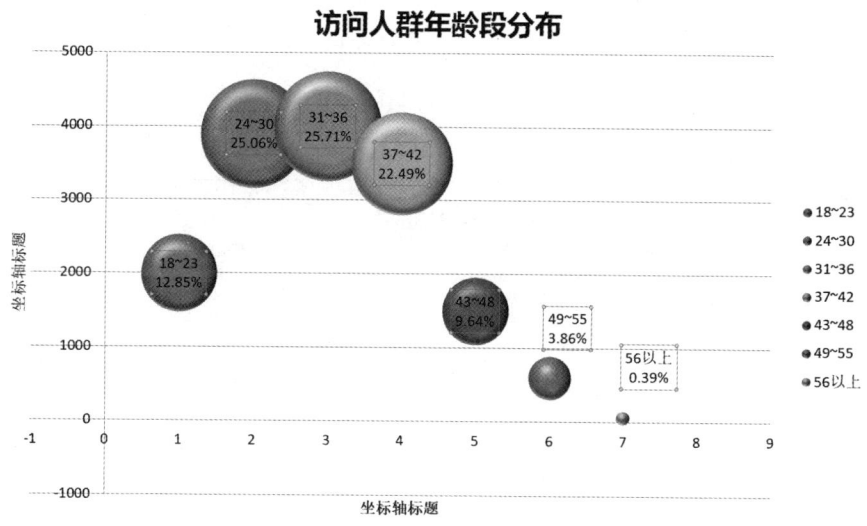

图 14-31 最终效果图

14.2.3 不同城市/区域访问和成交数据分析

虽然网上店铺面向的区域是全国,但并不是每个城市和区域的用户都知道、认可和接受网上店铺,不过,我们可通过已有的数据来对访问量和成交量较多的城市/区域进行统计和分析,找到客户集中的城市或区域,然后针对这些城市和区域的人群特性实施相应的经营、服务或促销手段,从而提高成交量,增加转化率,实现更大的获利。对城市/区域访问和成交数据进行展示和分析最直接的方法就是使用数据条。

下面以“客户分析”工作簿中的“城市访问和成交情况”工作表为例，使用蓝色数据条来直观展示和分析访问量的集中城市或区域，其具体操作如下。

1）打开“客户分析”工作簿中的“城市访问和成交情况”工作表。选择 B3:B14 单元格区域，单击“开始”选项卡中的“条件格式”下拉按钮，选择“数据条”→“实心填充”→“蓝色数据条”选项，如图 14-32 所示。

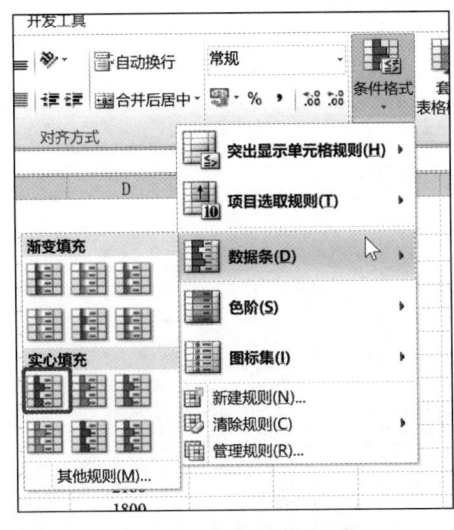

图 14-32 选择“数据条”

2）系统自动根据城市/区域的访问量数据进行数据条的绘制和展示，最终效果图如图 14-33 所示。

	A	B	C	D
1	城市访问和成交情况			
2	城市	访问量	城市	成交量
3	北京市	3000	北京市	2880
4	上海市	2500	上海市	2380
5	重庆市	1500	重庆市	1380
6	天津市	1300	天津市	1180
7	成都市	3000	成都市	2880
8	杭州市	4500	杭州市	4380
9	德阳市	3200	德阳市	3800
10	绵阳市	2800	绵阳市	2680
11	巴中市	1900	巴中市	1780
12	南充市	2300	南充市	2180
13	深圳市	1900	深圳市	1800
14	武汉市	2500	武汉市	2380

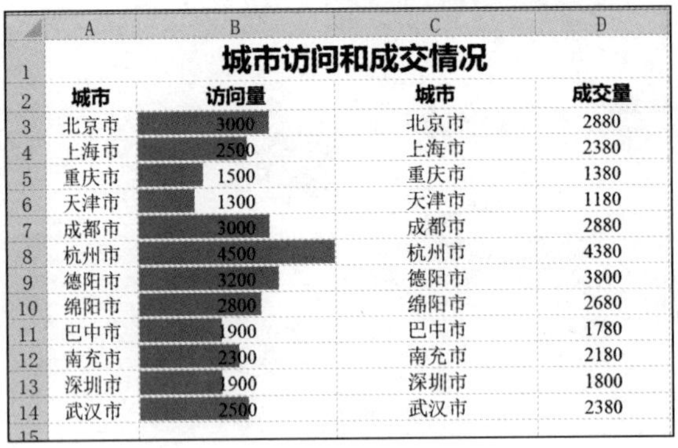

图 14-33 最终效果图

思考与实训

客户分析

1）基于“客户分析”工作簿中的“新老客户购物数据”工作表，制作新老客户商品金额和数量柱状图，如图 14-34 所示。

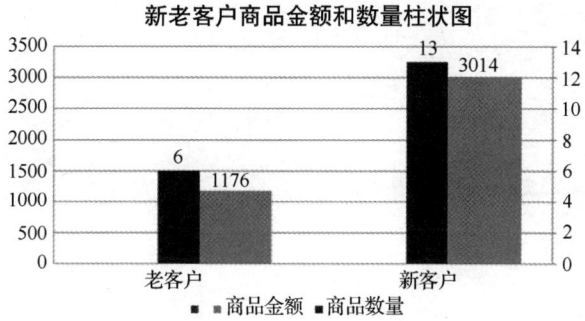

图 14-34　新老客户商品金额和数量柱状图

2）基于"客户分析"工作簿中的"新老客户购物数据"工作表，制作不同宝贝类型的商品金额和数量柱状图，如图 14-35 所示。

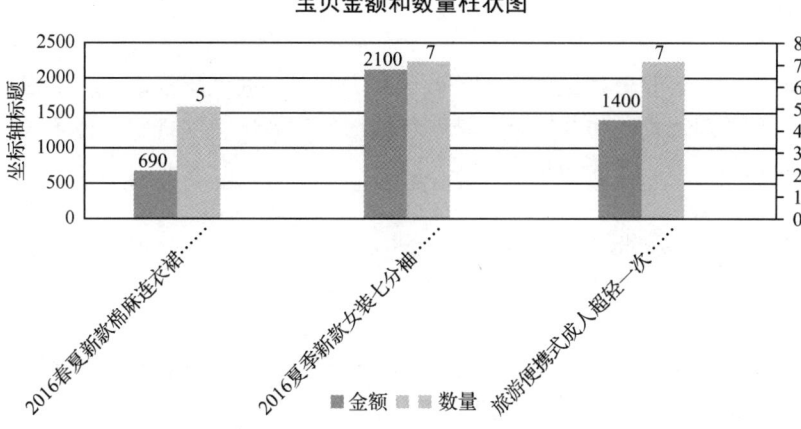

图 14-35　宝贝金额和数量柱状图

第 15 章

商品分析

作为淘宝卖家,一定要清楚当前热卖的商品有哪些,从而做出商品上架的选择,并要对商品有一个客观、合理的定价,除此以外,还要对活动效果做出科学评价。在本章中,我们将从商品热度、定价和活动效果 3 个方面进行分析。

15.1 热销商品的统计与分析

作为淘宝卖家,特别是新手卖家,在考虑对何种商品宝贝进行销售及命名前,可选择当前的热卖产品进行采购、上架,同时根据热搜的关键字进行宝贝的命名,这样就能增加搜索量、访问量和下单成交量,从而实现获利。

15.1.1 商品热度搜索数据统计

商品热度搜索数据和指数能很好地反映出人们搜索商品的方式,这样,我们就可以从中总结出相应的命名规律,然后通过优化关键词来命名自己的宝贝,让更多的客户容易搜索到自己网店的商品宝贝,从而促进客户下单,最终达成交易的目的。为了更好地展示和统计出商品的搜索热度,我们可以用直观数据条和图标集来展示对应的数据。

下面以"商品分析"工作簿中的"搜索排行榜"工作表为例,对热搜商品进行统计和分析,其具体操作如下。

1)打开"商品分析"工作簿中的"搜索排行榜"工作表。选择 A3 单元格,在编辑栏中输入公式"=RANK.EQ(C3,$C$3:$C$19)",保持 A3 单元格选择状态,将鼠标指针移动到右下角,待鼠标指针变成"+"形状时双击。RANK.EQ 函数应用结果如图 15-1 所示。

2)选择 D 列,并右击,在弹出的快捷菜单中选择"插入"命令插入空白列。选择 C3:C19 单元格区域,按 Ctrl+C 组合键复制,选择 D3:D19 单元格区域,单击"粘贴"按钮,粘贴数据,如图 15-2 所示。

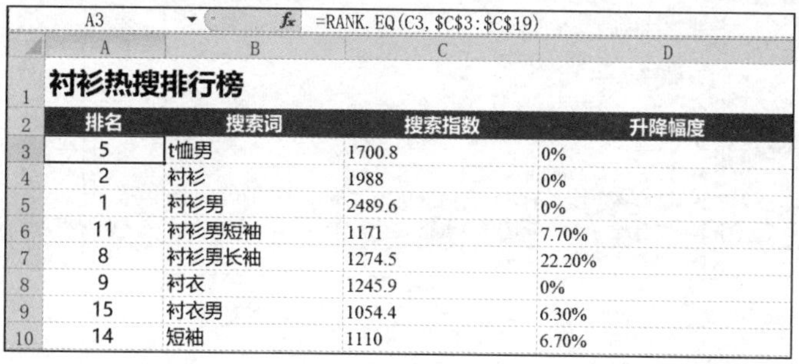

A3 =RANK.EQ(C3,$C$3:$C$19)

	A	B	C	D
1	衬衫热搜排行榜			
2	排名	搜索词	搜索指数	升降幅度
3	5	t恤男	1700.8	0%
4	2	衬衫	1988	0%
5	1	衬衫男	2489.6	0%
6	11	衬衫男短袖	1171	7.70%
7	8	衬衫男长袖	1274.5	22.20%
8	9	衬衣	1245.9	0%
9	15	衬衣男	1054.4	6.30%
10	14	短袖	1110	6.70%

图 15-1 RANK.EQ 函数应用结果

	A	B	C	D	E
1	衬衫热搜排行榜				
2	排名	搜索词	搜索指数	搜索指数	升降幅度
3	5	t恤男	1700.8	1700.8	0%
4	2	衬衫	1988	1988	0%
5	1	衬衫男	2489.6	2489.6	0%
6	11	衬衫男短袖	1171	1171	7.70%
7	8	衬衫男长袖	1274.5	1274.5	22.20%
8	9	衬衣	1245.9	1245.9	0%
9	15	衬衣男	1054.4	1054.4	6.30%
10	14	短袖	1110	1110	6.70%
11	4	短袖衬衫男	1733.2	1733.2	0%
12	16	短袖男	1039.9	1039.9	10%
13	12	男士t恤 短袖	1144.9	1144.9	16.70%
14	12	男士t恤 短袖	1144.9	1144.9	16.70%
15	6	男士衬衫	1307	1307	0%
16	3	男装	1891.8	1891.8	0%
17	10	雅戈尔	1183.5	1183.5	7.10%
18	7	衣服	1291.8	1291.8	10%
19	17	衣服男	974.2	974.2	9.10%

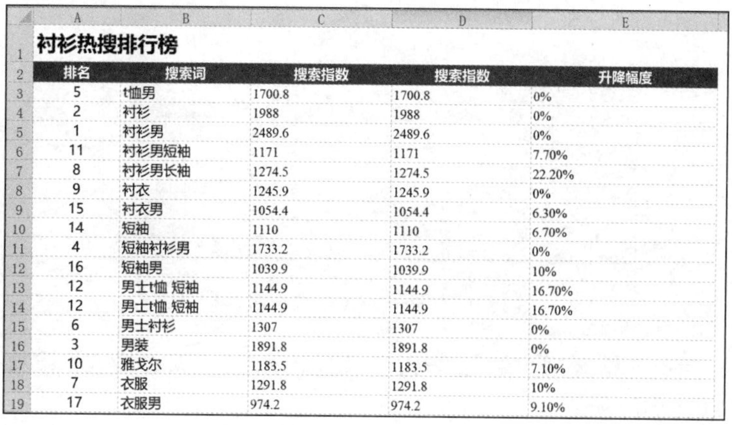

图 15-2 插入 D 列

3）选择 D3:D19 单元格区域，单击“开始”选项卡中的“条件格式”下拉按钮，选择“数据条”→“实心填充”→“绿色数据条”选项，如图 15-3 所示。

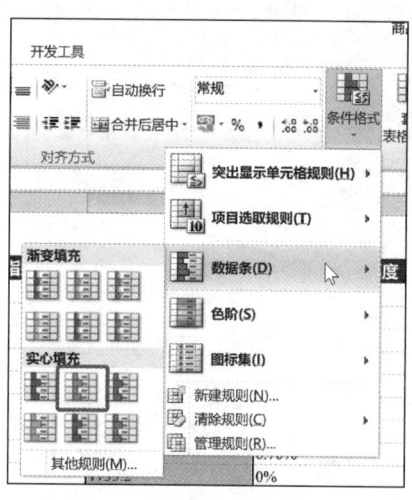

图 15-3 插入“数据条”

4）选择 D3:D19 单元格区域，单击“开始”选项卡中的“条件格式”下拉按钮，选择“管理规则”选项，打开“条件格式规则管理器”对话框。单击“编辑规则”按钮，打开“编辑格式规则”对话框，选中“仅显示数据条”复选框，单击“确定”按钮，如图 15-4 所示。

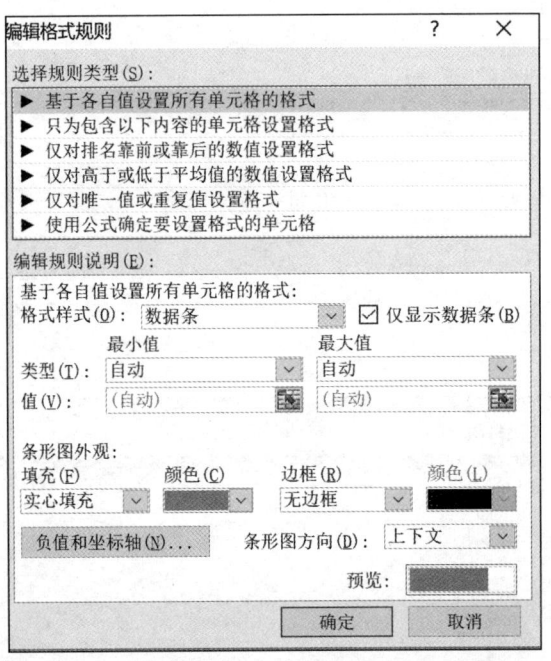

图 15-4 "编辑格式规则"对话框

5）选择 E3:E19 单元格区域，单击"开始"选项卡中的"条件格式"下拉按钮，选择"新建规则"选项，如图 15-5 所示。

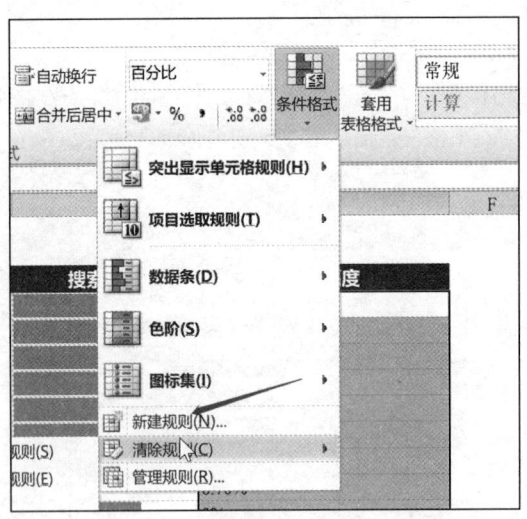

图 15-5 选择"新建规则"

6）打开"新建格式规则"对话框，单击"格式样式"下拉按钮，选择"图标集"选项。单击"图标样式"下拉按钮，选择 3 个三角形图标样式。分别在第一个图标和第二个图标对应的"值"文本框中输入"0.001"和"0"，单击"确定"按钮，如图 15-6 所示。

7）选择 A3:E19 单元格区域，单击"开始"选项卡中的"升序和筛选"下拉按钮，选择"升序"选项，让整个搜索的数据按照升序方式整理排列，方便关键词的选择和优化，如图 15-7 所示。

第15章 商品分析

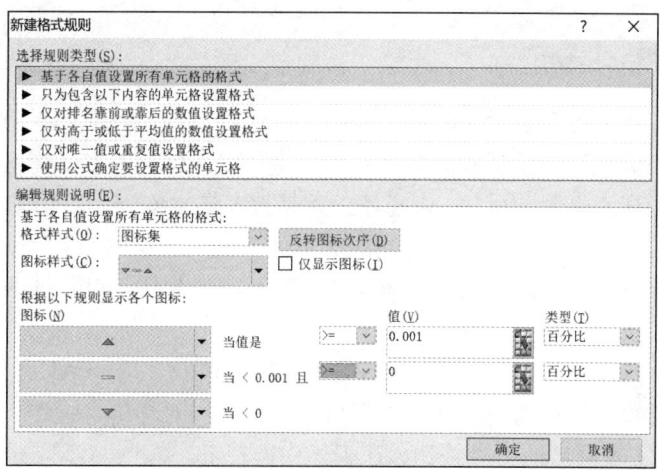

图15-6 新建格式规则

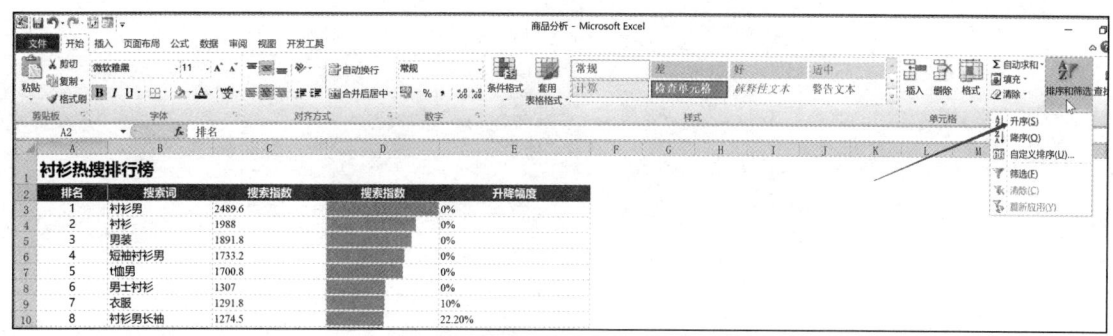

图15-7 升序

最终效果图如图 15-8 所示。关键词是搜索量最多的搜索词,我们可以将其组合用于自己的商品命名中。例如,可以将搜索量上升比例最大的商品热词用于自己的商品命名中。

排名	搜索词	搜索指数	搜索指数	升降幅度
1	衬衫男	2489.6		0%
2	衬衫	1988		0%
3	男装	1891.8		0%
4	短袖衬衫男	1733.2		0%
5	t恤男	1700.8		0%
6	男士衬衫	1307		0%
7	衣服	1291.8		▲10%
8	衬衫男长袖	1274.5		▲22.20%
9	衬衣	1245.9		0%
10	雅戈尔	1183.5		▲7.10%
11	衬衫男短袖	1171		▲7.70%
12	男士t恤 短袖	1144.9		▲16.70%
12	男士t恤 短袖	1144.9		▲16.70%
14	短袖	1110		▲6.70%
15	衬衣男	1054.4		▲6.30%
16	短袖男	1039.9		▲10%
17	衣服男	974.2		▲9.10%

图15-8 最终效果图

221

15.1.2 商品关键词分析

我们在对商品宝贝进行命名前，可以统计和分析同行对同类商品的关键词命名方式，对其中搜索排名靠前的关键词进行统计和分析，然后，将其用在自己的商品命名上，使商品命名方式符合和满足客户的搜索习惯和爱好，让商品更容易被客户搜索到，从而提高搜索量和访问量，促成交易成交。要快速按类统计出相应商品的关键词，较为直接的方式是通过数据透视表。

下面以"商品分析"工作簿中的"商品关键词"工作表为例，对热搜的关键词进行统计和分析，其具体操作如下。

1）打开"商品分析"工作簿中的"商品关键词"工作表。选择 A1 单元格，单击"插入"选项卡中的"数据透视表"按钮，打开"创建数据透视表"对话框。选中"现有工作表"单选按钮，单击"位置"文本框后的折叠按钮，在表格中选择 E1 单元格，单击展开按钮，返回"创建数据透视表"对话框，单击"确定"按钮，如图 15-9 所示。

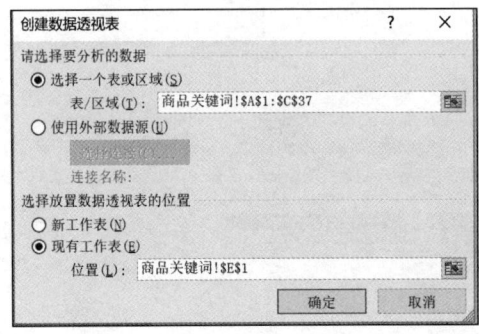

图 15-9 "创建数据透视表"对话框

2）在打开的"数据透视表字段列表"窗格中选中"关键词"复选框和"关注指数"复选框，如图 15-10 所示。

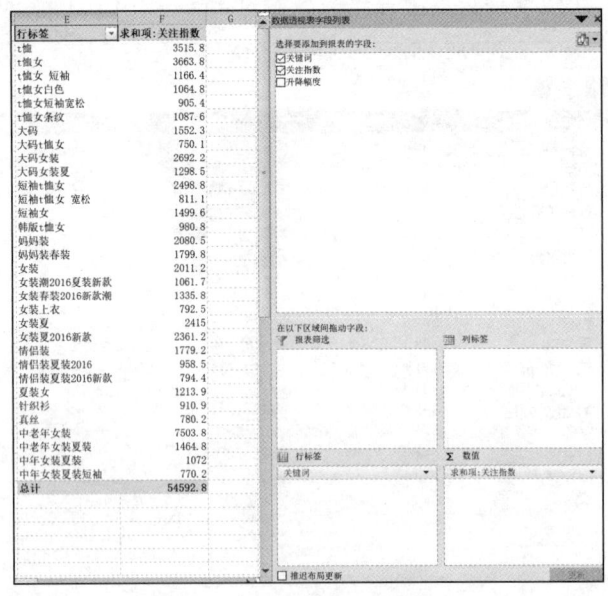

图 15-10 设置"字段列表"

3）选择 E2:F7 单元格区域，右击，在弹出的快捷菜单中选择"创建组"命令。以同样的方法，将其他同类或相近关键词分为一组，如图 15-11 所示。

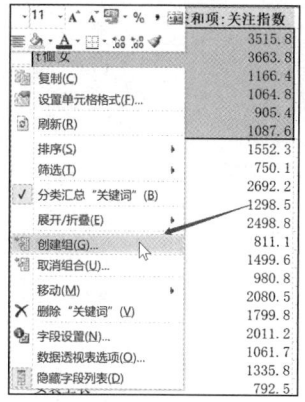

图 15-11 分组

4）选择任意透视表单元格，单击"设计"选项卡，在"数据透视表样式"功能组中选择"数据透视表样式浅色 17"选项，快速应用透视表样式，如图 15-12 所示。

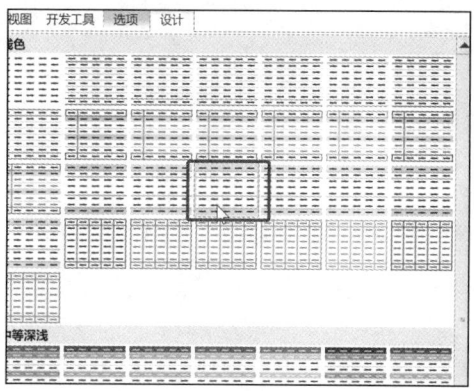

图 15-12 选择样式

5）保持数据透视表单元格的选择状态，单击"设计"选项卡中的"报表布局"下拉按钮，选择"以大纲形式显示"选项，如图 15-13 所示。

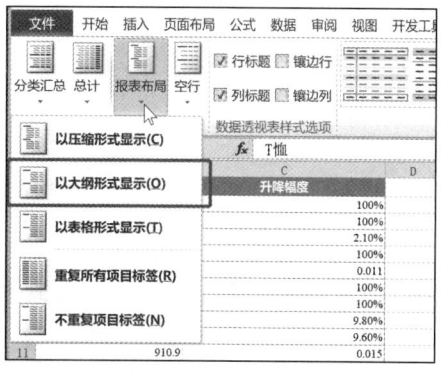

图 15-13 选择报表布局形式

6）选择单元格 E2，在编辑栏中输入"T恤"，按 Enter 键确认。以同样的方法，对每组名称进行更改，效果如图 15-14 所示。

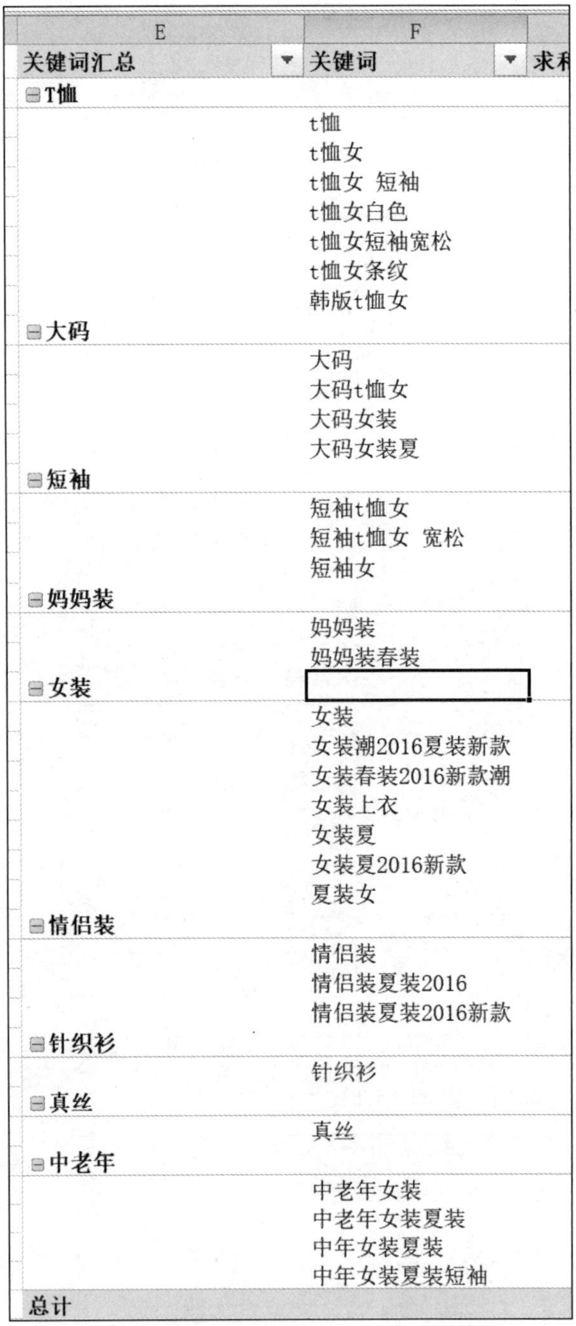

关键词汇总	关键词	求和
⊟T恤		
	t恤	
	t恤女	
	t恤女 短袖	
	t恤女白色	
	t恤女短袖宽松	
	t恤女条纹	
	韩版t恤女	
⊟大码		
	大码	
	大码t恤女	
	大码女装	
	大码女装夏	
⊟短袖		
	短袖t恤女	
	短袖t恤女 宽松	
	短袖女	
⊟妈妈装		
	妈妈装	
	妈妈装春装	
⊟女装		
	女装	
	女装潮2016夏装新款	
	女装春装2016新款潮	
	女装上衣	
	女装夏	
	女装夏2016新款	
	夏装女	
⊟情侣装		
	情侣装	
	情侣装夏装2016	
	情侣装夏装2016新款	
⊟针织衫		
	针织衫	
⊟真丝		
	真丝	
⊟中老年		
	中老年女装	
	中老年女装夏装	
	中年女装夏装	
	中年女装夏装短袖	
总计		

图 15-14 重命名

7）单击"设计"选项卡中的"分类汇总"下拉按钮，选择"在组的底部显示所有分类汇总"选项，如图 15-15 所示。

8）选择 E1 单元格，在编辑栏中输入"关键字汇总"，按 Enter 键确认。单击"选项"选项卡中的"域、项目和集"下拉按钮，选择"计算字段"选项，如图 15-16 所示。

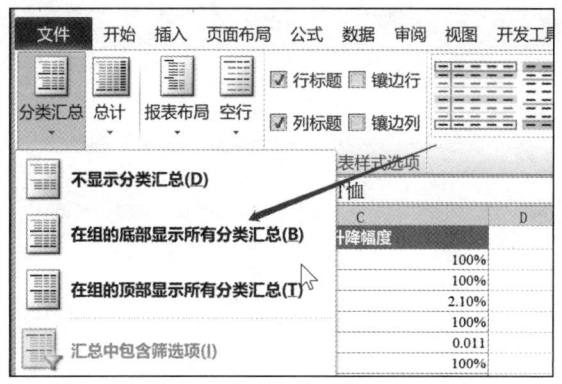

图 15-15 显示"分类汇总"

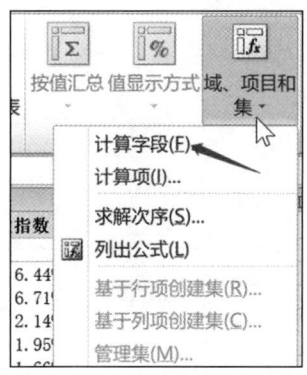

图 15-16 计算字段

9）打开"插入计算字段"对话框，在"名称"文本框中输入"同类名称比重"，在"字段"列表框中选择"关注指数"选项，单击"插入字段"按钮，单击"确定"按钮，如图 15-17 所示。

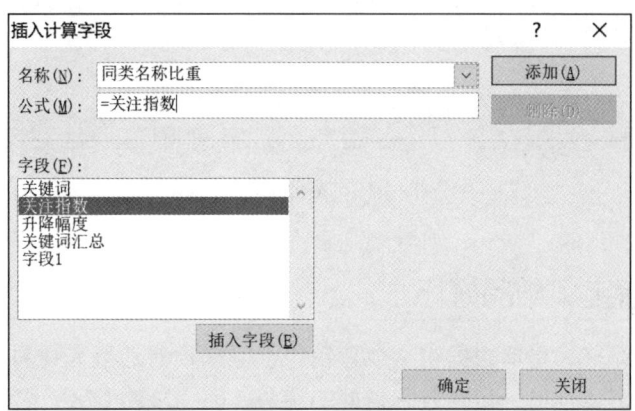

图 15-17 "插入计算字段"对话框

10）右击插入的"同类名称比重"列字段，在弹出的快捷菜单中选择"值显示方式"→"父级汇总的百分比"命令，如图 15-18 所示。在打开的对话框中单击"基本字段"下拉按钮，选择"关键词汇总"选项，然后单击"确定"按钮。

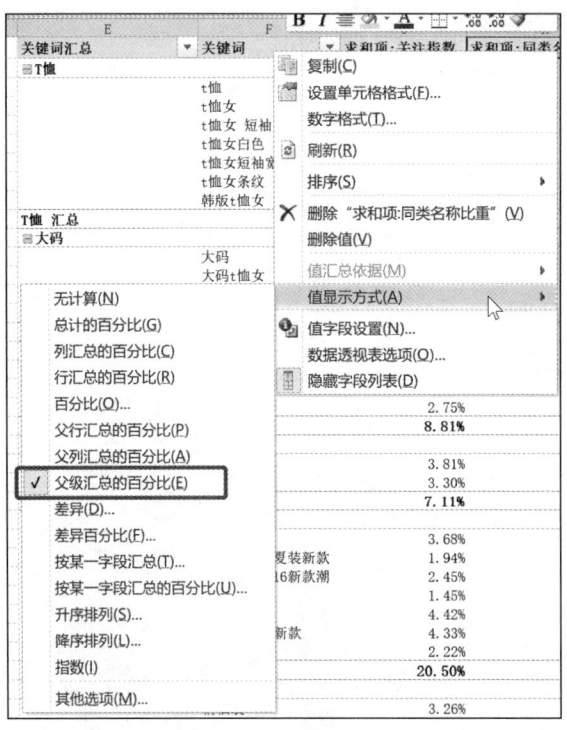

图 15-18 设置"值显示方式"

最终效果图如图 15-19 所示。从分析结果中可以得出这样几个热门的关键词：T 恤女、大码女装、短袖 T 恤女、妈妈装、女装夏 2016 新款、中老年女装。这时，我们就可以根据这些关键词对女装进行简单的组合命名，如 2016 新款女装短袖 T 恤或 2016 夏新款中年妈妈 T 恤装。

关键词汇总	关键词	求和项:关注指数	求和项:同类名称比重
⊟T恤			
	t恤	6.44%	28.39%
	t恤女	6.71%	29.58%
	t恤女 短袖	2.14%	9.42%
	t恤女白色	1.95%	8.60%
	t恤女短袖宽松	1.66%	7.31%
	t恤女条纹	1.99%	8.78%
	韩版t恤女	1.80%	7.92%
T恤 汇总		22.69%	100.00%

图 15-19 最终效果图

15.1.3 权重分析宝贝单品好坏

一个宝贝是好还是坏，单单根据销量或者销售金额来判断是不客观的。例如，有些商品很便宜，就算销售量最多，也不一定代表它是好的宝贝，因为总的 GMV 达不到一定的规模；而有的商品很贵，所以就算销售额很高，也不一定代表其利润很可观。所以，通常我们要针对销量和销售金额这两个因素设置一个权重。

下面以"商品分析"工作簿中的"单品宝贝"工作表为例，应用权重分析宝贝单品好坏，其具体操作如下。

1）打开"商品分析"工作簿中的"单品宝贝"工作表，选择 E3 单元格，在单元格中输入

"30%",选择 F3 单元格,在单元格中输入 "70%",如图 15-20 所示。

2)选择 B23 单元格,在编辑栏中输入"=SUM(B6:B21)"。选择 D6 单元格,在编辑栏中输入"=B6*C6",保持 D6 单元格选择状态,将鼠标指针移动到右下角,待鼠标指针变成"+"形状时双击,将函数填充到 D21 单元格。选择 D23 单元格,在编辑栏中输入"=SUM(D6:B21)"。选择 E6 单元格,在编辑栏中输入"=B6/B$23*$E$3",保持 E6 单元格选择状态,将鼠标指针移动到右下角,待鼠标指针变成"+"形状时双击,将函数填充到 E21 单元格。选择 F6 单元格,在编辑栏中输入"=D6/D$23*$F$3",保持 F6 单元格选择状态,将鼠标指针移动到右下角,待鼠标指针变成"+"形状时双击,将函数填充到 F21 单元格。选择 G6 单元格,在编辑栏中输入"=E6+F6",保持 G6 单元格选择状态,将鼠标指针移动到右下角,待鼠标指针变成"+"形状时双击,将函数填充到 G21 单元格。各指标计算结果如图 15-21 所示。

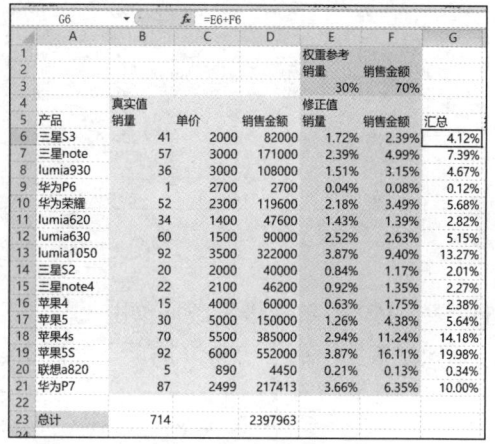

图 15-20 输入"权重"值　　　　　　图 15-21 各指标计算结果

3)选择 H6 单元格,在编辑栏中输入"=RANK(G6,$G$6:$G$21)",保持 H6 单元格选择状态,将鼠标指针移动到右下角,待鼠标指针变成"+"形状时双击,将函数填充到 H21 单元格。选择 I6 单元格,在编辑栏中输入"=H6/COUNT($H$6:$H$21)",保持 I6 单元格选择状态,将鼠标指针移动到右下角,待鼠标指针变成"+"形状时双击,将函数填充到 I21 单元格。结果如图 15-22 所示。

4)在 K2:M7 单元格区域中输入单品的质量评判标准,如图 15-23 所示。

图 15-22 计算排名结果　　　　　　图 15-23 输入单品的质量评判标准

5）选择 J6 单元格，在编辑栏中输入"=LOOKUP(I6,$K$3:$M$7)"，保持 J6 单元格选择状态，将鼠标指针移动到右下角，待鼠标指针变成"+"形状时双击，将函数填充到 J21 单元格，如图 15-24 所示。

	A	B	C	D	E	F	G	H	I	J
1						权重参考				
2						销量	销售金额			
3						30%	70%			
4						修正值				
5	产品	销量	单价	销售金额		销量	销售金额	汇总	排名	前多少名
6	三星S3	41	2000	82000		1.72%	2.39%	4.12%	10	63% 平常
7	三星note	57	3000	171000		2.39%	4.99%	7.39%	5	31% 平常
8	lumia930	36	3000	108000		1.51%	3.15%	4.67%	9	56% 平常
9	华为P6	1	2700	2700		0.04%	0.08%	0.12%	16	100% 最差
10	华为荣耀	52	2300	119600		2.18%	3.49%	5.68%	6	38% 平常
11	lumia620	34	1400	47600		1.43%	1.39%	2.82%	11	69% 平常
12	lumia630	60	1500	90000		2.52%	2.63%	5.15%	8	50% 平常
13	lumia1050	92	3500	322000		3.87%	9.40%	13.27%	3	19% 次之
14	三星S2	20	2000	40000		0.84%	1.17%	2.01%	14	88% 很差
15	三星note4	22	2100	46200		0.92%	1.35%	2.27%	13	81% 很差
16	苹果4	15	4000	60000		0.63%	1.75%	2.38%	12	75% 平常
17	苹果5	30	5000	150000		1.26%	4.38%	5.64%	7	44% 平常
18	苹果4s	70	5500	385000		2.94%	11.24%	14.18%	2	13% 次之
19	苹果5S	92	6000	552000		3.87%	16.11%	19.98%	1	6% 最好
20	联想a820	5	890	4450		0.21%	0.13%	0.34%	15	94% 最差
21	华为P7	87	2499	217413		3.66%	6.35%	10.00%	4	25% 平常
22										
23	总计	714		2397963						

图 15-24 填充"好坏评判"

6）选择 J6:J21 单元格区域，单击"开始"选项卡中的"条件格式"下拉按钮，选择"突出显示单元格规则"→"等于"选项，如图 15-25 所示。

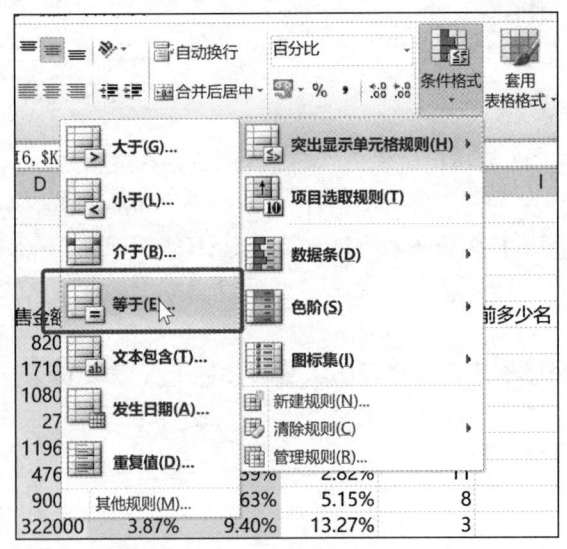

图 15-25 选择"条件格式"

7）在"等于"对话框中，单击"为等于以下值的单元格设置格式"文本框右边的折叠按钮，选择单元格"$M$3"，单击"设置为"下拉按钮，选择"自定义格式"选项，单击"确定"按钮。在打开的"设置单元格格式"对话框中，单击"填充"选项卡，设置"背景色"为"绿色"，如图 15-26 所示。

8）按照同样的方法，为不同等级的单元格填充不同的颜色，最终效果图如图 15-27 所示。

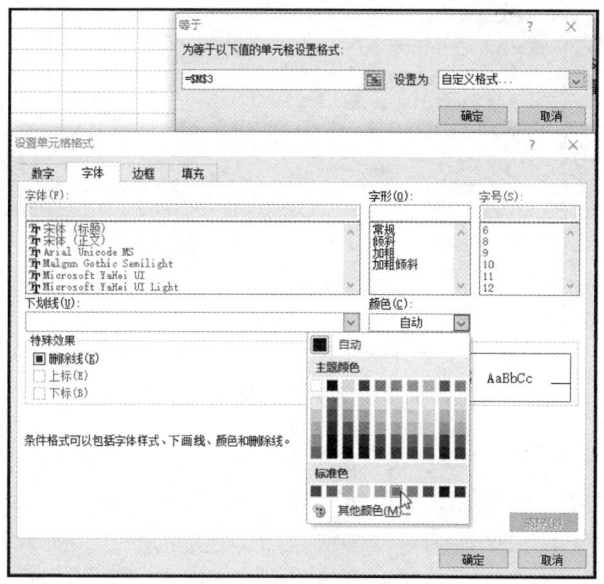

图 15-26　设置"条件格式"

	A	B	C	D	E	F	G	H	I	J
1						权重参考				
2						销量	销售金额			
3						30%	70%			
4			真实值			修正值				
5	产品	销量	单价	销售金额	销量	销售金额	汇总	排名	前多少名	
6	三星S3	41	2000	82000	1.72%	2.39%	4.12%	10	63%	平常
7	三星note	57	3000	171000	2.39%	4.99%	7.39%	5	31%	平常
8	lumia930	36	3000	108000	1.51%	3.15%	4.67%	9	56%	平常
9	华为P6	1	2700	2700	0.04%	0.08%	0.12%	16	100%	很差
10	华为荣耀	52	2300	119600	2.18%	3.49%	5.68%	6	38%	平常
11	lumia620	34	1400	47600	1.43%	1.39%	2.82%	11	69%	平常
12	lumia630	60	1500	90000	2.52%	2.63%	5.15%	8	50%	平常
13	lumia1050	92	3500	322000	3.87%	9.40%	13.27%	3	19%	次之
14	三星S2	20	2000	40000	0.84%	1.17%	2.01%	14	88%	很差
15	三星note4	22	2100	46200	0.92%	1.35%	2.27%	13	81%	很差
16	苹果4	15	4000	60000	0.63%	1.75%	2.38%	12	75%	平常
17	苹果5	30	5000	150000	1.26%	4.38%	5.64%	7	44%	平常
18	苹果4s	70	5500	385000	2.94%	11.24%	14.18%	2	13%	次之
19	苹果5S	92	6000	552000	3.87%	16.11%	19.98%	1	6%	最好
20	联想a820	5	890	4450	0.21%	0.13%	0.34%	15	94%	很差
21	华为P7	87	2499	217413	3.66%	6.35%	10.00%	4	25%	平常
22										
23	总计	714		2397963						

图 15-27　最终效果图

15.1.4　函数结合透视表对比分析活动

电商运营中经常要进行促销活动，怎么样判断此次促销活动否有效？我们需要对比一下促销前和促销后的平均每天订单金额。下面以"商品分析"工作簿中的"对比分析活动"工作表为例，应用数据透视表分析促销活动前后的平均每天订单金额，其具体操作如下。

1）打开"商品分析"工作簿中的"数据透视表"工作表。选择 E1 单元格，单击"插入"选项卡中的"数据透视表"按钮，打开"创建数据透视表"对话框。单击"表/区域"文本框后的折叠按钮，选择"对比分析活动"工作表，在表格中选择数据区域"对比分析活动!$A$1:$D$5991"，然后单击展开按钮。单击"位置"文本框后的折叠按钮，选择"数据透视表"工作表，在表格中选择 E1 单元格，单击展开按钮，返回"创建数据透视表"对话框，单击"确定"按钮，如图 15-28 所示。

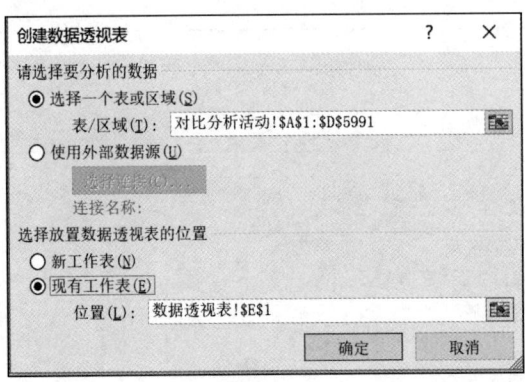

图 15-28 "创建数据透视表"对话框

2）在打开的"数据透视表字段列表"窗格中，拖曳"日期"到"报表筛选"处，拖曳"产品类别"到"行标签"处，拖曳"订单金额"到"数值"处，如图 15-29 所示。

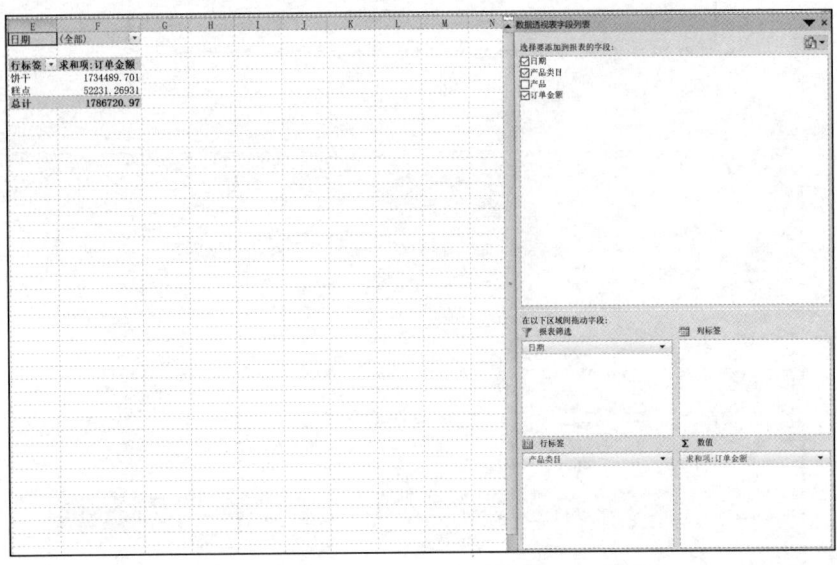

图 15-29 设置"字段列表"

3）单击"日期"字段右边的下拉按钮，选择活动前日期 9 日、10 日和 11 日，如图 15-30 所示。

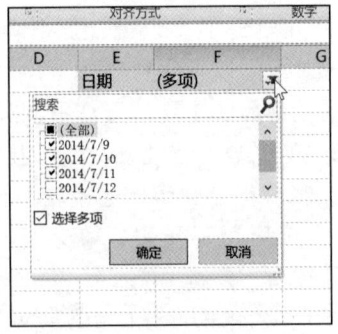

图 15-30 选择活动前日期

4）用同样的方法，建立活动后（即 12 日和 13 日）的数据透视表，如图 15-31 所示。

E	F	G	H	I	J
日期	(多项)			日期	(多项)
行标签	求和项:订单净额			行标签	求和项:订单净额
饼干	1217315.457			饼干	517174.2438
糕点	49308.66561			糕点	2922.6037
总计	1266624.123			总计	520096.8475

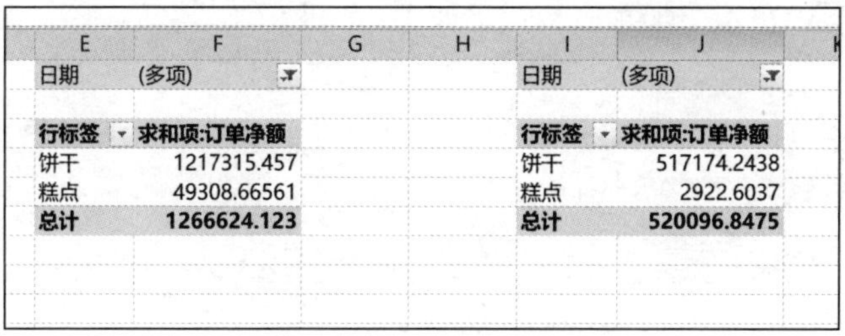

图 15-31 数据透视表完成

5）在 A3:C7 数据区域建立表格，如图 15-32 所示。

6）选择 B4 单元格，在编辑栏中输入“=VLOOKUP(A5,$E$3:$F$6,2,0)/3”，保持 B4 单元格选择状态，将鼠标指针移动到右下角，待鼠标指针变成“+”形状时双击，将函数填充到 B7 单元格。选择 C4 单元格，在编辑栏中输入“=VLOOKUP(A5,$I$3:$J$6,2,0)/2”，保持 C4 单元格选择状态，将鼠标指针移动到右下角，待鼠标指针变成“+”形状时双击，将函数填充到 C7 单元格。最终结果如图 15-33 所示。我们可以发现促销后的平均订单净值反而比促销前的平均订单净值少，说明这次促销活动并不成功。

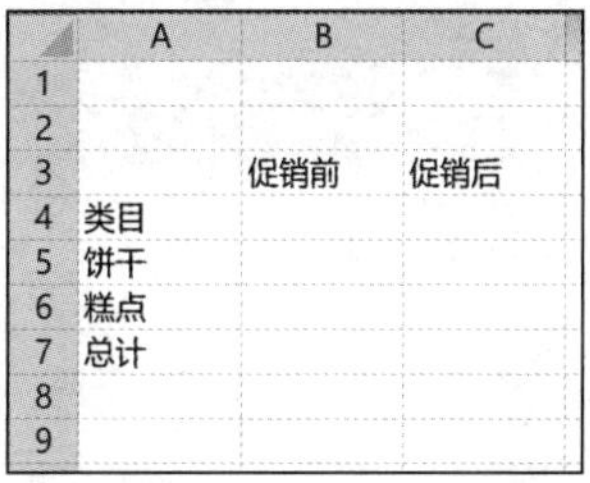

	A	B	C
1			
2			
3		促销前	促销后
4	类目		
5	饼干		
6	糕点		
7	总计		
8			
9			

图 15-32 建立表格

	A	B	C	D
1				
2				
3		促销前	促销后	
4	类目			
5	饼干	405771.8	258587.1	
6	糕点	16436.22	1461.302	
7	总计	422208	260048.4	
8				

图 15-33 最终结果

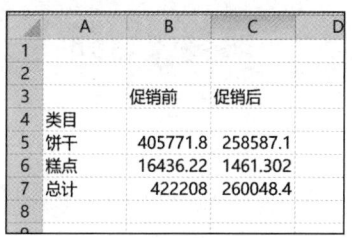

15.2 商品定价分析

无论是线上还是线下，商品的定价都会影响销量，所以我们在商品上架前，一定要为其量身定制一个合理的价格，当然这个价格不是凭空想象出来的，而是通过同行的定价及销量来定制的（这里暂不考虑采购成本）。

15.2.1 行业和竞争对手商品定价范围的统计与分析

在淘宝店铺上售卖商品，面对的不仅是客户，还要考虑到行业和市场竞争。所以，在为商品定价前，我们可以先对行业或竞争对手的商品价格及对应成交量进行分析，然后确定商品的定价范围，从而赢得客户，促进交易成交。

下面以“商品分析”工作簿中的“商品定价”工作表为例，应用 SUMIFS()函数对行业或竞争对手的商品价格及对应成交量进行统计，并制作面积图展示，其具体操作如下。

1）打开“商品分析”工作簿中的“商品定价”工作表，在 F1:O1 单元格区域中输入相应的价格范围，这里以 50 为单位（根据表格中已有的报价数据确定），设置字体为 Times New Roman，字号为"11"，单击"加粗"按钮，如图 15-34 所示。

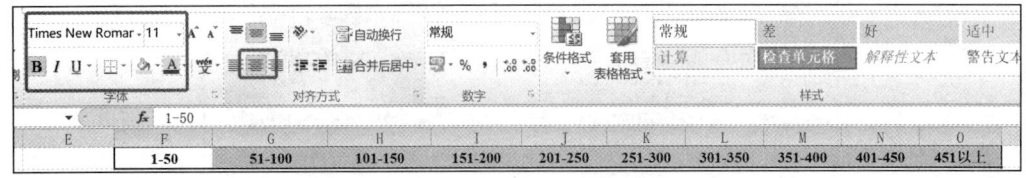

图 15-34　设置数据区间格式

2）保持 F1:O1 单元格区域选择状态，单击"开始"选项卡中的"填充颜色"下拉按钮，选择"主题颜色"→"橙色，着色，深色 25%"选项，如图 15-35 所示。

3）单击"字体颜色"下拉按钮，选择"主题颜色"→"白色，背景 1"选项，如图 15-36 所示。

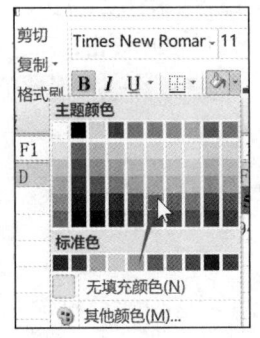

图 15-35　设置"填充颜色"

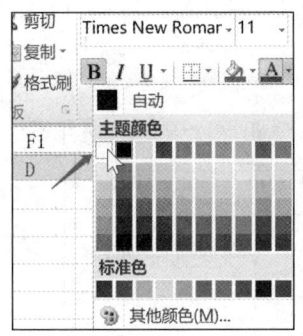

图 15-36　设置"字体颜色"

4）选择 F2 单元格，在编辑栏中输入"=SUMIFS(C2:C32,B2:B32,">=1",B2:B32,"<=50")"。选择 G2 单元格，在编辑栏中输入"=SUMIFS(C2:C32,B2:B32,">=51",B2:B32,"<=100")"。选择 H2 单元格，在编辑栏中输入"=SUMIFS(C2:C32,B2:B32,">=101",B2:B32,"<=150")"。选择 I2 单元格，在编辑栏中输入"=SUMIFS(C2:C32,B2:B32,">=151",B2:B32,"<=200")"。选择 J2 单元格，在编辑栏中输入"=SUMIFS(C2:C32,B2:B32,">=201",B2:B32,"<=250")"。选择 K2 单元格，在编辑栏中输入"=SUMIFS(C2:C32,B2:B32,">=251",B2:B32,"<=300")"。选择 L2 单元格，在编辑栏中输入"=SUMIFS(C2:C32,B2:B32,">=301",B2:B32,"<=350")"。选择 M2 单元格，在编辑栏中输入"=SUMIFS(C2:C32,B2:B32,">=351",B2:B32,"<=400")"。选择 N2 单元格，在编辑栏中输入"=SUMIFS(C2:C32,B2:B32,">=401",B2:B32,"<=450")"。选择 O2 单元格，在编辑栏中输入"=SUMIF(B2:B32,">=451",C2:C32)"。选择 F2:O2 单元格区域，单击"开始"选项卡，单击"数字"功能组中的"数字格式"下拉按钮，选择"会计专用"选项。SUMIFS()函数应用结果如图 15-37 所示。

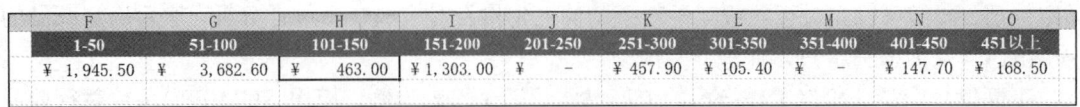

图 15-37　SUMIFS()函数应用结果

5）选择 F1:O1 单元格区域，单击"插入"选项卡中的"面积图"下拉按钮，选择"二维面积图"→"面积图"选项,如图 15-38 所示。

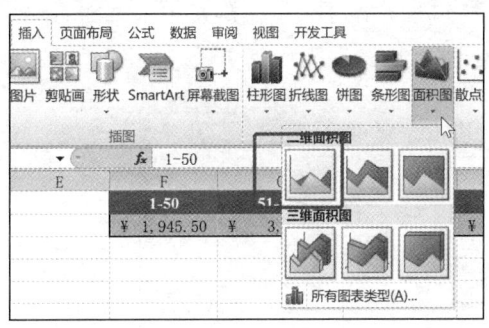

图 15-38 插入"面积图"

6)选择整个图表,在"图表布局"功能组中选择"布局 3"选项,在"图表样式"功能组中选择"样式 11"选项,如图 15-39 所示。

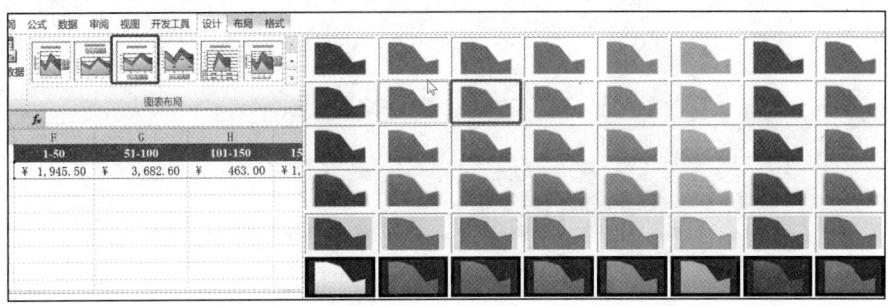

图 15-39 选择"布局"和"样式"

7)双击水平坐标轴,打开"设置坐标轴格式"对话框,单击"坐标轴选项"选项卡,选中"刻度线之间"单选按钮,单击"关闭"按钮,如图 15-40 所示。

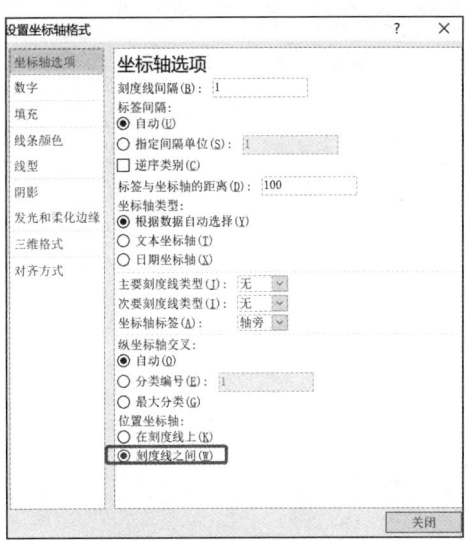

图 15-40 设置坐标轴格式

8)右击数据系列,在弹出的快捷菜单中选择"添加数据标签"命令,如图 15-41 所示。

9)将图表移动到合适位置,调整图表宽度(将鼠标指针移到右侧的控制柄上,待鼠标指针变成水平双向箭头时,按住鼠标左键不放,调整宽度直到所有横坐标轴的区域数字水平展示完全),在图表中输入图表标题"睡袋价格和成交量分析",如图 15-42 所示。

图 15-41　添加数据标签

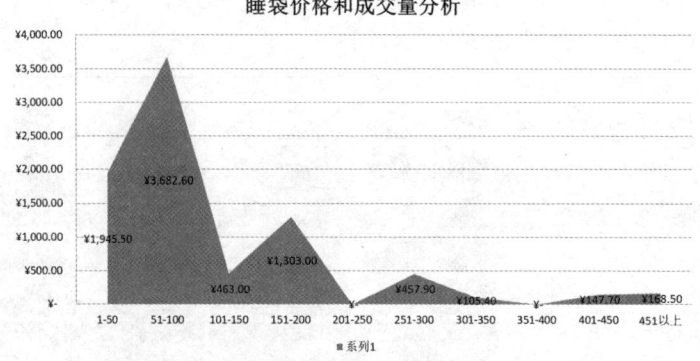

图 15-42　初始效果图

10)在图表中选择数据系列,右击,在弹出的快捷菜单中选择"设置数据系列格式"命令,打开"设置数据系列格式"对话框。单击"填充"选项卡,选中"纯色填充"单选按钮,单击"颜色"下拉按钮,选择"橙色,着色 2,深色 25%"选项,设置"透明度"为"69%",如图 15-43 所示。

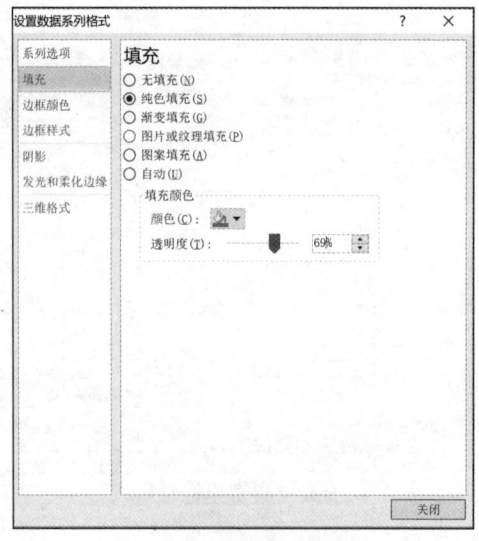

图 15-43　设置"填充"

11）单击"三维格式"选项卡，单击"棱台"选项组中的"顶端"下拉按钮，选择"艺术装饰"选项，设置"高度"为"3磅"，设置"宽度"为"2.5磅"，如图15-44所示。

12）选择整个图表，单击"布局"选项卡中的"网格线"下拉按钮，选择"主要横网格线"→"无"选项，如图15-45所示。

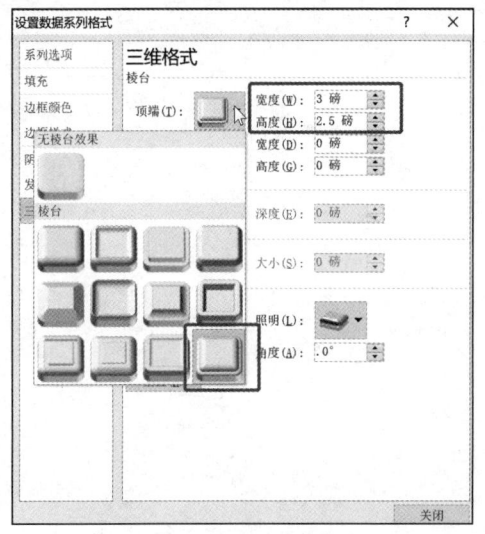

图15-44 设置"三维格式"

图15-45 删除横网格线

13）单击"布局"选项卡中的"网格线"下拉按钮，选择"主要纵网格线"→"主要网格线"选项，如图15-46所示。

14）在图表中选择主要垂直网格线，并右击，在弹出的快捷菜单中选择"设置网格线格式"命令，打开"设置主要网格线格式"对话框。单击"线条颜色"选项卡，选中"渐变线"单选按钮，单击"颜色"下拉按钮，选择"红色"选项，向左或向右拖动"渐变光圈"滑块，设置渐变光圈的大小，如图15-47所示。

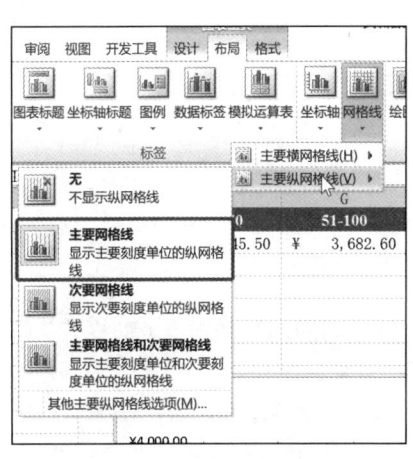

图15-46 添加纵网格线

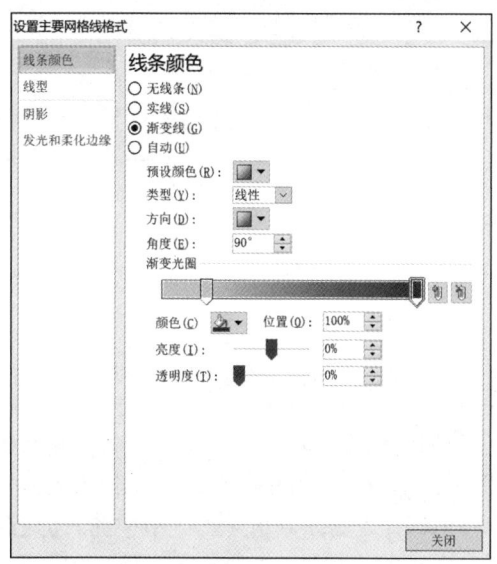

图15-47 设置"线条颜色"

15)单击"线型"选项卡,单击"短画线类型"下拉按钮,选择"短画线"选项,更改线条类型,单击"关闭"按钮,如图 15-48 所示。

16)单击"插入"选项卡中的"图片"按钮,打开"插入图片"对话框,选择"定价图片"文件,单击"插入"按钮,如图 15-49 所示。

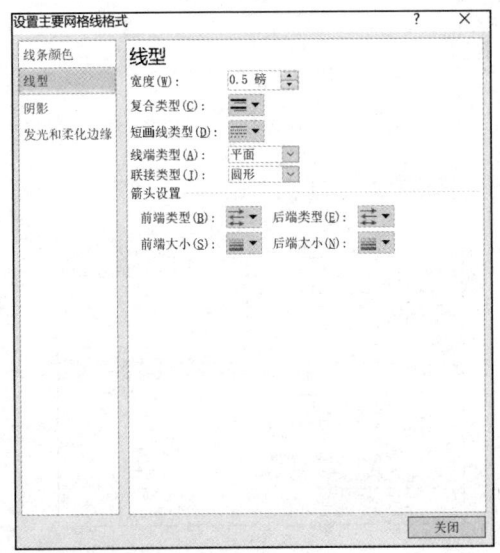

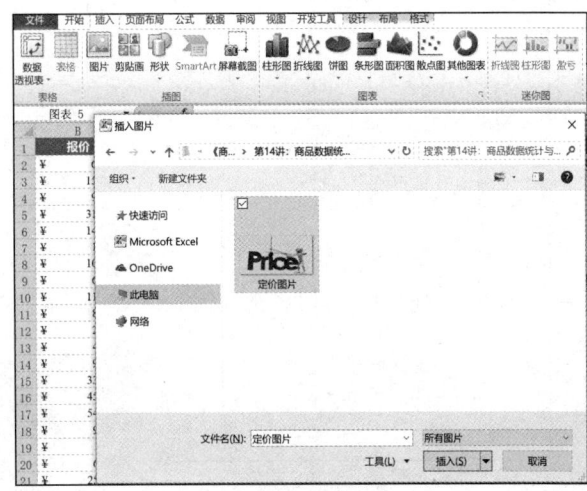

图 15-48 设置"线型"

图 15-49 插入图片

17)调整图片大小并将其移动到合适位置,最终效果图如图 15-50 所示。

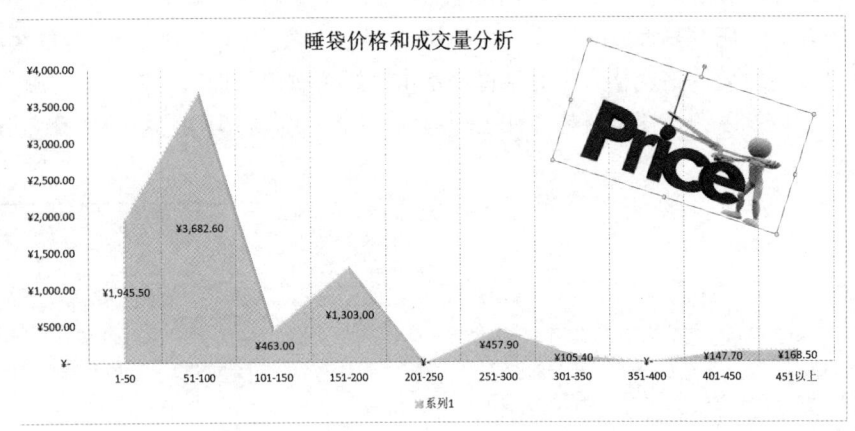

图 15-50 最终效果图

15.2.2 电商品类价格带分析

我们可以用 LOOKUP() 函数结合数据透视图的方法分析热销商品价格带。下面以"商品分析"工作簿中的"价格带分析"工作表为例,其具体操作如下。

1)打开"商品分析"工作簿中的"价格带分析"工作表。选择 E2 单元格,在编辑栏中输入"=C2/B2",保持 E2 单元格选择状态,将鼠标指针移动到右下角,待鼠标指针变成"+"形状时双击,将函数填充到 E102 单元格。

2）在 J1:L8 数据区域中设置件单价划分区域，如图 15-51 所示。

件单价划分区域		
0	2	0
2	5	2
5	10	5
10	49	10
49	100	49
100	300	100
300	1000	300

图 15-51　设置件单价划分区域（一）

3）选择 F2 单元格，在编辑栏中输入"=LOOKUP(E2,$J$2:$L$8)"，保持 F2 单元格选择状态，将鼠标指针移动到右下角，待鼠标指针变成"+"形状时双击，将函数填充到 F102 单元格。复制 F 列数据并以"数值"形式选择性粘贴于 F 列，效果如图 15-52 所示。

	A	B	C	D	E	F
1	产品	销售数量	金额	类目	件单价	辅助列1
2	葡萄酒1	7329	8027.63	酒	1.10	0
3	葡萄酒2	124	12437.2	酒	100.30	100
4	葡萄酒3	17	1746.6	酒	102.74	100
5	葡萄酒4	34	3554.88	酒	104.56	100
6	葡萄酒5	52	5533.86	酒	106.42	100
7	葡萄酒6	523	56868.98	酒	108.74	100
8	葡萄酒7	329	3303.9	酒	10.04	10
9	葡萄酒8	92	10121	酒	110.01	100
10	葡萄酒9	23	2597.88	酒	112.95	100
11	葡萄酒10	108	12382.4	酒	114.65	100
12	葡萄酒11	30	3498.42	酒	116.61	100
13	葡萄酒12	698	82783.5	酒	118.60	100
14	葡萄酒13	31	3734.4	酒	120.46	100

图 15-52　填充 F 列

4）在 J1:L8 数据区域中设置件单价划分区域，如图 15-53 所示。

件单价划分区域		
0	2	2
2	5	5
5	10	10
10	49	49
49	100	100
100	300	300
300	1000	1000

图 15-53　设置件单价划分区域（二）

5）选择 G2 单元格，在编辑栏中输入"=LOOKUP(E2,$J$2:$L$8)"，保持 G2 单元格选择状态，将鼠标指针移动到右下角，待鼠标指针变成"+"形状时双击，将函数填充到 G102 单元格。复制 G 列数据并以"数值"形式选择性粘贴于 G 列，效果如图 15-54 所示。

	A	B	C	D	E	F	G
1	产品	销售数量	金额	类目	件单价	辅助列1	辅助列2
2	葡萄酒1	7329	8027.63	酒	1.10	0	2
3	葡萄酒2	124	12437.2	酒	100.30	100	300
4	葡萄酒3	17	1746.6	酒	102.74	100	300
5	葡萄酒4	34	3554.88	酒	104.56	100	300
6	葡萄酒5	52	5533.86	酒	106.42	100	300
7	葡萄酒6	523	56868.98	酒	108.74	100	300
8	葡萄酒7	329	3303.9	酒	10.04	10	49
9	葡萄酒8	92	10121	酒	110.01	100	300
10	葡萄酒9	23	2597.88	酒	112.95	100	300
11	葡萄酒10	108	12382.4	酒	114.65	100	300
12	葡萄酒11	30	3498.42	酒	116.61	100	300

图 15-54　填充 G 列

6）选择 H2 单元格，在编辑栏中输入"=F2&"-"&G2"，保持 H2 单元格选择状态，将鼠标指针移动到单元格右下角，待鼠标指针变成"+"形状时双击，将函数填充到 H102 单元格。复制 H 列数据并以"数值"形式选择性粘贴于 H 列，效果如图 15-55 所示。

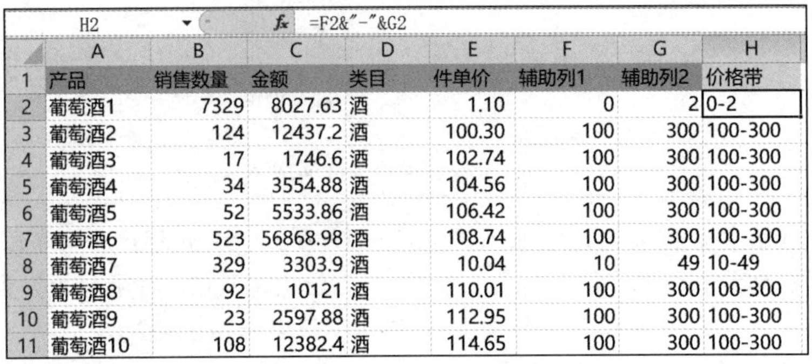

图 15-55 填充 H 列

7）单击"插入"选项卡中的"数据透视图"按钮，打开"创建数据透视表"对话框。单击"表/区域"文本框后的折叠按钮，在表格中选择数据区域"价格带分析!$A$1:$H$102"，然后单击展开按钮。单击"位置"文本框后的折叠按钮，选择"数据透视表"工作表，在表格中选择 N1 单元格，单击展开按钮。返回"创建数据透视表"对话框，单击"确定"按钮，如图 15-56 所示。

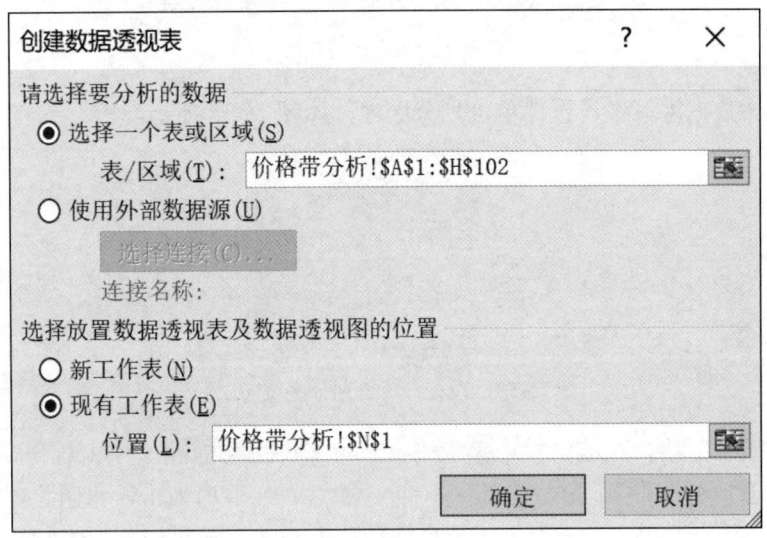

图 15-56 "创建数据透视图表"对话框

8）在打开的"数据透视表字段列表"窗格中，拖曳"价格带"到"轴字段"，拖曳"金额"到"数值"，如图 15-57 所示。

9）将鼠标指针移到"数据透视表"上，待鼠标指针变成图 15-58 所示形状时，移动行根据价格带从小到大排列。

最终效果图如图 15-59 所示，可以发现热销红酒的价格带为 49～100 元。

第15章 商品分析

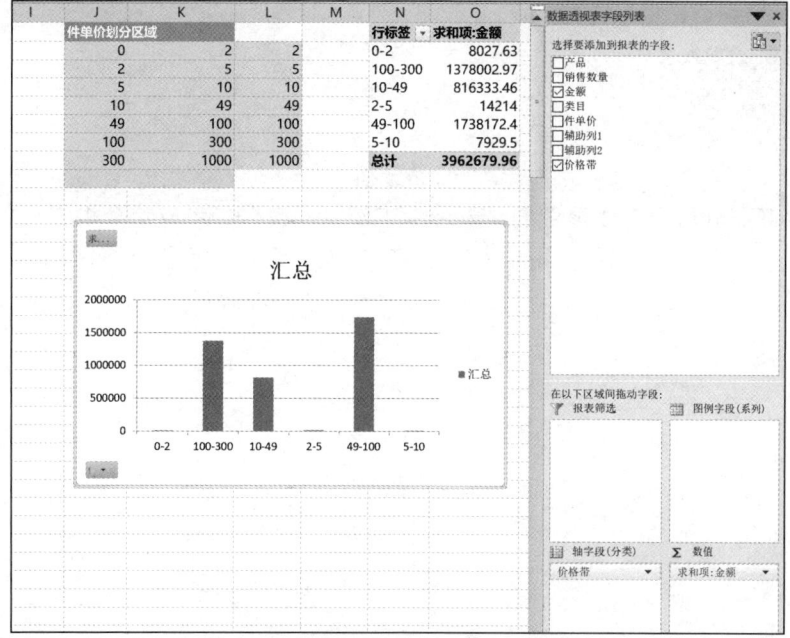

图15-57 设置"字段列表"

图15-58 拖动行标签

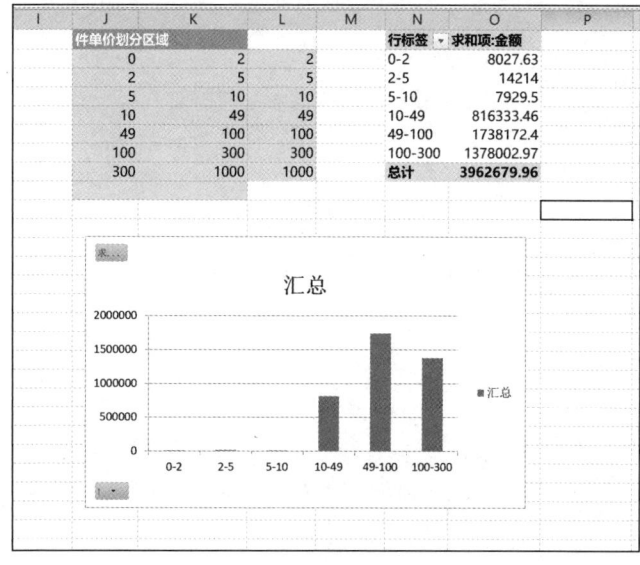

图15-59 最终效果图

思考与实训

商品分析

1）基于"商品分析"工作簿中的"五金"工作表,根据参考权重分析宝贝单品好坏。

2）基于"商品分析"工作簿中的"五金"工作表,设置合理价格带区间,对价格分布进行分析。

参 考 文 献

[1] 潘蕊，等. 数据思维实践[M]. 北京：北京大学出版社，2018.
[2] 王汉生. 数据思维：从数据分析到商业价值[M]. 北京：中国人民大学出版社，2017.
[3] 于洪彦. Excel 统计分析与决策[M]. 北京：高等教育出版社，2001.
[4] 林科炯. Excel 在电商运营数据管理中的应用[M]. 北京：中国铁道出版社，2017.
[5] 陈晔武. 商务统计实务[M]. 北京：北京大学出版社，2012.
[6] 北京中清研信息技术研究院. 电子商务数据分析[M]. 北京：电子工业出版社，2016.
[7] 胡华江，杨甜甜. 商务数据分析与应用[M]. 北京：电子工业出版社，2018.

反侵权盗版声明

电子工业出版社依法对本作品享有专有出版权。任何未经权利人书面许可，复制、销售或通过信息网络传播本作品的行为，歪曲、篡改、剽窃本作品的行为，均违反《中华人民共和国著作权法》，其行为人应承担相应的民事责任和行政责任，构成犯罪的，将被依法追究刑事责任。

为了维护市场秩序，保护权利人的合法权益，我社将依法查处和打击侵权盗版的单位和个人。欢迎社会各界人士积极举报侵权盗版行为，本社将奖励举报有功人员，并保证举报人的信息不被泄露。

举报电话：（010）88254396；（010）88258888
传　　真：（010）88254397
E-mail：　dbqq@phei.com.cn
通信地址：北京市海淀区万寿路173信箱
　　　　　电子工业出版社总编办公室
邮　　编：100036